小学语文"阅读与习作"整体教学课题研究培训现场

在国培下乡活动中
为赤峰市元宝山区学员上课

为翁旗一线教师上示范课

序

2011年6月，应赤峰市教育学会之邀，出席了在翁牛特旗举办的"赤峰市小学语文教学研讨会"。赤峰市、翁牛特旗的语文教学改革，给我留下了深刻的印象。其间，认识了翁旗负责小学语文教研工作的王学荣老师。之后，尽管彼此联系不多，但我一直关注赤峰，关注翁牛特旗。

七年后的今天，我捧读王学荣老师的书稿《小学语文"阅读与习作"整体教学的思考与构建》，除了略感意外，更多的是欣慰。作为一位内蒙旗县教研员，能带领团队，锲而不舍地开展整体改革探索七年，使翁牛特旗的语文教学"旧貌换新颜"，值得点赞，值得学习！

这项教学实验，之所以能长期坚持并取得很好的成效，一是因为王学荣老师是个有梦想的人。她教语文，梦想学生乐学会学，教学事半功倍，她当教研员，梦想建构一个科学高效的语文教学体系。一个人有梦想，才能不断地追梦、圆梦。二是因为王学荣老师有正确的理念作指导。"以生为本""大语文""生活语文""语用语文"等理念，使这项实验一直朝着正确的方向不断深化、扎实推进。

这项教学实验，源自教学中一个个真问题，是以问题导向的行动研究。

新一轮"课改"初期，阅读教学充斥繁琐的内容分析，费时多，收效微；老师教得苦，学生不会学；除了教科书，学生很少读课外书；阅读教学和习作教学"两张皮"，学生的读写能力处于较低的水平。针对上述问题，王老师提出"以生为本，高度整合"的改革思路，开始了"整合单元、整合阅读、整合读写、整合训练"的研究。

实验带来了一个明显的变化，就是由于整合单元，加上一些教师开展"主题阅读"，学生书读得多了，阅读量上来了。但是，阅读教学没有大的改进，习作教学没有跟上，学生读写能力没有很好的提升。为了解决出现的新问题，王老师进一步思考怎样落实读与写的整合。她尝试将读和写能力的培养点找出来，形成一个系统，循点渐续，读中学写，读中悟写，写中运用，扎实地教学读写。

接下来，王老师发现《课程标准》中的"识字写字""阅读""口语交际"（笔误）"习作""综合性学习"五大板块，缺乏联系，各自为政，特别是读写失衡，这不能不说是课程设计的一个缺陷。于是，王老师的研究，聚焦到《课程标准》阐述的语文学科性质上——"学习语言文字的运用"。为了在读写整合中提升语言文字运用的效果，必须进行真正意义上的阅读与习作整体教学的思考与建构，研制出分项优化又有机结合的读写整合教学体系。

有了整合的教学体系，怎样才能在课堂上落地生根？怎样才能让

每位老师都有"抓手"，既有"法"可依，又有自我调整的余地。实验团队一方面搭不同手段，设计阅读与习作整合教学的操作框架；一方面把有训练价值的读写结合点，嵌入教材、教学中。这样，老师们既有了实施读写整合教学的"脚手架"，又有了一步攀登的"导引绳"，再加上提供了一些典型课例，研制了达标评价、升级评价、跟踪评价、统筹评价等评价工具，使得实验的扩大与推广有了基本的保证。

这项实验，核心和关键是"整合"。其一，"整合单元"是基础，"整合阅读"是拓展，"整合读写"是关键，"整合训练"是保证。通过四个整合，达到读中悟写，写中用读，读写互促，省时高效。其二，建构了"阅读与习作"整合的教学体系、评价体系，体现了课程、教材、教学的整体规划，加强了课内外学习的联系，步步了读写在生活中的运用。总之，这是一项符合"课改"方向、实操性强、接地气、有成效的教学实验。

祝愿这一"课改"之花，在广袤的内蒙古草原盛开，盛开……

2017年五一节

崔峦

小学语文 "阅读与习作"

整体教学的思考与构建

王学荣 著

吉林大学出版社

图书在版编目（CIP）数据

小学语文"阅读与习作"整体教学的思考与构建/
王学荣著 .—长春：吉林大学出版社，2017.9
ISBN 978-7-5692-0889-4

Ⅰ.①小…　Ⅱ.①王…　Ⅲ.①阅读课—小学—教学参
考资料 ②作文课—小学—教学参考资料　Ⅳ.
①G623.203

中国版本图书馆 CIP 数据核字（2017）第 231249 号

书　　名：小学语文"阅读与习作"整体教学的思考与构建
作　　者：王学荣 著
策划编辑：李国宏
责任编辑：李国宏
责任校对：冯慧心
装帧设计：煊坤博文
出版发行：吉林大学出版社
社　　址：长春市人民大街 4059 号
邮　　编：130021　发行部电话：0431－89580028/29/21
网　　址：http：//www.jlup.com.cn　电子邮箱：jdcbs@jlu.edu.cn
印　　刷：香河利华文化发展有限公司
开　　本：170mm×240mm　1/16
印　　张：19.5
字　　数：280 千字
版　　次：2017 年 9 月　第 1 版
印　　次：2017 年 9 月　第 1 次印刷
书　　号：ISBN 978-7-5692-0889-4
定　　价：48.80 元

写给自己的话

花儿解语好多事，石不能言易可人，桃李红梅色润目，唯有绿颜扫浮尘。

愿作一丝绿，融入百花园中，浸风润雨，连成绿颜，汇成绿海，绿得温润，绿得怡人。

序 XU

2011年6月，应赤峰市教育学会之邀，出席了在翁牛特旗举办的"赤峰市小学语文教学研讨会"。赤峰市翁牛特旗的语文教学改革，给我留下了深刻的印象。期间，认识了翁旗负责小学语文教研工作的王学荣老师。之后，尽管彼此联系不多，但我一直关注赤峰，关注翁牛特旗。

七年后的今天，我捧读王学荣老师的书稿《小学语文"阅读与习作"整体教学的思考与构建》，除了略感意外，更多的是欣慰。作为一位教研员，能带领团队，锲而不舍地围绕整体改革探索七年，使翁牛特旗的语文教学"旧貌换新颜"，值得点赞，值得学习！

这项教学实验，之所以能长期坚持并取得良好的成效，一是因为王学荣老师是个有梦想的人。她教语文，梦想学生乐学会学，事半功倍；她当教研员，梦想建构一个科学高效的语文教学体系。一个人有梦想，才能不断地追梦、圆梦。二是因为王学荣老师有正确的理念作指导。"以生为本""大语文""生活语文""语用语文"等理念，使这一项实验一直朝着正确的方向不断深化，扎实推进。

这项教学实验，源自教学中一个个真问题，是以问题为导向的行动研究。

新一轮"课改"初期，阅读教学充斥繁琐的内容分析，费时多，收效微；老师教得死，学生不会学；除了教科书，学生很少读课外书；

阅读教学和习作教学"两张皮"，学生的读写能力处于较低的水平。针对上述问题，王老师提出"以生为本，高效整合"的改革思路，开始了"整合单元、整合阅读、整合读写、整合训练"的研究。

实验带来了一个明显的变化，就是由于整合单元，加上一些教师开展"主题阅读"，学生书读得多了，阅读量上来了。但是，阅读教学没有大的改进，习作教学没有跟上，学生读写能力没有质的提升。为了解决出现的新问题，王老师进一步思考怎样落实读与写的整合。

她尝试将读和写能力的培养点找出来，形成一个系统，循点沿线，读中学写，写中运用，扎扎实实地学读练写。

接下来，王老师发现课程标准中的"识字写字""阅读""口语交际""习作""综合性学习"五大板块，缺少联系，各自为政，特别是读写失衡，这不能不说是课程实施的一个缺陷。于是，王老师的研究，聚焦到课程标准阐述的语文学科性质上——"学习语言文字的运用"。为了在读写整合中提升语言文字运用的效果，必须进行真正意义上的阅读与写作整体教学的思考与构建，研制既分项优化又有机结合的读写整合教学体系。

有了整合的教学体系，怎样才能在课堂上落地生根？怎样才能让每位老师都有"抓手"，既有"法"可依，又有自我调整的余地？实验团队一方面按不同年级段，设计阅读与写作整合教学的操作框架；另一方面把有训练价值的读写结合点嵌入教材、教学之中。这样，老师们既有了实施读写整合的"脚手架"，又有了一步步攀登的"导引绳"，再加上提供了一些典型课例，研制了达标评价、升级评价、跟踪评价、终结评价等评价工具，使得实验的扩大与推广有了基本的保证。

这项实验，核心和关键是"整合"。其一，"整合单元"是基础，

"整合阅读"是拓展，"整合读写"是关键，"整合训练"是保证。通过四个整合，达到读中悟写，写中用读，读写互促，实行高效的目的。其二，建构了"阅读与写作"整合的教学体系、评价体系，体现了课程、教材、教学的整体规划，加强了课内外学习的联系，关注了读写在生活中的运用。总之，这是一项符合"课改"方向、实操性强、接地气、有成效的教学实验。

祝愿这一"课改"之花，在广袤的内蒙古大草原盛开，盛开……

崔峦

2017 年五一劳动节

崔峦，原人民教育出版社编审，教育部课程教材研究所研究员，教育部语文课程标准专家组核心成员，教育部中小学继续教育教材评审委员，中国教育学会小学语文教学专业委员会理事长。

YINYAN

我为什么要写

梦想学生乐学

最初，我是一名幼儿教师。在幼教工作中，我努力将幼儿教育理论运用到工作中，用心呵护那些幼小的心灵，让孩子们自由快乐地成长。那时候，孩子们童稚的笑声、天真的想法、体贴的话语总让我内心深处涌出一种成就感，我和孩子们一样在家长的赞誉声中快乐地成长着。1995年的金秋，我的女儿上小学一年级，她入学不久就感觉很有压力，作为家长又是幼儿教师的我，从孩子短时间内的变化中感到担忧和不解。孩子们从幼儿园毕业时是那么快乐、那么自信，怎么上学不到一个月就有了厌学情绪呢？原来幼儿升到了一年级后，学习内容增加了，学习压力增大了，小朋友心中的快乐被单调繁杂的学习任务淹没。在一个月的时间里，班级里的孩子们在所谓的"学习成绩"上很快分出优、良、劣、差，出现一部分后进生，孩子们苦恼，家长们着急，孩子的学习成了家庭的负担，孩子的学业成了家长的事业。如何让孩子们快乐地学习、快乐地成长呢？这个问题一直困扰着我，就在这一年我成为一名小学教师，十几年后我又成了一位小学语文教研员。这十几年来，我一直关注着学生的学习兴趣，在一次对小学生的调研中我还得知，小学生爱学数学、喜欢上音体美课，却不愿意学有故事、有趣味的语文，于是，让孩子们乐学语文成了我的梦想。

梦想教师乐教

进入小学课堂时，教学改革的呼声此起彼伏，但记忆的长河中永远抹不去那一幕：一位教师在全班同学面前数落一个学习差的学生，因为他影响了教学成绩。也时常看到放学后，一年级教室里，语文教师正在一个一个地为学生考查过关拼音，门外、操场上是徘徊着等待的家长们。工作量大是语文教师的痛，作业、作文、读书笔记、小练笔等，批改需要逐字逐句，繁重的工作量让语文老师疲惫不堪，学生成绩提高慢让学生、家长们质疑，语文教师哀叹自己命苦。新上岗的教师对语文学科望而却步，宁可选择自己不擅长的学科，也不愿意做语文教师。一考定输赢让教师更多地关注学生的应试能力的培养，死记硬背成了孩子们思维发展的羁绊，教学改革什么时候深入教师内心，课堂怎样才能顺乎儿童天性，教师怎样教事半功倍，作为小学教师里的新兵，我希望能够找到答案。

希望自己成长

"宝剑锋从磨砺出，梅花香自苦寒来"，几十年的追寻中，小学语文教师兼任班主任的我积累了些许的教学经验。小学工作三年后获得了旗级小学语文优秀教学能手的称号，借着课改的东风在两年之后获得赤峰市级小学语文优秀教学能手称号，2005 年荣幸获得内蒙古自治区小学语文优秀教学能手称号。一节二年级的《四季的脚步》由读到写感动了专家评委，一节《葡萄沟》阅读与说话训练赢得了自治区教研中心教研员的认可，《棉花姑娘》一课学词语与运用为全市小学语文教师做示范，获得意想不到的好评。不仅如此，几年来作为自治区小学语文整体改革实验教师，收获更多。然而，兴奋之余又发现了新的问题，关于读写整合课堂教学只是单篇的研究，没有形成体系。小学语文整体改革实验只是提出了多读多写，摒弃繁琐分析，学生究竟读什么、读多少、读到什么程度、怎样读为写所用成了自己新的课题。

希望教研务实

吹面不寒杨柳风，新课改实施第七个年头，我又成为小学语文教研岗位的新兵，从面对学生转向面对教师，老教研员谆谆教诲：教研务实。我也深深地知道老师们最需要的不是高深的理论、隔靴搔痒的宏观说教，更反感蒙上功利色彩毫无实用价值的所谓实验研究，教研员首先要将先进的课改理论有效地转化成可用的教学实践。怎样转化？怎样做能减轻一线教师负担，让教师们轻装上阵，便捷操作？这是我——一个教研员应该认真思考并努力实践的课题。带着已有的一线经验，和对全旗教师教学现状的分析与思考，我尝试着进行了"阅读与习作"整体教学改革的实践，义无反顾地踏上探索之路，经过几年不断尝试，有了些许的收获，想为可爱又可敬的一线教师们分享自己在小学语文教学改革上的得失，也为自己对小学教育、对小学语文教学的执着和痴情再感动一回。

我要与您分享什么

幼儿教师工作 12 年，小学语文教师工作 12 年，小学教研工作 10 余年，三十余年自己一路辛苦一路歌。我要与老师们分享小学教育的快乐，与小学语文教师分享我教学中的思考和实践痕迹，与教研同行们分享我的一路教研风景。

首先，我要与您分享我的思考。

《义务教育语文课程标准》的课程目标是"从知识与能力、过程与方法、情感态度与价值观三个方面设计。三者相互渗透，融为一体。目标的设计着眼于语文素养的整体提高。"课程实施建议也强调"充分发挥师生双方在教学中的主动性和创造性，教学中努力体现语文的实践性和综合性"。课标倡导教师确立适应社会发展和学生需求的语文教育观念，钻研教材，正确理解、把握教材内容，创造性地使用教材；积极开发、合理利用课程资源，探索有利于提高语文教学质量促进学生发展的教学方式，全面提高语文素养。

《义务教育语文课程标准》把语文课程分为识字与写字、阅读、口语交际、习作（写作）、综合性学习五个方面。课程标准的呈现是指导性的方向性的文件，课程标准的五个方面力图的是全面，这五个方面的呈现是希望教师在执行过程中能够有效地把它们整合在一起，用课文教语文而不是用课文教课文，课程实施中的整合是一个关键点。它要求课程的改革者站在高位通观全局，整体把握。而一线教师们把这五个方面进行了分类细化。认为"阅读"就是利用教科书上的课文指导读书、理解内容、体会思想的阅读课；"口语交际"就是口语交际课;"习作"就是单纯地教学生怎样写作文;"综合性学习"就是组织综合性学科实践活动。这几个方面的实施在培养学生能力或是语文训练上缺乏内在的系统的联系,而是"各自为政"。实施中"阅读与表达"失衡,"教课文代替教语文",忽视对学生口语表达的训练,更谈不上学生综合学习能力的培养,进入小学生高段时识字写字教学也随之旁落,把本来是一个完整的语文课程变成了在教师心中零零碎碎的语文知识,或简单地教课文,教师心中没有小学阶段的整体愿景,正如中国教育学会小学语文教学专业委员会理事长崔峦老师指出的那样:"课程内容的改革,有随意化、碎片化这样的倾向,缺少内容体系的建构,也缺乏深入的对课程内容体系的研究。"

虽然有些地区正在进行"主题阅读研究",有的进行"阅读系列课""表达系列课"的研究尝试,但从课堂呈现上看阅读教学与习作教学却是极少相交的两条线上的两个类型,教学呈现的要么是以倾向人文价值、理解课文内容为主的阅读教学,要么是单纯的习作技巧训练。我们也努力实现"儿童阅读课程化","大阅读行动"也如火如荼,但学生们的说写能力提高不快,家长们苦恼孩子读了很多书,积累了很多经典词句,作文仍然不会写;教师们困惑没有完整的教学体系作为参考。这就需要重新思考"阅读"究竟是什么;"阅读"到底给学生带来了什么;学生语文能力的提升,聚焦到学生的习作到底需要"阅读"给予什么;究竟怎样思考"阅读";怎样思考"习作"。显然帮助教师们借助于教科书进行课程内容的体系构建,把教科书用"厚",把学生所需读的课外书籍有效地纳入到课内中来,形成有效的超值的教学体系是十分必要的。

鉴于以上思考几年来我尝试着进行"阅读与习作"整体教学的研究,就是一方面从教师的角度按着不同的级段构建起"阅读与习作"整体教学的操作框架;另一方面从学生学的角度出发追求课程内容的体系构建,注重细节,从微小点入手,把一个个的微小的点串联起来形成体系,比如:整合训练里的关于标点的阅读及使用(冒号、逗号、引号);提示语的用法读写训练;人物外貌的品读与指导;人物神情、动作的品读与练习;心理描写读写训练;事情过程的有序表达读写;

场面描写的欣赏与训练；一事一例一主题的读与写训练……

　　崔峦老师曾经说过："目前语文课程教学改革，进入到一个瓶颈区、深水区，要想有质的变化，非克服语文课程的孤立、凝固、封闭、僵化等弊端。在大语文观的指导下，语文可以做更多的事，其他的课程、各种活动，都可以帮语文做事，语文无处不在，语文即生活。"实践中我把"阅读"与"习作"看作是语文教学的有机整体，这里的"阅读"不是窄化了的阅读教学，不是窄化了的读课内外书籍，它存在于"阅读"者生活的各个领域，它体现生活处处皆语文。"习作"过程中的方法习得，"习作"能力的培养和提高离不开"阅读"。我们研究的小学语文"阅读与习作整体教学"的最终目的就是聚焦课程标准关键词句——"学习语言文字运用"。

　　其次，我要与您分享我的实践。

　　这里不仅有我的语文教研思考，更有我身后团队的支持和信任。我的一点一滴的思考都能在我的团队中获得鼓励，我设计的每一次活动都会在我的团队伙伴中产生共鸣，它见证了我从一个驿站走向下一个驿站的历程，您读过这部书后一定会感受到我们团队的凝聚力。

　　假如您是一位小学语文教研员，我愿意与您分享从一线教师走向教研岗位的一路风景，无论风景在您眼中是否美好，但它在我内心深处是一片绿荫，我只想把醉人的绿色展示给您，把我的一路辛苦一路歌献给您。在第二章"阅读与习作整体教学的理论依据及概念界定"中，我从理论依据、概念界定、教学观、教师观、学生观、课程观、价值观、评价观几个方面进行了介绍；在第五章"我的教研观"里概述了我十几年的教研实践，那里面有我的语文教研思考，还有我身后团队的支持和信任，我的点滴思考都得到了我的团队的鼓励，我设计的每一次活动都在我的团队伙伴中产生了共鸣，相信您读后一定可以引发思考和共鸣，相信您也一定可以感受到我们团队的凝聚力，感受到塞外草原那一抹浓浓的醉心的绿色。

　　假如您是一位学校的业务领导，您除了关心一线教师们分享的第一章、第三章的内容外，更需要分享的是评价方面的工作，您的工作离不开对语文教学质量的评估，如何评价我们的教学质量？怎样做才能充分发挥评价的激励促进功能呢？在第四章里我着重介绍了翁牛特旗"阅读与习作整体教学研究"实践中关于教学质量的相关评价办法，希望能对您有所启迪。为了促进师生多读书、读好书，培养学生读书的习惯，习得阅读方法，我们尝试了阅读考级、习作升级，成长跟踪过程评价、终结性分项评价等策略实践，实验学校在实施全旗总体实验方案过程中还进行了个性化的评价设计，我们期待您能获得分享后的快乐。

假如您是一位小学语文教师，您一定在教室与办公室之间穿梭，备课、上课、批改作业，终日疲惫，苦苦寻求更为高效的教学方法，在这里我会分担您的烦恼，与您分享三十余年我在教学实践中的点滴思考。其中第一章里介绍了我追寻语文教学整体改革的梦想历程：寻梦时发现绿荫，追梦时寻根问源；初探时惊喜忐忑，构建时艰辛快乐；作为一线教师时从"触摸读写一体"到"尝试读写整合"，实践中逐步明晰"读写整合的意义"，从点点滴滴中积攒并梳理了我的思考与实践。第三章里我将与您一同探讨"阅读与习作"整体教学的有效策略，希望用我抛出的"砖"引出您的"玉"来。如："整合单元"中如何确定单元目标，怎样合理整合单元内容，怎样圈定语言训练点、能力培养点，如何设计单元课时为读写夯实基础；"整合读写"中怎样才能实现儿童阅读课程化，怎样才能落实"阅读与习作"整体教学这一核心内容，使之渗透在教学的整个过程中，我们教师需要做哪些工作，怎样通过"整合训练"形成语文教学体系等。在这里我尽量多用课堂教学实例来展示具体实践做法，力争让我们的一线教师拿得来用得上。

假如您是小学生的家长，我相信您一定有很多困惑：我的孩子不喜欢读书怎么办？我的孩子积累了很多诗文作文里为什么用不上？我的孩子书读了很多还是不会写作文……请读一读这本书，我会和您分享怎样让我们的孩子爱学语文，让我们的孩子喜欢读书，让我们一同站在孩子们的视角体会书本的汉字符号表达的情意吧！

目录

目录

目录

目录

第六章 "阅读与习作"整体教学典型案例赏析

后记

参考文献

第一章

"阅读与习作" 整体教学的形成过程

作为小学语文教学工作的新兵，那时我体会到的是小学语文老师课堂上的不厌其烦——碎，课下如山的作业需要批改——累，教师辛苦的付出换来的却是事倍功半，孩子们课堂上双眼失神，课下作业疲于应付，我疑窦丛生：为什么生动有趣的语文学习，被课堂封闭得毫无色彩？怎样做才能亦步亦趋。把课堂真正还给孩子？

在教学路上，自己懵懵懂懂。观摩学习也体会不到其中的思想、行动的理念，却有很多疑问在脑海中盘旋。直到 2002 年的一个夏天，我有幸参加了赤峰市小学语文骨干教师培训班的学习，才耳目一新恍然大悟。虽是一个市级培训，却真的领教了小学语文教学大师们的风采：于永正老师的五重教学法，靳佳彦老师的课改新理念，南京师范大学魏南江教授的情景朗读，支玉恒教授的习作教学……大师们先进的教学理念如同晴空里的响雷，炸开了盘桓在我内心多年的种种疑问和思考，一个大胆的想法应运而生——读写一体、整体推进，直到以后的整合单元、整合读写、整合阅读、整合训练。

一 寻梦，发现绿茵

我的梦想是直面学生，给学生建立一个高效的学习成长体系；直面教师，帮教师找到借助教材重新建构教学体系的方法。

（一）兴趣引路，触摸读写一体

"兴趣是最好的老师"，为师者都能感受到这句话的分量。儿童学习兴趣是学习积极性的心理现象，它在儿童学习过程中起着不可估量的作用。语文教学特别是面对小学生，如果采取的是死记硬背，满堂灌、重复记忆，孩子们会被动接受，兴趣索然。孔子说："知之者不如好之者，好之者不如乐之者。"美国著名心理学家布鲁纳也说："学习的刺激力量乃是对所学教材的兴趣。"心理学上提到，所谓兴趣，是人们在认识过程中产生的具有倾向性的一种心理现象。歌德也说："哪里没有兴趣，哪里就没有记忆。"我觉得更应该说兴趣在哪里，这个人的活力就在哪里。教育家梁漱溟在他的《我的人生哲学》一书中写道："大约一个人都蕴蓄着一团力量在内里，要借着一种活动发挥出来，而后这个人才是舒服的，快乐的，也就是合理的。我认为凡人都应该就自己的聪明才力找一个相当的地方去活动。喜欢一种科学，就去弄那种科学，喜欢一种艺术，就去弄那种艺术。总而言之，找个地方把自家的力气用在里头，让他发挥尽致……"梁漱溟在给他的儿子的信中也说："一个人必须有他的兴趣所在才行，不在此则在彼，兴趣就是生命，剥夺一个人的兴趣等于剥夺他的生命，鼓舞一个人的兴趣便是增强他的生命！"一个人的兴趣等于他的生命，这样的言语振聋发聩！过度地强化学科文化知识学习，无疑于泯灭了儿童学习的兴趣，一个毫无学习兴趣的人怎会去读书呢？一个不爱读书、不爱学习的人又怎会去谈生命的厚度？由此，初为小学语文教师的我，每一节课都精心设计，从学生的视角出发，吸引他们，希望他们快乐地学习。在某种程度上，我更希望我的课堂实现师生互动，促进学生真正善说乐写。

　　记得那一次上课，恰逢我旗的小学语文教研员——我尊敬的教研前辈王为民老师听课调研，我执教的是一年级的儿童诗《春风吹》，诗歌的内容是这样的：

> 春风吹，
> 春风吹，
> 吹绿了柳树，
> 吹红了桃花，
> 吹来了燕子，
> 吹醒了青蛙。

春风轻轻地吹，

春雨细细地下。

大家快来种树，

大家快来种花。

　　这是一首儿童诗，它是人民教育出版社老版教材一年级下册的一篇课后选读课文。我选择这篇课文的理由是：第一，诗歌读起来朗朗上口，易读易背，深受低幼儿童的喜欢，适合一年级学生学习。第二，儿童天性活泼好动，他们不仅喜欢大自然的景色，而且喜欢在大自然中嬉戏：春游、放风筝……对于春天，他们一定有很多感受。第三，也是最重要的一点：这首儿童诗有那么多语言训练点和能力培养点，适合一年级学生学习，可让我们挖掘。

　　从内容上看诗歌分两个小节。第一小节写的是春天里具有代表性的植物——柳树和桃花的变化，以及代表性的动物——燕子和青蛙的生活变化。第二小节写了春风、春雨的特点以及人们在春天里喜欢的活动。春天百花齐放、姹紫嫣红，从柳树、桃花自然会引领学生展开想象，说写很多其它植物的变化。第二小节的春风、春雨道出了春的特点、春的色彩、春的气息，抢夺儿童耳目，沁人心脾，找春天的口语交际说写活动自然生成。这之中落实此课的教学目标，如："绿、红、来、醒"字音的准确，四字词语，如：柳（绿）花（红）、桃（红）柳（绿）、鸟（语）花（香）字词意思体会的相机渗透，学生读背水到渠成。设计这一课时，在关注学生读诗体会诗意的同时，进行了大胆的拓展，提供给学生若干春天的画面，说词，说句，说话，引导学生借助已有的生活经验展开说写，课堂立刻变得生动起来，孩子们个个兴趣盎然。我还引导学生把这首诗的题目改成"秋风吹"，让学生们换词即兴创作，孩子们真的在课堂上创作出来：

秋风吹，

秋风吹，

吹黄了柳叶，

吹红了枫叶，

> 吹走了燕子，
>
> 吹跑了青蛙。
>
> 秋风轻轻地吹，
>
> 秋雨沙沙地下。
>
> 大家快来收割，
>
> 大家快来摘瓜。

课后延伸到学生找春天，画春天，写春天。

记不清当时教研员、学校领导的具体评价内容，只是记得领导们很满意。学习语言并且尝试运用从那时开始，读写结合、整体推进已植入我的教研思考中。

也是从那时开始，我更加有意识地在课堂上渗透读写一体，即有读就有说写，有说写就有对经典段落的品读、赏析、仿写说、尝试运用，遇到古诗学习，总是设法让学生用自己的语言再现诗中的意境；遇到故事类，总是设法找出空白点深入读懂课文的同时展开说写。

（二）以生为本，尝试读写整合

对于"整合"的理解众说纷纭，大众解释"整合"一词"就是把一些零散的东西通过某种方式而彼此衔接，从而实现信息系统的资源共享和协同工作，其主要的精髓在于将零散的要素组合在一起，并最终形成有价值、有效率的一个整体。不管是普遍意义上好的、坏的事物都有其存在的价值，把它们的价值有机地结合在一起，使本来无意义的事物变得有意义起来，让这些单一看来无意义或意义不大的事物获得超值的效果。"这里的解释提示我们要关注关键词语："有价值的、有效率的、超值的效果……"有综合、有合并使之一体化，形成一个更完整、更和谐的整体，"各组成部分紧密合作，在动态运行中，通过综合使之完整与和谐"。

从单个词义解释"整合"一词是"整"与"合"的合成词。商务印书馆印行的 2014 年《现代汉语词典》对"整"的解释是"全部在内，没有剩余或残缺"；"合"的解释是"结合到一起"。整与合组成"整合"，其意可以表述为：一定环境下一个系统或结构里全部要素无一例外地结合在一起。如果这个解释作为逻辑前提基本成立，那么，"小学语文课程整合"的最简单理解则有下列表述：基于语文教学环境，为实现教与学预定目标的教与学系统（结构）全部要素的系统融合（融和）。

"读写整合"是基于语文学习环境，为实现读与写的目标，在动态的活动中，把与之相关的、有价值的、有效率的、超值的要素系统地融合在一起，它不能等同于简单的课堂上的"读写结合"。下面以课例为证：

能有效地引导低段的学生领会词语的含义，学生才能去尝试运用。著名语言学家张志公先生指出："无论是阅读还是作文，首要的是字词。"但是往往课文中出现的词语对于小学低段学生而言是抽象的、难于理解的，如《我们的祖国多么广大》：

> 大兴安岭，雪花还在飘舞。
>
> 长江两岸，柳树开始发芽。
>
> 海南岛上，鲜花已经盛开。
>
> 我们的祖国多么广大。

到底什么情况才是"广大"？怎样让儿童的脑海中形成"广大"一词的概念？这样才能体会"多么广大"的真正含义。"大兴安岭""长江两岸""海南岛"这些地名代表什么意思？它们有什么必然联系？对于一年级学生而言，这些都是抽象的概念，学生真的懂了运用时自然用得准确，不懂就谈不上运用。如果以抽象的词句解释抽象的词句又会打击学生学习的兴趣。怎么办？所用方法要符合低段学生的特点，要直观形象，整合各种语文资源尤为重要。为了直观地了解我国地域广大。上这节课时，课前我找来地球仪，由于当时没有多媒体设施，没有投影仪，寻找相关图片很是困难，让孩子们大致了解人类生存的地球上的海洋、陆地，了解我们中国所处的位置，了解现在的我们所处的位置，了解人类个体在地球上小得多么微不足道。仅做这些还不够，课前我有意识地带领学生观察本地区气候情况，为课文里"大兴安岭，雪花还在飘舞。长江两岸，柳树开始发芽。海南岛上，鲜花已经盛开"

地域不同则表现不同的理解做铺垫。课堂上，随着学生读课文由生疏到流利，我在黑板上画了一个大大的中国地图，与孩子们互动中用彩色笔标画出"大兴安岭、长江两岸、海南岛、内蒙古（我们的出生地）"，让学生交流我们现在的天气是什么样子的，可是"大兴安岭，雪花还在飘舞。长江两岸，柳树开始发芽。海南岛上，鲜花已经盛开。"这些地方都属于我们的祖国，都是我们的家园，为什么气候有如此大的区别呢？经过反复讨论，孩子们终于体会到这是因为祖国广大，地域辽阔。顺应了进行词语运用的训练理念，丰富相关语文内容的同时，训练了学生说的能力。

就《我们的祖国多么广大》这一课的教学过程而言，了解大兴安岭、帕米尔高原、乌苏里江畔所处的地理位置，了解时差、气候差异、内容上整合了地理学科有价值的知识，进行有效的资源优化。集识学字词句、读文为训练目标，采取出示图画、现场简笔画以及生动有趣地讲解教学等形式，对学生进行了全方位的语文训练，学生的听、说、读、写水平整体得到了提升，我摸到了"读写整合"的"牛鼻子"。

为了使学生体会一个词语，体会课文内容，我在整个教学过程中有意无意整合了相关的语文教学资源，涵盖了相关的地理知识，还引导学生运用了观察、想象、了解等学习方法，综合了一切可综合的内容，一共四句话的课文，学生不仅弄懂了"多么广大"的意思，而且阅读与说话能力得到了锻炼。

（三）实践，领悟读写整合的意义

读与写的思索在涌动着，我自己也时时在脑海中泛起灵感，欲把读与写贯穿于整个语文教学的过程中。语文本身就是综合性、实践性课程，在语文实践中整合资源，进行综合性的语文实践活动是学生有效地学习运用语言的重要途径，为什么不进行综合性、实践性的读写研究呢？

语文的综合性实践活动——语文的综合性学习，就是一个有效的读与写整合的载体。小学语文综合性学习是在教师的指导下，立足于小学生的生活和经验，以实践活动为主要形式，有意识地综合开发和利用学生生活、社会生活以及其他学科等课程资源，运用合作、探究等学习方式，在自由活动中发展提高学生语文素养的一种语文学习方式。

课标中对语文综合性学习的定义强调：以培养学生的创新精神和实践能力为目的，以倡导自主、合作、探究的学习方式为行为基础，让学生在感兴趣的自由活动中，全面提高语文素养。这期间学生各种能力的形成，不是通过教师的口口相传，也不是依赖于教师的言传身教，而是学生通过各种方式，亲自实践，在实际的训练活动中形成的。

在综合性学习中，教师该如何做？作为学生学习活动的引导者、组织者和合作者，教师应该转变观念，充分利用综合实践活动这座连接学生知识和技能的桥梁，给每一个学生提供均等的机会，让他们迷上语文学习，多一份自主，少一份被动，多一份灵性，少一份迟钝。

以"家、家乡、家乡人"为主题的语文读写综合学习进行了一个月有余，学生开展的兴趣活动却历历在目。孩子们对自己家、家乡、家乡人近10年来的变化进行了细致入微的调查了解，他们走出校园，走向街头，走向市场，走向社区，走向政府机关，走向图书馆，采访想要采访的人，敢于采访本地富商，敢于面对警察了解家乡交通的变化，站在马路上点数过往的车辆……

孩子们呈现的资料五花八门。有家里人的照片、采访录、调查小报告、绘画、宣传报、调查感受、随笔、日记、小评论、统计图……应有尽有。不知道孩子们是什么时候学来的歌曲《爱我中华》，唱得有滋有味。更让人欣喜的是当孩子们互动交流时，一张张涨红的小脸，七嘴八舌说个不停的小嘴，有那么多说不完的趣事……此情此景何人不为之动容？

这样的综合性活动把语文的学习融入了学生的生活，学生在实践中既学习了语言又运用了语言，集口语交际、习作、阅读于一体，学生的语文能力在高效整合中得到了锻炼。

2001年秋季，赤峰市小学语文教学能手选拔赛在我旗举行，我的一节《四季的脚步》示范课感动了评委们。那时最先进的教学辅助设施是幻灯片，为了便于学生体会诗意，我对课文插图进行了延伸，创作了几幅生动形象的幻灯片，引导学生边读课文边观察图片，学生读背后又各自编出了另一类的四季小诗。我对教学的思考在那次比赛中得到了肯定，我也荣获"赤峰市小学语文优秀教学能手"的称号。2004 年赤峰市小学语文整体改革实验验收在我旗召开现场会，我有幸被指定为全市小学语文教师做示范课（同台献课的有对我市影响颇深的名师丛志芳老师，她是旗县教研员、赤峰市三区优秀教师）。我在《棉花姑娘》一课里大胆地渗透进我的教学理念——读写一体、整体推进，得到了自治区教研室田万龙老师的高度评价。在 2005 年的自治区小学语文教学能手评比预赛和决赛上，我坚守着自己的思考，《假如》《葡萄沟》两节课都获得佳绩，我也因此荣获"自治区优秀教学能手"称号。有了专家们的认可，从此我的所思所做再也不是孤芳自赏了。

二 追梦，寻根溯源

我深深地知道，梦想的实现需要勇气、毅力，同时更需要平台。2007 年新课程改革的第 7 个年头，我荣幸地成为我旗小学语文教研员。听课评课，教研调研，了解教师，了解学生，由于工作平台的转变，视野一下子得到拓宽，对小学语文教学又有了更深的认识，我的追梦之路从这里出发。首先，我对全旗小学语文教学现状进行了分析：

（一）学生学语文状况分析

1. 从学生的调查问卷看学生

学生学习语文的兴趣索然，有 51.2% 的学生不愿意上语文课，愿意上数学课，这真令我们语文教师汗颜。明明是生动的有故事的语文课堂学生却不愿上，怎能不引起语文教学工作者的反思呢？

2. 从课堂上看学生

语文课堂多以读书交流为主要呈现形式，可真正参与交流互动的学生占少数，年级越高，这一现象越严重。不参与互动的学生一方面受学生的个性差异影响：有的学生是因为学习成绩差而解答不出来；

有的学生是因为缺乏勇气和自信心，害怕解答错误，而不愿举手回答；还有的学生对于回答问题有一种逆反心理，他们认为反正老师平时也不喜欢我，自己何必去理会老师呢，所以不屑于举手回答老师提出的问题。这些都是源于学生的因素。可是我认为更重要的一点是教师的因素：教师通常喜欢请爱举手的学生和自己喜欢的学生回答自己所提出的问题，因此有许多学生不服气，于是便讨厌回答这个老师的问题。久而久之，想举手的学生不爱举手了，而不爱举手的学生就更不爱举手了。有些教师的提问方式不正确，他们所提出的问题，会使学生不知道该从哪下手回答。还有的老师喜欢过多地纠正、批评学生，不给学生课堂上应有的自主权利等。这些因素都会造成学生不喜欢举手发言。

3. 从学生的作业上看学生

教师设计的作业形式单一、内容呆板。一般都是注重基础字词、积累抄写、习作练习，非常重要的一个环节就是课下学生的读书形同虚设，学生作业本工整但内容无新意，没有思维拓展想象能力的含量。学生的作文内容有两种现象：一种现象是作文中套用积累的精美语段很多，读起来似乎是很有语文味道，但是文章主题不鲜明，没有主次，东拼西凑不成文章，究其原因，是学生读得书很多，语言积累得很多但不知道怎样用，作文技巧缺乏指导；另一种现象是学生的作文很完整，能完整地叙述一件事或写一个物件、一处景色，但整篇作文干干巴巴，语言没有任何修饰，事就是事，物就是物，没有语言色彩，就像是没有装修的毛坯房，根本就谈不上是作文。分析其原因，这类学生似乎是掌握了一些作文的方法，但是由于缺乏积累，而导致语言匮乏，即所谓的语文营养不良，作文枯燥无味。即使能写得出来也是生搬硬套，千篇一律，没有一点儿新意。

（二）教师教学状况分析

1. 从教学态度和理念上看教师

那时，我旗的小学语文教师80%以上的老师们是在用教材教教材，他们这样做的主要原因是应试的思想在作怪。他们认为：无论进行怎样的改革，无论是什么样的素质教育，也都离不开用考试来检测教师的教学质量，只要是考试就离不开现用的教材。因此教研员们苦口婆心地劝说用教材教不是教教材只是空话，教师大部分精力都用在研究考试的方向上，思考的是哪些内容容易考到，由此让学生死记硬背，重复机械不可避免。当然这里还有部分缺乏责任心的老师，不研究教材，随着课程的进度走到哪里上到哪里，课堂就是简单地重复课文。从教科书的第一页开始到教科书的最后一页，像驴拉磨一样转不出门道来。课文内容与教学内容混同，教学目标与教学内容混同，谈不上学生的语文能力的培养，忽忽悠悠一节课，昏昏沉沉一整天，日复一日，学生一个学期下来收获甚微。10% 以上的教师——这部分教师多数为学校的精英，学校里大小活动、迎检都有他们的身影，实施新的教学理念心有余而力不足，他们被在有限的教学时间里繁重的教学任务所束缚，被其他的校务工作缠绕着，有研究策略之心也没有静下心来思考行动之力。

2. 从课堂上观察教师

大多数教师课堂上以阅读为主，多为理解课文内容。在理解课文内容上耗费大量的时间，品读表达如蜻蜓点水，更谈不上学习表达，尝试运用表达了。课上课下没有相关联系，每节课教师带领学生围绕课文内容走了一遭，稍好一点的老师会在课堂即将结束时象征性地涉猎一点儿写法的内容，匆匆放置于课下进行小练笔，但课下听之任之，没有对相关的练笔进行跟踪指导。这就叫课上没有播种，课下就谈不上收获了。

3. 从需求上了解教师

通过我的观察和座谈了解到：几乎是所有教师都希望能有一个现成的可直接操作的教学体系运用，他们没有精力，也没有兴趣去思考自己的教学特色，常常依赖于教参，或者模仿某次观摩课上现成的课例，进行单篇的或单节课例模仿学习。没有去思考课与课之间，课上与课下之间，单元与单元之间，学段与学段之间的必然联系。当时全国小学语文教学研究现场会大多以阅读教学为主，以单篇教学为主导，教师们看到的、学来的只是皮毛，或是盲人摸象一样了解语文教学的一个方面。教师与教师之间合作交流、共享教学经验的热情也不高，一部分教学质量好的教师因教学质量评价也变得只愿意单打独斗，经验不外传。教师心中没有教学体系，教学只是在零打碎敲中进行，这些最终都制约着老师们的成长，直接影响了教学质量。

4. 从对新课标实验教材的认识上理解教师

在小学语文教学岗位时间长的教师，他们对新课程标准实验教科书的接受很慢。他们用惯了原有教材，对新课程标准教科书里语文知识量增多、读书量增大、语文资源的整合等都感到困难。只有一少部分具有有挑战意识的教师，非常喜欢这套教材。

来自于各方面的信息都警示我，作为一名教研员，应该为一线老师们分忧，帮他们构建一个高效的语文教学体系，应该为千千万万孩子思考，让孩子们感受到学习语文的乐趣。

（三）新角色重新认识教材

2008 年，全旗高水平地实现"两基"达标之后，翁牛特旗开始聚焦课堂教学，推进教育教学改革，扎实实施素质教育。当时的刘志宏局长道出了翁牛特旗教育工作者的宏远目标："我们搞课堂教学改革，实施素质教育，就是想要我们这个地区的孩子换一种活法。"在这一宏大的目标引领下，我们的教研人员在学科领域里开始对教师如何教、学生如何学进行实践。探索了"以学定教、同案协作"的教学模式，从根本上转变教与学的方式，"使课堂教学从单向灌输走向多元互动，让师生在多元互动中互促互进。""同案协作"需要师生以导学案为载体进行，也就是把教师的教案和学生的学案有机地整合在一个导学案上，把教学的重心从研究教法转化成研究教学并重上，沟通教与学的关系。实现这一转变，编制学案是此次改革的重头戏。重任在肩，我作为教研员则首当其冲，责无旁贷。也正是从编制学案开始，我对教材有了从来没有过的深刻解读。

解读并用好教材是编好学案的基础。我旗用的是人民教育出版社新课程标准实验教材，2008 年，我旗新教材使用时间短，加上对于新教材的培训不够，对于教材的了解就从编写学案开始。在编写过程中我发现教材的编写是有规律的：一、二年级教材从每一个单元的园地里发现本单元的训练主线；三年级单元主题，每个单元前面有单元主题导读，园地后面涵盖整个单元的训练内容，园地里的课文是本单元训练的例文——课文；四、五、六年级教材的单元导读是双主题的，里面既有本单元的人文主题，又有本单元的训练主题，后面的园地内容包含了双主题的训练，单元内部是训练例文，每个单元前后贯通，如果把单元看成一个整体，抓住单元训练主线，圈定单元里共同的语文学习内容，通盘考虑教学，会收到很好的效果。那么每一个单元里涉及的、延伸的读写内容怎么办呢？单元与单元怎样衔接？按照新课程标准的要求，学生多读书、读好书等该怎样落实？一个个问题点醒了我的思考，教研员这个新角色让我对教材有了重新的认识。

（四）我旗教研历程分析

翁旗小学语文教学先后进行了多项实验研究，比如："充分预习·集中导读·深化练习"中高年级阅读教学实验研究、"小学语文愉快教育"实验、"小学语文教学整体改革"实验、"自主合作探究学习方式"实验、小学语文"操作体系构建研究"等，每一次的实验研究都取得了特定背景下的实验成果，全旗的小学语文教学改革一直以来发展健康，成绩显著。在课改中我们从没有停止过对小学语文教学规律性的探索，认识在不断加深，特别是 2008 年以来的全旗大框架下的"以学定教、同案协作"课堂教学模式的推出，小学语文教学更是以崭新的面孔展示给众人。通过改革我发现：虽然在教学观念和课堂教学方式、学习方式上发生了很大变化，但是语文教学效率仍然没有明显提高。其原因何在？众多语文教育专家研究揭示，语文课程与教学存在诸多深层问题：第一，语文学科性质长期没有明确定位，致使语文课程内容长期把握不准，语言文字运用训练意识淡薄，语文课"非语文""泛语文"成分过多，语文大部分课时不做语文学科分内的事，这是造成语文教学效率低下最直接的原因。第二，狭隘的语文课程观和教材观长期局限着教师的头脑，一些教师认为：语文课程内容就是语文教材，语文教材就是语文课本，教语文就是教课本，教语文就是教课文。而且"以本（课本）为本（根本）"，只教课本，甚至只教课文。而语文课本选文和作文又极其有限，六年整套课本 12 册阅读量不足 30 万字。每学期老师领着学生只学三十几篇短文，做七八次作文，如此少的读写训练量何以形成学生的语文能力？第三，语文教材本来是以单元来编写的，然而，实际教学却盛行着"以阅读为中心"的单篇课文教学，除课文阅读教学之外，识字写字、习作、口语交际、语文园地、综合学习大都不被重视，甚至被边缘化了。如此片面地使用教材，严重地违背了教材编写意图。听、读、说、写全面训练如何落实？第四，课标要求语文学习要"多读书少做题"，然而，语文学科却学着其他学科的样子，将教学习题化，一本本地做着练习册，琐碎的语文习题做多了对语用能力的形成无补。第五，语文考试评估，重笔试轻口试、重结果轻过程的不良倾向，仍比较严重地存在。这些问题大都涉及语文"教什么""怎么教"课程内容与教学取向的根本性问题。这些问题如果得不到有效解决，语文课改就很难解决"高耗低效"的问题。语文课程深化改革要点有以下几点：其一，把语文课上成语言课，以语言形式教学为主；其二，以教材为生发点，大量阅读进课堂；其三，改变"阅读独大"，坚持读写并重，加强语用表达训练；其四，注重学习策略指导，使学生会学习；其五，加强语言积累，厚积薄发。

　　基于以上几点思考，以"阅读与习作"整体教学为核心构建"以生为本、高效整合"的小学语文教学体系也就从此开始酝酿。我真的希望全旗小学语文课堂教学改革向纵深发展，改变以往小学语文"耗时低效"的现状，有利于学生从学会知识向学会学习转变，实现学生真正成为学习的主人的目标。

三　初探，寻找新途径

　　最初我羞于提及"课题""研究"这样的字眼，总觉得自己不够研究课题的资质。因此，总是把想法与做法当作是尝试，尝试的甜头引起我进一步实验的兴趣，实验过程中对语文的整合教学认识逐步加深，实验雏形也逐步形成，认识逐步提升。

（一）整合目标，促进发展

整合教学首先是整合目标，整合知识与能力、过程与方法、情感态度与价值观三维目标，让学生在有效的时间内，以学习语文为途径，各方面都得到发展。

确立单元目标尤其重要。身为一个旗县的小学语文教研员，再也不是一线教师的单打独斗了，我的后面有一个强大的团队在与我同行。那时，我旗"以学定教、同案协作"课堂教学改革已经历经两个春秋，开展得如火如荼。但是还没深入到具体学科里，教学中出现了很多不尽人意的问题。为了提醒一线老师们，我写了一篇感受，发表在我们的校报上。

课改热中的冷思考

翁牛特旗教师进修学校　小学语文组　王学荣

我旗"以学定教、同案协作"课堂教学改革已经历经两个春秋，两年里，翁牛特旗教育人以饱满的热情历经了学习、探索、实践、提升的喜人过程。驻足回眸，课改留下的足迹遍布全旗，凸显了全旗区域构建课堂教学改革的大格局、大框架。我们的方式吸引了教育专家的青睐，我们的理念走出草原照亮全国课程改革的讲坛，教育部基础教育司教育专家成尚荣在《基础教育》专刊的卷首语上评价我旗的课改是一场"革命"，"身处这样的课堂，我们忘了这是在边疆，在农牧区；我们是调研者、听课者，我们情不自禁地成了新来的学习者。"这位教育专家的肺腑之词囊括了我们的课改成就，更加坚定了我们的意识和鼓舞了士气，但同时也让我们深感责任重大，也警示我们在课改热潮中要进行冷思考。

冷静细思，我们不难发现课改中诸多新的问题，那就是：固守于模式而淡化了学科特点；教师课改理念解读不够深入致使教学目标定位不准；课堂教学结构千人一面；小组合作学习形式大于内容；对学生的评价不够科学、全面，课改仅限于课堂……由于篇幅有限，笔者不想面面俱到，只想借此一片绿荫，就其中教学目标的一个方面谈谈自己的拙见。

一、课标理念常读常新，目标定位之根本

新课程标准理念研究与应用是我们永远的主题，尤其是现今新一轮的课程标准修订更应该作为我们所有教育人的导向，它是我们实施"以学定教、同案协作"课堂教学模式的根本，脱离了课程标准的研究就像没有目标的课堂一样。只有不断地深入学习与研究才能广开思路，才能从宏观逐步走向微观。以小学语文学科为例，教师需要把握课程标准的总体目标是什么，这里的把握不是记下来，而是深入领会课程标准的含义。小学语文课的核心理念是什么，各学段学生应该达成的目标又是什么，特别是新修订的课程标准更具有工具性，有其现实指导意义。这些方向性的理念把握了，我们教师在编制导学案时，在课堂设计时，在课内外延展中才会做到目标准确定位，一节课里该训练哪些，该删哪些，教到什么程度，课堂才会有章法。而这些重要内容恰恰被我们忽略了，多数老师也不排除少数业务领导盲目模仿课堂表面的东西，忽略了学科本身该体现的理念，怎么谈课堂有效呢？我们经常听到课堂教学"表面的繁荣""课改的浮躁"此类观点根源就在此吧。

二、解读教材角度多元，目标明晰之基础

就我旗现状，学生们使用的教科书多数是课程标准实验教科书，顾名思义，这是在课程标准理念指导下编排的，仔细研究教材，我们不难发现，无论是教材前的单元导读、章节或课文后的练习题，还是园地综合训练，甚至是每篇课文、每一章节的黄色泡泡……每个角落都渗透着新课改理念，教师只要认真细致地研究教材、挖掘教材并充分使用、拓展教材，教材才会发挥它的作用，教师设计课堂教学目标才会明晰。我们深知"用教材教"，不是"教教材"这一道理，但用教材教什么？显然需要我们深入解读教材。我听过一节课，课本上明明有学生、教师能用得上的图例提示，也就是说用教科书上的提示进行操作更便于学生掌握和理解，同时教师也会明晰本节课该落实什么，落实到什么程度，可惜的是，这位教师却进行了教科书以外的偏离目标的实验操作，结果一节课下来学生该明白的没明白，不该明白的更不明白，一节课在教师的手忙脚乱中遗憾地结束。显然教师没有重视教材的解读，起码教师自己没解读透教材，还怎样谈其用好呢？我们并不是要求教师"唯教材"，但毕竟在课程标准理念下的教科书是有导向性的，它触角深远，辐射面广。因此，教师不仅需要通览教材把握整体，前后贯通，还要注意单元目标在每个小节中的分布与落实，从单元导读的引领到单元园地的内容整合与拓展，甚至是每一个小节的小图标、小提示都要细心研究，这样教材才会用到当用时。

当然解读教材的方法很多，学科不同采取的方式方法也不同，在这里我想提示的是：解读教材需要多从学生的视角去思考，确定教学目标才会有的放矢。

三、以学定教深入学情，目标确立之源头

了解学生最近发展区是教师确立目标的源头。学生的最近发展区包含学生的生活经验、已有的知识能力、学生的身心特点等，真正了解了学生后再确定目标才是真正的以学定教。现有课堂产生"假问题"的原因就是教师平时没有深入学情，教师因为不了解学情有时听不懂学生的陈述，为了课堂教学的顺畅教师主观预设得多。梳理学生课前问题、及时化解课堂中生成的问题是教师目前难以攻克的教学难题，教师既要历练自己快速提炼整合学生提出的零散问题，使之直接切入课堂目标的能力，还要着力培养学生善于提出问题的能力。一堂课彻底解决一两个学生切实需要解决的问题，真正给学生留下点东西，比浮光掠影、蜻蜓点水、隔靴搔痒的教学要有效得多。因此，以学定教是要求教师用学生的视角明确目标。

四、整合三维，体现集中

谈起三维目标，我们烂熟于心，但教师要在做到三维目标整合的同时还要"集中"，使其更能用于课堂中，课堂教学的时间是一个常数，因而教学目标的相对集中就显得至关重要了。如果一堂课的教学目标贪多求全，样样都要实现，其结果只能是蜻蜓点水，样样都没有达成。我们设定的教学目标，既看得到学生在课堂学习中的行为目标，又看得到学生在课堂学习后的发展目标，可以把握与检测，也可以组织实施，

真正让学生有所得。力争让每一个学生在每一节课上都能有所收获、有所长进。

总之，课改中发现问题，梳理问题，研究解决问题，是我们翁牛特旗教育人一贯的治学风格，我们深知，只有不断地解决问题才能使我们的课程改革走向深入，走向成熟。

2010 年 9 月 7 日

（二）整合训练点，读思结合

整合教学中语言训练做到读思统一，单从学习语言这一角度来说，一二年级识字、写字是重点，学习用简单的词语说话、写话，体会词语的意思。三、四年级由说句子过渡到说写一段话，体会段落的意思，体会段落的结构特点。五、六年级由段落过渡到篇章的训练，把握课文的主要内容。各阶段在学生特点、学习内容的难易、目标的确立、方法的选定上都有所不同。这里以五年级上册学案编写的思路为例，以生为本、读思统一整合教学一览无余。

人民教育出版社课标教材五年级上册第一单元共有四篇课文：《窃读记》写的是林海音小时候窃读的故事；《小苗与大树的对话》通过季羡林与苗苗的对话，写出了如何读书，为什么读书，该读什么书为好；《走遍天下书为侣》道出了读书的方法；《我的"长生果"》告诉读者作文的练习来自于借鉴模仿，但要写得打动人心必须要有真情实感，是呕心沥血的创造。四篇课文来自于名家笔下，文美质美。但是本单元不是简单地让师生欣赏美文，而是以人文与训练为主题的。此单元的主题是："让我们养成爱好阅读的习惯，一生与书相伴吧！学习这组课文，要把握主要内容，体会作者的思想感情；还要围绕'我爱读书'这个专题进行综合性学习，体会读书的乐趣，并学习一些读书方法。"

感受作者的思想感情的同时让学生体会到读书的好处，从而养成读书的好习惯。怎样把握课文的主要内容，在学案里怎样呈现让师生用得上，让学生通过学案提示反复读课文，学习一些把握课文内容的方法。让学生体会不同的文体，把握主要内容的方法也有区别，我进行了精心的设计与思考。

在《窃读记》一文的学案里我进行了这样的设计：

"通过读课文，我知道这篇文章写了谁在什么时间，什么地方，做了什么事，**我把它整理通顺就是把握课文主要内容：** _____

_____。"

在《小苗与大树的对话》一文的学案里我进行了这样的设计：

"这篇课文是对话形式的访谈录，**季老和苗苗对话的内容讲了哪几个方面？我要试着抓住要点写出文章的主要内容：** _____

_____。"

在《走遍天下书为侣》一文的学案里我进行了这样的设计：

"通过读课文，我知道这篇课文的主要内容是： _____

_____。"

在《我的"长生果"》一文的学案里我进行了这样的设计：

"我知道作者写了童年读书、作文的哪几件事，我还要归纳课文内容： _____

_____。"

【这样的编写把学生的读与思考有效地统一在一起，学习把握课文主要内容的方法会逐步寻找出规律。学生重构语言的能力得到了锻炼。这样的训练并不是在这个单元孤立进行，而是与下一个单元有衔接的。】

在第二单元的《梅花魂》一文的学案里我进行了这样的设计：

"我要用连结事例的方法归纳文章的主要内容： _____

_____。"

在《桂花雨》一文的学案里我进行了这样的设计：

"我能用自己喜欢的方式读懂课文，**借助学过的把握课文内容的方法归纳课文内容**，这篇课文的主要内容是： _____

_____。"

以上学案编写中还增加了大量的延伸短文供学生阅读：《鲁迅读书六法》《朱熹的读书六法》……拓展的短文是对本单元目标达成的一个强化，是单元训练的进一步升华。它开阔了学生的视野，也为教师拓展了思路。

（三）整合能力培养点，听说读写一体

整合教学中对学生能力培养做到听、读、说、写一体化。围绕单元进行整合教学，首先想到的是前后融会贯通，把园地里需要达成的目标内容渗透进每节课中，有效地利用时间，最大化地为学生读书习作空出时间来。《玲玲的画》就是一节低段的体现单元整合、体现听说读写一体化课例的课，我亲自参与一课多磨后在2010年春季教研活动上展示。

《玲玲的画》单元整合课

实验教师　高文静

教学目标：

1.会认"玲"等8个生字，会写"叭"等9个字。

2.正确、流利、有感情地朗读课文，感悟积累对自己有启发的句子。

3.懂得生活中只要肯动脑筋，坏事也能变成好事的道理。

教学重点：

1.识字、写字。

2.读懂课文，体会爸爸的话。

教学过程：

一、谈话导入

1.一年级的时候，我们曾学过《乌鸦喝水》和《司马光》这两篇课文，同学们，想想我们在学习课文的时候，我们认识了一只什么样的乌鸦，又认识了什么样的司马光。学生说……

【这里的设计衔接了上面的内容，顺机进行了二年级的说话训练。】

2.这节课我们继续学习第25课，我们又会认识一个什么样的玲玲呢？（齐读课题，板书课题）

3.瞧，玲玲来了，还带来了一些生字朋友，开火车读读，读对了跟读——齐读。

4.看来同学们字词都学会了，想一想，这篇课文主要讲了一件什么事。

二、学习第1~3自然段，体会玲玲作完画时的满意心理

1.看图：

想看看玲玲的画吗？（出示课件）

看，这就是玲玲的画——《我家的一角》，明天她就要拿这幅画去学校评奖了，你觉得这幅画画得怎么样？玲玲自己觉得呢？请同学们读读1~3自然段，想一想，你们读懂了什么？

2. 读文：

体会"端详"的意思：就是仔细地看，认真地看。

假如你就是玲玲，做做端详画的动作。（学生表演）

看来你真是仔细地看了。像这样仔细地看，认真地看，就是"端详"。（评读）

看得出来，玲玲特别喜欢这幅画，谁愿意来读一读这段话？（指名读）识记"详"，偏旁是"讠"，玲玲在看画的时候，她想说什么呢？

学生说……

玲玲此刻的心情怎么样？从哪个词可以看出？

满意。

老师：真高兴！难怪玲玲会满意地端详着自己的画，能读出这种感受吗？（指名读，评读可范读、仿读）

【学生先认识"端详"的含义，再做动作理解端详，结合课文体会玲玲"端详"的心情，体会词语意思的过程中培养了学生观察思考的方法。结合本单元园地中根据偏旁识字的方法，进一步渗透"详"。借助偏旁识字，识字学词不留痕迹。】

3. 就在玲玲满意地端详着自己的画的时候，爸爸又在催她了，玲玲连忙说引读相关段落……（学生读）

三、学习第4~6自然段，感受画被弄脏后玲玲伤心、着急的心情

1. 玲玲正高兴地收拾画笔准备睡觉时，忽然发生了什么意外的事？后来又怎么样了？读读课文第4~6自然段。

2. 发生什么事了？（课件出示句子）

玲玲呢，此时的心情如何？（指名说）能读出来吗？（指名读，比读）

3. 怎么办呢？玲玲，再画一张吧，为什么？玲玲的心里多么着急呀！出示课件："我的画弄脏了，再画一张也来不及了。"此刻的玲玲该是多么伤心和着急啊！让我们再带着这种心情来读这段话。（指名读，比读）

【学生读悟过程中的互动内容不断提升，学生通过朗读和交流，进入了人物的内心，教师引导学生有感情朗读的过程中再现了情境，学生如身临其境，通过读理解句子内容，的确是低段学生很好的学习方法。】

四、学习第7、8自然段，体会玲玲解决问题后的快乐

1.老师：爸爸看到了这一切，是怎么做又是怎么说的呢？（出示课件：爸爸仔细地看了看，说："别哭，孩子。在这儿画点什么，不是很好吗？"）

2.学生读。

3.读懂什么了？仔细地看了看，爸爸在想什么？看来爸爸也在动脑筋。谁来读？

爸爸想到办法了吗？那为什么不直接告诉玲玲呢？（男生读）

4.老师：如果你是玲玲，你会怎么做呢？（出示课件图，生说）

我们一起来看玲玲是怎么做的。出示课件：图和文字（玲玲想了想，拿起笔，在弄脏的地方画了一只小花狗。小花狗懒洋洋地趴在楼梯上。玲玲满意地笑了。）（指生读）你读懂了什么？

玲玲想了想，会想些什么呢？（指名说一说）看来玲玲是在动脑筋，思考，想办法。

小花狗懒洋洋地趴在楼梯上，看出了什么？可以看出小花狗喜欢这个家，家的温馨。看，作者在写的时候，用词多么准确。谁愿意读读这段话？

（学生读文）

五、学习第9自然段，体会爸爸的话的深刻含义

1.反复读：看着玲玲修改后的画，爸爸也很高兴，爸爸是怎样说的？指名读。

2.理解这句话。

老师：从这句话中，你读懂了什么？（学生说）

这里的"坏事"指什么？玲玲参加评奖的画弄脏了。

"好事"呢？玲玲的画最后得了一等奖。

理解坏事并不是违法乱纪的事，而是指因为我们的不小心、暂时没有做好的事，这些事并不像我们想象的那么糟。

（指导写"糟"，怎么记住，想一想。学生组词记忆，体会意思）

老师：你找到坏事变好事的秘诀了吗？（板书：动脑筋）生活中，我们会遇到很多难题，只要我们肯动脑筋，认真思考，就一定能找到解决问题的办法。

（板书：肯动脑筋，指导写"脑筋"，比较字的相同与不同）

3. 指导读。

老师：现在谁来当爸爸，再和玲玲说说话？（指名读：男生与女生分角色朗读）

4. 背诵爸爸说的话。

爸爸说得真好，你愿意记住爸爸的话吗？（学生练习背诵，指名背诵，齐背诵）

5. 联系生活实际。

帮帮忙：请同学们帮帮忙，遇到这样的事，该怎么办？（学生说）

6. 说话训练：在生活中，你遇到过类似的事情吗？又是怎么做的？

（出示课件：这样的事我曾遇到过……）

老师：看来任何事情都是能解决的！正如爸爸所说的。（学生齐读爸爸的话）

总结：生活中有许多这样简单、平常的小事，只要我们细心观察，还可以把这些有意思的事情写下来，就能提高我们的写作水平。

六、名人名言

最后老师送给同学们几句名言，希望你们今后遇到问题，开动脑筋，想办法解决。

【整个教学过程渗透着训练学生说话，集听说读写为一体，为学生以后的写作做铺垫，学字学词扎实有效。】

四 构建教学新体系

2011年6月，赤峰市教育学会组织的赤峰地区小学语文课堂教学方向研讨会在翁牛特旗召开。会上，人民教育出版社编审、教育部课程教材研究所研究员、教育部语文课程标准专家组核心成员、教育部中小学继续教育教材评审委员、中国教育学会小学语文教学专业委员会理事长崔峦教授莅临现场，这是一个千载难逢的好机会，会议期间，崔峦教授认真地阅读了我思考撰写的研究方案，总结会上他提出了很多宝贵意见。结合崔教授的建议，研究方案正式出台。

附：

构建"以生为本、高效整合"的小学语文教学体系课题研究方案

翁牛特旗教师进修学校 小语组 王学荣

一、课题的提出

近年来，小学语文教学改革发展健康，成绩显著。但随着改革的深入，我们又发现很多不足：小学语文整体改革实验强调了学生大量读写，只是实现了量的积累，还没有发生质变，而今天的"以学定教、同案协作"课堂教学模式虽强调了学生思维的训练、学习方式发生了变化，但小学语文教学零星琐碎构不成学科体系。因此，我们提出：构建"以生为本、高效整合"的小学语文教学体系，推进我旗小学语文课程改革向纵深发展。

指导思想与实施目标：以"全面提高学生的语文素养"为总目标，尊重学生的认知规律，实现学生从"学会知识到学会学习"的转变，凸显小学语文的大语文观，促进教师专业发展。

二、构建"以生为本、高效整合"的小学语文教学体系研究的目的、意义

首先，构建"以生为本、高效整合"有利于师生合作，有利于正确有计划地确定单元目标—进行单元达标—回归单元检测。单元目标是一个单元的出发点和归宿，是一个单元教学评价的依据。又与上一个单元的教学相连接，使课上课下、课内课外形成有机整体。成体系进行，使师生学习语文逐步形成规律。

第二，高效整合能够用最经济的时间，选择最优的教学手段采取

最佳的教学方式，获得最大的知识效益和最佳的教学效果，是学生形成各种语文能力的最佳组合。

第三，"整合阅读、整合读写、整合训练"有利于提高学生的自学（特别是阅读）能力。

"授人以鱼，仅供一饭之需；授人以渔，则终生受用无穷"，大刀阔斧，敢于取舍，大胆地"高效整合"，培养学生"举一反三"的本领，避免师生"只见树木，不见森林"，对开阔学生视野，建立学生的知识结构，培养学生思维的整体性和灵活性都有很大帮助。

三、构建"以生为本，高效整合"的小学语文教学体系的原则

（1）科学性原则："以生为本，高效整合"的小学语文教学体系的提出本身具有科学性。它依据小学语文新课程标准为总方向，以全面提高小学生语文素养为总目标，尊重小学生的认知规律，尊重本地区课改实际，具有较强的科学性。

（2）整体性原则：在教学过程中要综观整个单元涉及的阅读内容、训练目标、读写目标、拓展空间，整体把握读写知识结构，明确各读写知识点之间的内在联系，弄清它们的重难点，使字、词、句、段、篇的"双基"教学形成整体结构，从而优化整体的教学效果。与单篇备课、孤立的教学相比，更强调学习资源的整合与生成，着眼于小学语文学习的综合性和实践性，重视学生"学"的过程。

（3）系统性原则：系统论强调"整体大于部分之和"，语文教学是开放性的、系统性的，我们所提出的"以生为本、高效整合"的目的就在于促进系统内各构成要素的协同与整合，单元与单元之间的衔接整合，课堂内外的整合。

（4）灵活性原则：本思路能做到从大处着眼，从小处施教，灵活生动地阅读好每一篇课文，恰当地生成每一个生成点，能优化教学资源，优化效果，更好地凸显整体训练，可以适当调整课文的教学顺序，调整课时的安排，灵活地安排专题实践活动等。

四、构建"以生为本，高效整合"的小学语文教学体系的内容

1."以生为本"就是针对学生做到四个尊重、四个重视。

（1）四个尊重：尊重学生的年龄特点、尊重学习对象是小学生、

尊重学生的个性特点、尊重学生的个体差异。

（2）四个重视：重视学生的大发展、重视学生的大实践、重视拓展教材的大空间、重视小学语文的大语文观。

2."高效整合"：所谓"高效整合"指的是以单元为整体单位进行的，省时高效的全方位的整合。即整合单元、整合阅读、整合读写、整合训练。

（1）整合单元：

①整合单元主题内容——以教材为依托，以单元导读为引领，以单元学习园地为回归，依托单元文本整合教学内容。

②整合单元分配教学时间——精读课给足，对比阅读课适中，略读课限时，争取充足的课内外阅读时间。

③整合构建单元备课——结合学段标准，立足教材整体，组织集体备课按整体单元进行。

改：长期以来，小学语文教学是以教材中的"篇"为训练单位，以"篇"中某一节课为课堂教学研究的着力点。

变：研究单元教学全过程为训练单位。

改：教师备课以篇为点单一思考。

变：教师备课从全局出发，以单元整体系统进行。

改：以往依赖教材的安排走教材、教教材。

变：根据学生实际大刀阔斧取舍教材、用好教材。

（2）整合阅读：

整合阅读的目的：促使师生在课内外进行大量阅读，阅读具有系统性、方向性、目的性。促进师生产生浓厚的阅读兴趣，获取更好的阅读方法、阅读感悟。

①整合拓展阅读空间——具有大阅读观意识，围绕单元主题内容进行大量阅读，建立阅读评价长效机制，促使师生所读书目有目标、有系列、有内涵。

②整体规划课内外阅读内容——以一组课文为基本点个性化使用本组课文，收集整合课外阅读段落、篇章、图书等。

③整合阅读经验。不局限阅读文的整合，而是指在对一组甚至全册的课文进行整体的、综合性阅读的基础上，通过多种方式的学习活

动或媒介来提高阅读质量，并借助阅读其他相关资料进行多种信息的综合处理而生成新的理解或发现。

（3）整合读写：

①整合优化单元课文读写内容。读中"品写法"，写中"寻方法"。

②整合优化单元课文及延伸的相关文章、书籍的表现形式，如：词句、段落、语言风格、文章脉络等。练习读写。

③整合单元课文、已经学过的课文、课外的与文本相近的文章比较读写。

④整合优化单元课文、已读课文、课外文本同一作者的文风及语言特色，练习读写。

（4）整合训练：

结合学段目标，找准学生的最近发展区，以单元课文为一个基本单位，有层次、有计划、有顺序、由浅入深、由表及里地进行学生语文大实践活动，教师心中要有小学阶段的整体愿景。

五、"以生为本，高效整合"的小学语文教学体系实施策略

对学生而言：以大量读写为主线，高效整合为操作方式。

师生共享：你读书了吗？你读书思考了吗？你读书快乐吗？你读书收获了吗？请你留下快乐的心情，请你留下思考的痕迹……

实施分两个学段进行。

1.低段（1~3年级）"以生为本，高效整合"的小学语文教学体系实施意见概述。

（1）低段小学语文教学理念：仍然坚持近年来"以读代讲、以评促读"，"读"占鳌头的理念。

（2）这里的"读"是指：教材的课文熟读、有感情地读，争取熟读成诵，在一年级学生学完拼音后，鼓励学生读课外书，培养学生喜欢读书、热爱图书，学生通过各种形式的读书来学习生字、学习语言、培养兴趣、培养习惯。

（3）这里的"评"是指：教师课堂上的及时性语言评价、学生互评；课外读书时的家长评、小组评、自己评等多角度评价，记载并积累学生的成长过程。用评价跟踪学生的成长，促进学生养成热爱读书

的好习惯。

（4）低段在"以生为本，高效整合"的小学语文教学体系实施中，要注意单元前后的贯通、注意园地里的综合训练内容，在进行每篇课文教学时渗透并化解训练内容。

（5）低段阅读教学要继承2010年9月我旗小学语文教学研讨会上的几节语文课的整体思路，做到"长文短教""短文细作""诗歌朗朗地读起来""识字课体现识字方法的指导"……

（6）低段训练的重点是：识字、写字教学。要研究多种方法识字，认真写字，写好字。

（7）低段要培养学生读书的习惯。

（8）从低段起注意培养学生会学习，渗透学生进行自主学习、小组合作学习等学习方式。

2. 高段（4~6年级）"以生为本，高效整合"的小学语文教学体系实施意见概述。

高段教学要敢于取舍、敢于大刀阔斧：一组课文中选择一篇做例子进行精读，教学法、品表达、悟情感。其他课文进行对比读、略读、自读。要重点突出，结合年段目标，围绕本组课文的主题目标，圈定语言训练点、能力培养点，高效整合高段的教学体系，形成规律。

高段教学随年段的提高逐步提倡多种形式的课型打磨：如，"品味精读课""迁移提升课""拓展阅读课""读书汇报课""综合活动课""读写结合课"……只要是符合小学语文教学规律的，进行听说读写语文实践的课都可以尝试。我们的理念就是高效整合，"重视小学语文教学的大语文观""重视教材的大空间""重视学生的大发展""重视学生的大实践"。

坚持大量读写是我们永久的主题，围绕一个单元、一个学期、一个年段有目标并成体系地读好书、多读书、会读书。围绕一个单元系统地进行语文综合性学习，进行语文学习大实践，培养学生思考、感悟、提炼、表达等语文能力。

构建"以生为本、高效整合"的小学语文教学体系，在实施过程中小学语文教师应该做到：

（1）教师要在熟练掌握新课程理念，特别是领会小学语文课程标准的基础上深入解读教材，会用教材。教师要结合自己学生的特点找准学生的最近发展区，系统地规划自己的教学思路。

（2）教师要有效地编写、使用学案，真正发挥学案导思、导学、导练的功能，使学案成为师生协作共进的阶梯。

（3）构建"以生为本、高效整合"的小学语文教学体系，强调教师要有大阅读意识，教师要有选择、有目的、成系列地读一些书目。

（4）我旗小学语文的理想境界：崇尚真实、追求扎实、弘扬朴实。探索"高效低碳"的实效做法。走我旗特有的"平实"之路，营造教学绿色，让我们的语文教学在平实、朴实中绽放光彩，用笑容伴我们走好小学语文教学之路的每一天。

（5）构建"以生为本、高效整合"的小学语文教学体系过程中，我们要不断发现问题、梳理提炼问题、研究解决问题，在研究解决问题的过程中逐步形成理论与实践相结合的科学体系。

六、构建"以生为本、高效整合"的小学语文教学体系研究的方法

1. 采取"行动研究法"：根据课题的内容，课题组成员边学习、边实践、边研究。整个课题的研究过程有行动、有研究，在行动中研究，使行动过程成为研究过程。通过计划、实施、观察、反思几步进行。

2. 采取"案例研究法"：收集典型的课例实录，整合单元系列案例进行研究反思。

3. 经验总结法。

七、本课题实施步骤

本课题研究历时三年，大体分为以下三个阶段：

第一阶段：2011 年 3 月—2011 年 6 月（准备阶段）

1. 成立课题组，完成前期的准备工作，就我旗学生目前的学习方式、教师的教学方式及家长的认识观念等情况确定实验校、实验班，形成课题研究工作网络。

2. 确定课题组实验职责，并明确工作目标与工作任务。

3. 确立课题的子课题，并签定议定书。

（1）如何对学习资源进行优化整合，以获取语文教学整体综合的效应；

（2）如何引导学生自主建构，在主体需求的基础上进行主体探求，做学习的主人；

（3）如何立足整体的高度，处理好基础与发展的关系，稳实推进学生语文素质的全面提高，进一步提高语文教学质量。

研究如何合理安排教材，研究如何策划本单元课时。

研究如何围绕单元主题进行拓展阅读。

研究本单元落实哪些语言训练点、能力培养点。

研究如何充填、充填哪些阅读内容。

研究如何有效地运用评价激励学生的读书兴趣。

研究如何进行读写结合。

研究如何培养学生习作兴趣、习作质量。

研究如何检测学生的成绩从而促进学生的健康成长。

研究单元之间、学段之间如何整合。

研究小学语文阶段大整合。

研究延伸：跨学科的大整合。

研究并制订实验方案及具体实施计划。

聘请专家指导和进行开题论证，申请省级立项，为研究的顺利开展奠定基础。

第二阶段：2011年9月—2013年1月（实践研究阶段）

1. 对实验教师进行定期指导、培训。

2. 实验教师对子课题实验内容进行实验研究。重点是立足大语文，在各年级各学科各课型的课内学习实践与课外学习实践中，运用行动研究法、经验总结法等方法有目的地探索研究。其间及时用测查法检测学生的学习效果，以及时修正、完善总结出有关的基本方法与操作策略。

3. 根据实验出现的问题，修改方案，调整研究的内容、方法。可运用专家指导、查阅资料、印发材料、实验验证、教学观摩、骨干培训、经验交流、论文评选、机制督促等多种方法进行强化落实，从而完成研究内容，达到研究目标。

4.组织交流实验、观摩教研课、开展活动等考察学生的实际情况及素质提高程度。

第三阶段：2013年3月—2013年6月（总结验收阶段）

搞好总结，定期组织鉴定验收，开好总结、结题会，做好表彰工作。

1.进行实验总结，提交实验报告。

2.请上级部门对课题进行总体评估、验收。

3.发表成果，推广实验研究经验。

八、可行性分析和保障条件

（一）实验的可行性分析

1.基于对国内外开展的课程改革与学科教学活动现状的了解，基于运用现代教育教学理论，指导课堂教学改革的经验积累与反思。

2.基于现阶段新课程标准实施过程中出现的问题的解决需要。

3.各级领导的支持，专家的指导。

4.参与课题研究的多为骨干教师、学科教学能手群体，具有为事业积极投入的奉献精神和做出实际的努力。

（二）实验过程的管理和物质保障

1.加强组织，强化领导。

为保证课题研究的顺利开展，强化课题研究的组织管理，特成立构建"以生为本、高效整合"课题研究领导小组。

领导小组组长：王艳华。

成员：魏志国、都玉茹、王学荣 。

中心教研组成员：实验教师。

课题主持人：王学荣。

2.明确责任，分工负责。

一是强化制度建设。建立课题研究的工作制度、学习制度、组织管理制度、交流制度、奖惩制度、外出考察制度等。

二是强化责任意识。明确组长、课题主持人和成员工作职责。即：组长负责课题研究的全面工作；课题主持人负责课题的理论研究，过程检查、指导、考核、评价和阶段性总结工作；小组成员负责子课题的理论研究、信息收集、资料档案和实验总结等工作。

3. 保障经费投入，提供物质基础。

多管齐下，积极创造条件，为课题研究提供强有力的人力、物力、财力保证。

九、课题预期的研究成果

课题研究报告；课题研究经验汇编（拿出小学语文单元整合的交流材料，形式可多样，如：教学量表、案例、经验、论文、实验小结、收集的资料等）；优秀录像课例、课件光盘等。

十、预期成果的理论价值和实践价值（略）

2010 年 9 月

有了研究的方案，就有了行动的策略和行动的指南，我需要做的，就是把理念和想法化作实际的行动。经过与实验教师一段时间的实践与探索，出现了一些问题，边实践边总结，不断调整方法与策略，在实践中，我也越来越成熟了。

一、课题研究取得的成绩

1. 编辑《小学语文课程延展期刊》，编写了电子版本学科《单元主题阅读》校本教材、《小学语文实施指导意见》《小学语文典型课例集》……

2. 各实验校承担的子课题也取得了丰硕的成果。如：乌丹三小的"小学语文综合性学习的探索与实践"，乌丹镇总校、乌丹五小的"小学语文主题学习实验研究"，乌丹二小的"小学语文大阅读活动实验研究"，乌丹实验小学的"中高年级读写结合教学策略的研究"，桥头总校、梧桐花总校的"以生为本，读写整合的实验研究"等。

3. 翁牛特旗教育研培网登有多篇教师博客文章，二百多位教师在参与国家级论文评选中荣获优秀论文奖。

4. 构建了课题研究的程序，保证了课题研究的实施，构建了小学语文不同类型课的教学原则、基点与方法，为后续课题研究提供了基本操作方法；提供了各种类型课例的模式样板，保证了研究的科学性与规范性；总结了"三位一体"即"教研、科研、培训"一体的研究工作策略，为课题研究提供了坚实的保障，实现了教学工作与研究的有效整合，保证了课堂教学效益；建立了"点研、片研、面研"制度，明确了课题管理者为基层服务的工作程序（具体见翁牛特旗教育研培网相关语文活动）。

5.教师的思想认识发生着变化。首先，教师备课中拿教参照抄照搬的现象逐步淡化，而是进行了系列准备工作，开始研究课程标准理念，确定学段目标；研究教材单元特点，圈定单元目标；研究文本解读，确定语言训练点、能力培养点；研究单元内前后贯通前后连接；研究本班学生学习状况、兴趣、习惯、知识储备、基础起点；研究教学方法、教学设计，确定课堂教学长远目标和短期目标，教师经历一系列的思考后确定教学方案，做到心中有学生，眼中有目标。课堂教学不再有目标缺位、不到位或越位现象。

其次，教师开始研究教材。教师不再是教教材，而是设法用教材教，经历一系列的集体备课、个人备课等研课备课后，教师能够正确地辨别教材可用空间，或用来训练语言表达方法，或体现作品标点用法，或锻炼遣词造句品味，课堂内容含量适中，课堂浮光掠影等不实现象逐步淡出，让学生在课上真正有所收获。

再次，教师开始关注学习（网络互动、主动学习），教师关注课程标准理论，关注自身阅读价值，关注自身修养……

课堂教学悄悄地发生着变化。教师由原来的教学目标不清楚，教学内容不明晰，逐步规范为教师的课堂教学目标定位准，内容选定明晰，课堂教学质量在提升。实验研究中，培养了大批中青年骨干教师、学科带头人、教学能手等。

6.学生读写兴趣发生了变化。因为改变了评价策略，学生学习空间宽泛了：读名著、读影视、读生活，读一切有趣的事物。语文学习体现了综合性、实践性，也恰恰适应了现代学生的性格特点，学生的学习热情大大提高，习作内容也变得生动有趣。翻开学生的习作练习本会发现，学生的习作内容具有童言童趣、生动活泼、稚气盎然。学生读书形成习惯，成绩呈上升趋势。以下是2013年春季问卷情况分析：

（1）关于读书情况的调查统计。

在随机抽取的 326 名学生中，学生每天的阅读量范围为：

选项	100 字	200~500 字	500~1000 字
人数	128	43	155
所占比例	39.26%	13.19%	47.55%

课外阅读的时间为：

选项	无	半小时	半小时到一小时	一小时以上
人数	32	141	100	53
所占比例	9.82%	43.25%	30.67%	16.26%

老师或父母督促进行课文阅读的为：

选项	经常	偶尔	从不
人数	286	21	19
所占比例	87.73%	6.44%	5.83%

对学校的建议：

选项	组织课外活动	优质课堂	课外读物
人数	266	19	41
所占比例	81.60%	5.83%	12.58%

调查问卷显示：大部分学生对教师的教学感兴趣，认为教师关心学生，学生在教师的教育下健康地成长。上课过程中 90% 以上的学生认为教师能够用教具、课件和现代信息技术进行教学，90% 以上的教师在课堂上能够为学生提供讨论、质疑、探究、合作、交流的机会，学生对于教师的课堂作业布置、家庭作业布置、教师作业批改及时比较满意。教师能够较熟练地掌握基本的多媒体信息技术教学手段，并且能够应用到教学中，提高了教学水平。

从上面数据分析来看，**各校教师教育工作都在有序地进行着，学校领导对教师教育工作有了较高的认识。学校教学制度严格，教师教学敬业，能够按时上班，兢兢业业教学，关爱学生**。通过新课改的学习，教师的教学方法得到了转变。作业布置适当适量，教师批语多样化，从不同方面鼓励学生，使学生的自信心得到了提高。在课堂上，学生学会合作，学会学习，学习成绩不断提高。

（2）对 2012—2013 学年度上学期小学语文质量进行抽测，学生笔试抽测采取书面闭卷单人单桌形式进行。抽测四所学校，分别是乌丹实验小学、乌丹二小、乌丹三小、乌丹镇中心小学。2013 年 1 月份针对学生笔试情况统一阅卷，依据抽测情况，对本学期小学语文质量情况做简要分析。

试卷命题情况分析：

试卷命题分四个部分。第一部分两个题，测试内容为语文基础知识、基本能力部分；第二部分内容主要检测学生一个学期中课内外语言积累运用情况；第三部分内容检测学生短文阅读能力情况；第四部分内容检测学生的习作兴趣、习作习惯、习作能力情况。

卷面满分 100 分，命题易中难比例为 3 ：5 ：2；试题依标靠本，符合小学五年级学生的认知标准。

学生测试成绩统计表如下：

参考人数	总分	平均分	60~100分人数	所占比例	80~100分人数	所占比例
229	19347.5	84.49	226	98.69%	192	83.84%

测试显示：学生整体成绩良好，基础较扎实，阅读能力提高较快，学生答题速度、答题状态良好，多数学生能够保证书写质量，学生辨析识字能力强，学习语文的兴趣浓。通过问卷及检测情况不难发现，学生基础知识扎实，习作质量在提高。

7. 教师语文教学形成体系，整理成功课例 40 多节用来研究在全旗推广，其中借助课题实施策略有一所学校开发了校本教材——"一主两翼教材"，补充了单元整合拓展阅读空间，实现了一个学期能读两套到三套教科书的愿望，乌丹实验小学在实验中能成系列地读书习作，优秀学生在有限时间内完成高质量的习作 1200 字，读书习作提升了品质。

二、课题研究中发现新问题

1. 研究中发现，教学还不能满足学生对课外活动和课外读物的渴求。

调查结果显示：绝大多数小学生都希望学校多组织课外活动，在活动中锻炼自己的能力。我们知道小学生正处于发育时期,他们活泼好动,精力充沛,对周围的一切都充满好奇和想象。要想满足他们的好奇心和求知欲,仅仅靠完成教学进度的课堂教学是远远不够的。课外活动的设置,其意义在于改变基础教育单一的课程结构,课外活动的有效性,在一定意义上会提高学生的学习兴趣,激发他们的创造力,在某种程度上也能提高学习效率;多种多样的课外活动也能充实学生的课余时间,丰富他们的精神生活;课外活动的自主性更能促进学生良好个性的发展。因此,多开展丰富多样的课外活动,是学生的理想和心声。

在家长会上,有一部分学生在给学校的建议中也提到:希望通过课外阅读开阔视野。但在农村学校中很少能看到课外读物,即使有,数量、种类也很有限。小学高段的学生对课外读物的渴望较为强烈。若能在条件允许的情况下,在有限的资源中进行课外阅读,并得到教师适当适时的指导,使学生充分感受到阅读的乐趣,养成良好的阅读习惯堪称理想状态。如果能激起小学生课外阅读的热情,组织学生进行课外阅读交流,展示学生课外阅读成果并开展丰富多彩的课外阅读实践活动,强化对学生课外阅读能力的培养可谓众望所归。为此,教师可利用学校现有资源营造一种浓厚的阅读环境,帮助学生提高阅读能力;学生可以通过开展手抄报活动,让学生相互交流自己的作品,共享资源;家长也可以通过买书订报等形式为学生充实课外读物。充分了解学生所想才能从各方面关注学生的全面发展。

通过问卷调查发现,有的学生的课外阅读少,尤其是农村小学。到了四五年级,整本的书,普遍读了 5 本,读 10 本的只有一半,读 15 本的就寥寥无几了。究其原因,一方面是学校的图书陈旧;另一方面是学生家长很少提供可读书源。

2. 进行阅读的学生,习作能力没有明显提高,尤其是学生积累了很多但作文时用不上。

产生问题的原因:

(1)教师方面。

对于一些教师来说,新课标学习还停留在口头上,没有从根本上转变观念；片面理解课程改革，对语文课标中的四个基本理念存在认识上的偏差。语文教材及现行实验教材，编排体系发生了很大变化，教学内容更新、更活、更宽，教学弹性大，使部分教师感到无所适从，大多数一线的教师缺乏学习、进修、观摩的机会。受考核评价制度的影响，教师过于重视考试的分数，重视学校评价，生怕偏离了学校的评价影响绩效。

（2）学校方面。

语文、数学教师几乎都是班主任，工作量重，压力大。满负荷运转，造成许多教师没有时间和精力充电，教育教学能力无法提高。另外，农村教师队伍相对较薄弱，一般村级小学没有平行班，校本教研也无法开展。教研活动流于形式，缺乏实效性。一些乡镇学校更是缺乏理论指导、缺乏经验、缺乏教研的氛围。

（3）社会及家庭方面。

社会大环境存在不利于孩子健康成长的因素，缺乏语文学习、实践活动的场所和设施，家长缺乏对新课程改革的认识，无法达到课标提出的阅读量。

（4）教育主管部门。

课程设置不断改变，语文课时安排有所减少，而教材内容在增加，教师们感觉教学压力大。新课程实施以后，相关的配套资料（录音磁带、挂图、投影片、生字词卡片等）越来越少，许多教师感到难度很大。

三、课题研究跟进策略

1.加大教师的培训力度与密度。

要提高语文教学质量，提高语文教师自身的素养是关键的因素。为此，一是要制订切实可行的学习培训计划，确保学习时间和质量。二是要鼓励教师参加在职培训与进修，积极参与教学研究，大胆实践，不断探索，努力超越，提高自身的业务功底和实际的教学能力。三是加强语文学科教师新课程理论学习和新课标理念，及时发现教学中存在的问题，通过不同层面研究型团队建设，改进学校教研和校本教研的形式，召开研讨会，及时解决问题。四是尽可能给一线教师提供参加研讨、观摩的机会，而不是只让个别骨干教师参加，减少二级培训，增大教师的直接收益。建立骨干教师支教帮扶制度。发挥各级学科带头人和骨干教师的作用，定期"送教下乡"，将新思想、新方法及时传播，在深入基层进行理论与实践培训的基础上，指导教师上公开课，并进行研讨。

2. 打造绿色网络教研平台。

明确网络化教研的重要性和指向性，让每一个教师都意识到网络化校本教研是教师成长的快车道，还要树立团队合作研修意识，强调以教师团队合作为基础，开展网上合作研究。建立教研员网上工作室，通过教研博客这一媒介促进教研员与教师间的沟通和交流，提高教研员的教研影响力和教师对课程的执行力。建立学科教学资源库，满足备课的需求，利用网络开辟方便易操作的论坛空间。

3. 提高教师的多种能力。

通过培训或竞赛提高教师对教材多角度解读的能力、教学的独特创意能力、案例的深层次分析能力、问题的发现与解决能力、小专题的专项研究能力等。具体训练层次为教材研读，资料积累，教案设计，作文研究，叙事写作，测评指导，案例分析，课堂教学技能训练。

4. 下沉教研重心。

一是面向全旗教师组织各类学科活动，如：专题研讨、教师培训、观课研课活动、集体备课等，开展师生竞赛活动（如：美文诵读）、师生才艺展示、师生联欢晚会等。二是给各校搭建平台，把本校的校本教研活动对外开放，与其他学校交流。

5. 改革考试和评价制度，逐步建立全面测查学生能力的考试和对教师、学生的多元化评价模式。

我的结论：实践之初，我们只是解决了整合单元问题，为增大阅读量、努力实现小学生阅读课程化省出时间，在"阅读"中落实学生的"习作"训练还很模糊，"阅读与习作"整体教学的出路还需从理论上寻找答案。

第二章

"阅读与习作"整体教学的理论体系

一 理论依据

《语文课程标准》指出：语文课程是实践性课程，应着重培养学生的语文实践能力，而培养这种能力的主要途径也应是语文实践。语文课程是学生学习运用祖国语言文字的课程，学习资源和实践机会无处不在，无时不有。因而，应该让学生多读多写，日积月累，在大量的语文实践中体会，把握运用语文的规律。

课标还指出：努力建设开放而有活力的语文课程。语文课程的建设应继承我国语文教育的优良传统，注重读书、积累、感悟，注重整体把握和熏陶感染；同时应密切关注现代社会发展的需要。拓宽语文学习和运用的领域，注重跨学科的学习和现代科技手段的运用，使学生在相互交叉、渗透和整合中开阔视野，提高学习效率，初步养成现代社会所需要的语文素养。

《语文课程标准》把语文课程分为识字与写字、阅读、口语交际、习作（写作）、综合性学习五个方面。在老师们看来这五个方面就是五个领域，它们有各自的职责，课堂上总是被细化为阅读就是指导读书课，口语交际就是口语交际课，习作课就是单纯的教学生怎样写作文，综合性学习课就是组织一次综合性学科实践活动，这几个方面在运用时往往阅读教学占据了主导地位，忽视对学生口语交际的训练，更谈不上学生综合学习能力的培养，甚至到小学高段识字写字随之旁落，唯阅读教学独尊。把本来是一个完整的语文课程变成了零零碎碎的语文知识或简单地教课文。虽然有些地区正在进行"阅读系列课""表达系列课"的研究尝试，但阅读教学与习作教学却是极少相交的两条线上的两个类型，教学呈现的要么是以倾向人文价值、理解课文内容为主的阅读教学，要么是单纯的习作技巧训练。即使学生大阅读行动如火如荼，学生们的学习语言文字运用能力还是提高不快，家长们苦恼的是孩子读了很多书，积累了很多经典词句，作文仍然不会写，教师们困惑没有完整的教学体系作为参考。这就需要我们重新思考什么是"阅读"，什么是"习作"。

怎样理解阅读？

无论教师进行语文教学，还是我们学习语文都离不开"阅读"。那什么是"阅读"，又怎样理解"阅读"呢？我们先来了解"阅读"的概念："阅读是一个人依靠脑中的原有知识，主动获取资讯，从文章中建构意义的过程。"我国学术界的定义是"阅读指大脑接受外界，包括文字、图表、公式等各种信息，并通过大脑进行吸收、加工以理解符号所代表的意思的过程"。从学术界对"阅读"的诠释看，我们明白了"阅读"的功能是"吸收和加工理解"，"阅读"的内容是"文字、图表、公式等各种信息"。"阅读"的方法是"接受"。显然"阅读"不是单一地吸收信息，还包括加工理解信息，"阅读"是既要吸收又要加工理解的过程，也就是经过思考的吸收。从吸收思考的内容上看，是对"文字、图表、公式等各种信息"的吸收加工理解。"阅读"的内容里"各种信息"还有什么呢？我们认为还有影视、还有生活……这样看来"阅读"不是窄化了的阅读教学，不是窄化了的读课内外书籍，它存在于"阅读"者生活的各个领域。从语文学科领域来说，学生识字写字、进行口语交际、综合性学习、学生作文哪一样能离开"阅读"呢？识字写字需要把字音字形字义吸收来加工理解记忆；口语交际中及时有效回应对方，需要吸收对方的语言信息快速做出理解加工；学生综合学习过程中更是综合"阅读"的体现……"阅读"涵盖了语文课程的各个领域。

"阅读"是吸收、加工理解的过程，这很好被大家理解，可它只是"接受"进行"加工理解"，没有输出的功能吗？我们再去解读"阅读"。"加工理解"过程中离不开"阅读"方法。但从一般意义的"阅读"上看：有快速获取信息式的速读；有品词析句意向式的精读；有慢消化式的经典著作读；还有走马观花式的浏览读。在语文课堂上有需要精确理解记忆的精读、有获取有用信息的速读、有重点要点式的概括略读，还有听读、朗读、默读、视读。显然，无论怎样"阅读"，"信息加工"的过程就是思维运动语言重构的过程，语言重构过程的本身就是在输出。我们的语文教学中，阅读时圈点批注、有感情地朗读、课堂上师生互动、生生互动，语言交汇感受，复述故事、讲故事、转述等都是在进行"阅读"中的加工输出。

怎样理解"习作"？

小学生习作要以学习作文基本技巧，练习相应的表达方法，提高写作的技巧为训练手段。小学阶段从三年级才开始进行作文教学，以段的教学为重点，进入高段写作教学过渡到篇章的练习。而低段的"习作"是训练学生说话。小学阶段的"说话"也是小学阶段"习作"的一种方式，从敢与人交流、愿意交流到说完整句话、说一段话。鼓励学生讲故事，与人交流见闻……习作是一种练习，可以提高表达能力。习作还是一种训练，从中提高想象力。无论是学习、练习，还是训练"习作"过程中的方法习得，都来源于"阅读"。

阅读与习作的关系是怎样的？

教育家胡适先生认为："吸收进来的智慧思想，无论是看书来的，或是听讲来的都只是模糊零碎，都算不得我们自己的东西。自己必须做一番手脚，或做提要，或做说明，或做讨论，自己重新组织过，申叙过，用自己的语言记述过——那种智慧的思想方可是你自己的了。"福建师范大学潘新和教授也指出："在语文教学系统的整体结构中，言语表现才是矛盾的主要方面，是语文教学的终极目标，只有指向言语表现，指向写，以表现、以写为本位，才能打好全面的言语基础，才能达成教育的应用性目标。"他还说："由于写的教学最能体现语文教育'表现''发展''存在'的目的和功能……因此，一个完整的写的教学系统，必然涵盖读的教学内容。"（福建人民出版社《语文表现与存在》）胡适先生和潘新和教授的论述都在诠释"阅读与习作"

的关系，那就是"阅读与习作"是一体的。

我们认为：在小学阶段，"阅读"与"习作"是语文教学的有机整体，落实语文课程里的五大领域的核心内容就应该进行"阅读与习作"整体教学研究。"阅读与习作"整体教学就是对语文课程五大领域的核心内容的有效整合。这里的"阅读"不是窄化了的阅读教学，不是窄化了的读课内外书籍，它存在于"阅读"者生活的各个领域，它体现了生活处处皆语文，"习作"过程中的方法习得，"习作"能力的培养和提高离不开"阅读"。实践中我们把它们看成是一个不可分割的整体，它不等同于读与写的"结合"，也不是读与写的"融合"，它们同时并存、互为一体。我们放眼望去，在学生进行语文实践活动中，听说读写伴随始终，学生边读边悟，批注交流是"读写"一体；学生带着自己的感受有感情地朗读课文，用自己的情感表达自己对作品的理解是"读说"一体；生生互动、师生互动交流读后体验也是"读说悟"一体，学生进行的调查、了解、搜集处理信息的过程"听读说写"一体，即使是识字写字也与习作息息相关。"阅读"让学生收获精神价值的同时，又收获了表现人物的表达方法；"习作"中说写故事的内容是再现"阅读"的结果。

显然，"阅读与习作"整体教学就是对语文课程里五大领域的核心内容的有效整合，"阅读与习作"整体教学的核心直击课程标准的中心词——"学习语言文字运用"。它省时高效，符合语文教育教学规律，有助于学生阅读能力、逻辑思维能力的培养。

二　概念的界定

小学语文"阅读与习作"整体教学研究的实践做法是"**以生为本、高效整合**"，是以学生发展为本，"基于语文学习环境下，为实现教学目标，在动态的教与学活动中，把与之相关的有价值的、有效率的、超值的要素系统地融合在一起"。

"**以生为本**"是"阅读与习作"整体教学实施的前提，就是"以学生发展为中心"，强调尊重学生的年龄特点、尊重学习对象是小学生、尊重学生的个性特点、尊重学生的个体差异。重视学生的发展、重视学生的实践、重视拓展教材的空间、重视大语文观。

"**高效整合**"是进行"**整合单元、整合阅读、整合读写、整合训练**"的实践探索。通过"**整合单元**"确定单元目标，合理整合单元内容，圈定语言训练点、能力培养点，设置合理单元课时，从训练内容上为读写做基础，有效利用课时，节省课时时间；接着开发和利用课内外课程资源进行"**整合阅读**"，实现儿童阅读课程化；把"**整合读写**"贯穿整个教学的各个领域，渗透到各个细节之中，提升小学语文教学品质，在大阅读中实现读写一体、学用结合，提升学生的阅读与表达能力，使师生的各种"阅读"融入"运用"之中，师生的"运用"又借助于"阅读"。通过"**整合训练**"形成小学语文教学体系，让我们一线教师拿得来用得上。

从宏观上说是把"单元整合"作为基础整合，它以现用的教科书为依托，重点关注学生的学习兴趣、基础知识、基本技能，整合有价值的语言训练点、能力培养点进行教学，"**单元整合**"不是孤立的一个单元内的整合，它涵盖着单元与单元之间的衔接。"**单元整合**"是为了有效地利用好课内教学时间，为有效拓展阅读打下基础，学生在"**单元整合**"中学习读书方法、体会表达方法，学会学习，培养习惯。同时省出时间进行"**阅读整合**"，引领学生课内外有计划、有目的、拓展阅读成体系的书籍，实现儿童阅读课程化，拓展学生视野，为全面提高学生语文素养做奠基，在"单元整合""阅读整合"的过程中进行"**读写整合**"，"**读写整合**"是整合教学从宏观走向微观的核心内容，它存在于语文教学中的各个角落，它是提升学生语文学习品质的整合，是整合教学最终的理想目标。"整合读写"的过程中学生一系列有计划的语文实践活动就是"**整合训练**"。

"**整合**"是基于语文学习环境，为实现教学目标，在动态的教与学活动中，把与之相关的、有价值的、有效率的、超值的要素系统地融合在一起。

"**整合单元**"：以现有教材为依托，以单元主题内容为引领，以单元为整体进行的整合阅读、整合训练。

1. 整合单元主题内容——以教材为依托，以单元导读为引领，以单元学习园地为回归，依托单元文本整合教学内容。

2. 整合单元分配教学时间——精读课给足，对比阅读课适中，略读课限时，争取充足的课内外阅读时间。

3. 整合构建单元备课——结合学段标准，立足教材整体，组织集体备课按整体单元进行。

弊：长期以来,小学语文教学是以教材中的"篇"为训练单位,以"篇"中某一节课为课堂教学研究的着力点。

变：研究单元教学全过程为训练单位。

弊：教师备课以篇为点单一思考。

变：教师备课从全局出发，以单元整体系统进行。

弊：以往依赖教材的安排走教材、教教材。

变：根据学生实际大刀阔斧取舍教材、用好教材。

"整合阅读"：阅读内容、阅读经验、阅读方法。

整合阅读的目的：促进师生的课内外大量阅读，阅读具有系统性、方向性、目的性。促进师生产生浓厚的阅读兴趣，获取更好的阅读方法、阅读感悟。

1. 整合拓展阅读空间。一方面围绕单元主题内容开展大量阅读，另一方面促使师生阅读系列书籍（如：低段杨红樱图书系列阅读、中段曹文轩图书系列阅读、高段中外名著系列阅读等），建立阅读评价长效机制，所读书目有目标、有系列、有内涵。

2. 整体规划课内外阅读内容、阅读时间。以现有教材为基础，以一组课文为基本点，个性化使用本组课文，整合课内外阅读文段、图书等，延伸阅读习作空间。

3. 整合阅读经验。不局限阅读文体的整合，而是指在对一组甚至全册的课文进行整体的、综合性的阅读基础上，通过多种方式的学习活动或媒介来提高阅读质量，并借助阅读其他相关资料进行多种信息的综合处理而生成新的理解或发现。

"整合读写"：整合优化单元课文读写内容。读中"品写法"，写中"寻方法"；整合优化课内外延伸的相关文章、书籍表现形式，如：词句、段落、语言风格、文章脉络等，练习读写；整合单元课文、已经学过的课文、课外的与文本中心相近的课文内容比较读写；整合优化单元课文、已读课文、课外文本同一作者的文风及语言特色，练习读写。整合师生课内阅读习作习得，延伸课外大量系列阅读习作。

"**整合训练**"：结合学段目标，找准学生的最近发展区，有层次、有计划、有顺序、由浅入深、由表及里地对学生进行语文知识、语文能力的训练，教师心中要有小学阶段的整体愿景。

从中我们可以看出"**以生为本、高效整合**"教学内部的四项整合——"整合单元、整合阅读、整合读写、整合训练"，它们互相连接，互相包含，你中有我，我中有你，是一个有效率的、超值的整合体。"**阅读与习作**"**整体教学研究**就是以学生发展为中心，以"整合单元"为基础，通过"整合阅读"拓展大阅读，以"整合读写"提升品质，以"整合训练"为主线的小学语文教学体系研究，全面提高师生语文素养，为学生终身发展奠定基础。

三 课程观

义务教育语文新课程的基本理念：全面提高学生的语文素养，正确把握语文教育的特点，积极倡导自主、合作、探究的学习方式，努力建设开放而有活力的语文课程。解读语文新课程这四大理念不难发现，它强调面向全体学生，注意学生身心发展的特点，关注儿童学习语文特点，个体差异与学习需求；激发学生的学习兴趣、好奇心、求知欲和进取精神；培养学生的合作意识和团队精神；鼓励学生敢于想象、质疑、发现、创新。它还强调语文教育的特点是具有丰富的人文内涵、熏陶感染作用、学生的独特体验。

语文课程标准针对"努力建设开放而有活力的语文课程"进行了详述，它指出："语文课程的建设应继承我国语文教育的优良传统，注重读书、积累和感悟，注重整体把握和熏陶感染；同时应密切关注现代社会发展的需要。拓宽语文学习和运用的领域，注重跨学科的学习和现代科技手段的运用，使学生在不同内容和方法的相互交叉、渗透和整合中开阔视野，提高学习效率，初步养成现代社会所需要的语文素养。语文课程应该是开放而富有创新活力的。要尽可能满足不同地区、不同学校、不同学生的需求，确立适应时代需要的课程目标，开发与之相适应的课程资源，形成相对稳定而又灵活的实施机制，不断地自我调节、更新发展。"它强调课程实施时要体现语文课程的综合性，要沟通学科间的联系、语文与生活的联系；要体现课程的实践性，积极开发和利用课程资源，课内外学用结合；体现创新性，吸收新思路新观念，运用新技术新方法；体现适应性，满足不同地区、不同学校和不同学生的需求；体现开放性，要自我调节，更新发展。

"阅读与习作"整体教学实践，坚持"以生为本、高效整合"的原则就是以学生的发展为中心，努力建设适合我旗的语文课程。以"整合单元"为基础是为了促进教师发展，提高教学效率，以"整合阅读"为辐射是为了促进师生阅读中学习语文，开发和利用课内外课程资源，在大阅读中实现读写一体，学用结合。实现儿童阅读课程化，解决儿童读什么书，读多少，读到什么程度。以"整合读写"贯穿整个教学的各个领域是为了提升教学品质，把"整合读写"作为"阅读与习作"整体教学的核心内容。以"整合训练"为主线是为了形成师生便于运用的教学体系，使师生的各种"阅读"融入"运用"之中，师生的"运用"又借助于"阅读"。实践中，我们提到的"阅读"是放大的"阅读"，它不是单一的阅读课上的"阅读"，也不是单一的"阅读"有字之书的"阅读"，或是"阅读"影视的"阅读"，而是包含有师生在生活中的一切——阅读书籍、影视、生活等。学生在"阅读"中表达的体验、感受以及互动过程都是学生学习运用语言文字的实践经历。我们的"整合"课程就是基于语文学习环境，为实现教学目标，在动态的教与学活动中，把与之相关的、有价值的、有效率的、超值的要素系统地融合在一起。这些做法都是在努力体现语文新课程的综合性、实践性、开放性、创新性。实践中尊重学生的年龄特点、尊重学习对象是小学生、尊重学生的个性特点、尊重学生的个体差异。重视学生的发展、重视学生的实践、重视拓展教材的空间、重视大语文观。我们把学生的语文实践活动作为培养学生语文能力的途径，让学生在语文实践中学习语文。

　　"阅读与习作"整体教学实施的"高效整合"是动态的、发展的。是借助于现在使用的教科书进行课程开发，在师生语文实践过程中，教师创造性地使用教科书，拓展语文学习视野，拓展课程资源，师生有效地利用图书馆、网络、乡土教材进行学科学习活动。有的学校编辑一主两翼教材，《趣味识字》教材，有的学校开展专题式语文活动，各校有序地进行着语文大阅读行动。

　　"阅读整合"过程中我们追求儿童阅读课程化，阅读具有系统性、方向性、目的性。促进师生产生浓厚的阅读兴趣，获取更好的阅读方法、阅读感悟。一方面我们组织骨干教师编制单元阅读补充教材，选择苏教版、浙江版、北师版教材里面的课文，围绕现在使用的人教版教材的单元主题进行重新编写提供给学生阅读，我们考虑到这些版本的教材是经过许多专家学者论证后选取的，具有安全性、可靠性，实现一个学期学生读两到三套教材；一方面鼓励师生自由选择一定数量的短篇进行阅读，教师在编制的学案里自由充填；还有一方面，鼓励各校自主编写阅读校本教材；**整本书阅读已形成风气，**读名家系列作品或依据师生兴趣有计划地选择阅读。一方面，依据小学生各级段特点，我们有计划、有选择地挑选出适合师生共读的阅读系列丛书数目推荐各校有计划地进行阅读；另一方面，鼓励实验教师带领学生阅读名家系列作品。如：低段有计划地阅读杨红樱系列图书，中段阅读曹文轩系列图书，高段有计划地阅读中外名著系列图书。阅读书目有目标、有系列、有内涵，落实到周计划、月计划，年计划有序进行。整合阅读经验，不局限阅读文体的整合，而是指在对一组甚至全册的课文进行整体的、综合性的阅读基础上，通过多种方式的学习活动或媒介来提高阅读质量，并借助阅读其他相关资料进行多种信息的综合处理。整合规划课内外阅读内容、阅读时间。以现有教材为抓手，以一组课文为基本点个性化使用本组课文，整合课内外阅读文段、图书等，延伸阅读习作空间。

　　"整合训练"中依据各学段的特点，我们把需要学生学习掌握的学科知识和学科技能梳理出来，进行系统的专项训练。比如，"标点的使用教学""自然段教学""场面描写读写教学"等成体系地分散在各个环节中，教学过程中不仅要考虑完成教科书的教学任务，而且需努力进行课程资源的开发和利用，开发自身课程资源和学生课程资源。

同时，我们尝试着跨学科、跨领域地"整合"。

四 价值观

本课题提出针对语文课堂教学"少慢差费"现象，为学生的主动发展提供广阔的空间，课堂教学的内容向课外延伸，并与整体课程相融合。因此本课题研究是对小学课堂教学理论的建构，具有一定的理论创新价值。

在认识上，为了实现单位时间内的教学效率的最优化，课堂教学改革中有效整合教材、实现课内课外阅读的有机结合，与语文整体课程相融合，其外延和内涵都得到极大的提升，涉及语文课堂教学的教学计划、目标、内容、评价以及实施策略等。

在理论上，把课堂教学改革看作提升学生语文素养的有效途径，增加学生的阅读量，提高学生的阅读能力，思考课堂教学活动对学生的意义，形成对课堂教学的系统思考。

"以生为本、高效整合"的小学语文教学体系的探索过程中重视集体备课，多次进行有效的集体研讨活动，发挥专家的引领作用，激发每个老师参与研究和实践的积极性，使课堂教学真正杜绝耗时多收效差现象，切实提高每堂课的效率。

学校通过单元整合教学活动的有效开展，引导教师积极研讨，努力探索，在实践中体验、思考，逐步创建学校的课堂教学特色，形成学校的品牌。

将其纳入新课程的体系之中，把构建"以生为本、高效整合"作为校本课程来开发。目前，这是一个有待深入研究的领域，而且发展前景广阔，因此我们认为本课题在课堂教学的形式上有创新。

学校将语文课堂教学作为一种文化来建构，与课外阅读紧密结合，并设计与此配套的课堂练习，真正实现单位时间内的教学效率的最优化，它将深入学生、教师、家长的心灵，渗透于整个学校的氛围之中。因为这方面的研究成果极少，因此本课题的研究成果也就有了创新的价值。

五 教学观

新课程倡导的教学观念：一是整合教学与课程：学生和教师共同参与课程发展，教学过程是课程内容持续生成与转化，课程意义不断建构与提升的过程，教学与课程相互转化、相互促进，彼此有机融为一体；二是强调互动的师生关系：教学过程是师生交流、积极互动、共同发展的过程，师生间是平等的、双向的、理解的，是人道的、和谐的、民主的、平等的，是互动互惠的教学关系；三是构建素质教育课堂教学目标体系：结构与过程的统一、认识与行动的统一；四是构建充满生命力的课堂教学运行体系；五是倡导自主创新探究的学习方式。

新修订的语文新课程标准指出："语文课程应致力于学生语文素养的形成与发展。语文素养是学生学好其他课程的基础，也是学生全面发展和终身发展的基础。在语文学习过程中，培养爱国主义感情、社会主义道德品质，逐步形成积极的人生态度和正确的价值观，提高文化品位和审美情趣。"语文课程强调的是师生平等，教师只是师生交往中"平等中的首席"，新课程体系要求建立平等和谐的新型师生关系。

我们在"单元整合"教学中，每个单元都设置了围绕单元主题进行的语文综合性学习课，它充分发挥了学生学习语文的主动性、积极性，体现了语文学习内容的综合性、丰富性。每个单元有单元主题读写课、有专项训练读写课、有精品阅读课、有口语交际课、有单元综合复习课、有对比阅读读写课，还有习作阅读讲评课等。这些课的内容确定以及教学过程，体现了新课程的教学观。课堂上学生或三分钟演讲，或有感情地朗读课文，或积累背诵，或侃侃而谈，或下笔书写都体现出课堂教学的丰富多彩。课堂以学生为中心，让学生在语文学习活动中学会学习，关注每一位学生的情感体验，关注学生的道德生活和人格养成。

"阅读整合"教学时，师生共读兴趣盎然，课上课下师生聊书，生生互动交流感受，树立了大语文观，改变了语文课就是教语文教科书那种孤立、封闭、僵化的弊端。学生的语文实践活动多了，学生的社会实践也多了,语文的学习外延到与其他学科的整合,打破了与社会、与现实生活之间的壁垒,我们的课堂与语文活动、学校活动、社会实践等综合性学习联系更加紧密。

语文课堂走向室外,社会名人、家长被请进课堂成为常态。课堂上无论是内容还是形式,都改变了"单向"的固定教师传授模式,变成了"多向"的师生交往、积极互动、共同发展的过程;课堂关注学科本位的同时关注学习者的发展。

六 学生观

"一切为了每一个学生的发展",这是新课程最高的宗旨和核心理念。现代教育观点认为:"以学生的发展为本是新课标的核心理念。面向全体学生,关注每一位学生;因材施教,注重每一位学生的成长,发展每一位学生的个性。语文课堂自然应将促进学生的发展作为出发点和归宿,它应该成为学生'自主、合作、探究'学习的主阵地,使每一位学生都能在语文学习中主动自觉,进入丰富多彩的语文天地,感受语文的魅力,享受语文的乐趣,体验学习语文的成功,发展自己的个性,完善独立的人格,提高语文素质和人文素养。"

小学生的非智力因素都处于发展中,他们从笼统、不精确地感知渐渐发展到能够较精确地感知,逐步发现事物的主要特征及事物各部分间的相互关系;注意力不稳定,不能持久地集中注意;记忆最初以无意记忆、具体形象识记和机械识记为主;思维以具体形象思维为主要形式逐步向以抽象逻辑思维为主要形式过渡;随着年龄的增长情感逐渐稳定、丰富,但自制力不强,意志力较差,自我意识不断发展,性格形成的可塑性很大。社会的进步,环境的改变,人类在不断进化,每一届的小学生认知,都与上一届小学生的认知有所区别。由原来只面对书本知识、面对课堂上的教师来学习知识、学习技能,发展到通过影视、媒体信息、实践活动等多维因素完成学习过程,学生学习语文体现自主性、综合性、丰富性。如果我们的课堂还是仅仅教一本教科书,必然违背学生的发展规律。

　　基于以上思考，我们进行的小学语文"阅读与习作"整体教学体系研究，就是让我们的教师有效地安排使用语文课堂教学时间，把学习语文的权力还给学生。通过语文学习实践活动，"丰富语言积累，培养语感，发展思维，初步掌握学习语文的基本方法，养成良好的学习习惯，具有适应实际生活需要的识字写字能力、阅读能力、写作能力、口语交际能力，正确运用祖国语言文字"。实践中我们坚持"以生为本"，尊重学生的年龄特点，尊重学习对象是小学生，尊重学生的个性特点，尊重学生的个体差异。重视学生的发展，重视学生的实践，重视拓展教材的空间，重视大语文观。

　　我们的思考也是从此出发，"单元整合"基于学生的认知，改变了长期以来小学语文教学是以教材中的"篇"为训练单位，以"篇"中某一节课为课堂教学研究的着力点，变为研究单元教学全过程为训练单位；改教师备课以篇为点单一思考，变为教师备课从全局出发，以单元整体（或一个方面的整体）系统进行；改变已往依赖教材，只教教材，变为根据学生实际大刀阔斧取舍教材、用好教材。课堂上教师说教时间少了，学生学的时间多了，节省出大量的时间引导学生多读书读好书。"阅读整合"从学生学习兴趣出发，促进师生的课内外大量阅读，阅读具有系统性、方向性、目的性。促进学生产生浓厚的阅读兴趣，获取更好的阅读方法、阅读感悟，让学生在大量阅读中热爱学习语文，树立正确的人生观、价值观。"读写整合"的目的是从学生的思维培养出发，培养学生的学科思维，实践中让学生掌握学习语文的方法，积累语言并学会运用语言。"整合训练"是从学生学习的特点出发，王尚文先生曾说："我们语文教师处于培养学生理解与运用语言文字的能力这一独特目的，就必须关注课文'怎么说'，必须侧重言语表现形式。"言语的表现形式不是一两节课学生就能掌握的，也不是节节课机械训练获得的，它是在大语文观念下的语文实践活动中，从学生的最近发展区出发，有计划、系统地分布在该活动的环节中进行，这几项整合互为补充，形成一个整体，充分体现学生的发展观。

七 教师观

新课程理念教师的角色发生着根本的变化，随着学生的变化，社会的发展，人类的进步，信息膨胀，学生获得信息、获取知识的方式变得更便捷，在"视听环境下成长的学生"，与他们的教师同在一个起跑线上，有的甚至比教师获取得还早，跑得更快。所以，教师的角色要"与学生一起成长"。作为语文教师如果不读书、不学习就难以有效完成新形势下的教学任务，更谈不上引领学生的发展。教师要不断更新知识，跟进时代，了解学生的思想，始终保持一颗年轻向上的心；教师要与学生形成和谐的"学习共同体"，共同开发和利用课程。

"高效整合"促进教师专业成长。有效促进教师专业发展。教师进行"整合"的前提是要有目标意识才能实施，必须要解读语文课程标准，做到常读常新，把课程标准的理念细化并且深入读透彻，把握小学阶段整体愿景，把握学科专业领域里的知识技能，明晰自己所教学段所处位置，明晰并细化学段目标，从学段到学年再到学期以至于到本学期的某一个月的目标都要做到心中有数，体现语文课程的特点——"工具性与人文性的统一"。在教育实践中，将目标渗透其中，在不断的浸润中得到显现，要落实这些内容，教师必须研读课程标准，研读小学语文相关理论书籍。

"高效整合"促进教师用教材教。一直以来，教师一方面以教参代替自己解读教材，教参说什么，教师教什么，可是教参是少数编者面向全国多数地域的教师编辑的，无法满足贴近实际的个性化的需要，另一方面教师所用的教材没有去再次开发，为我所用，就是在教教科书，用教材教其实是在教教材。我们所提倡的"高效整合"就是督促教师有效地解读教材，对现在使用的教科书进行开发，重新归纳、梳理、拓展，达到为"我"所用。在"单元整合"中。教师具有重构教材的能力，教师首先要根据学段目标解读单元所处位置，单元课文都承载哪些教学内容，能梳理出哪些能力培养点，本组课文怎样用合适，用到什么程度，哪些目标、内容需要提炼单项训练，哪些目标需要面向整体，怎样才能做到省时高效促进学生发展，教师只有进行通盘考虑才能落实，教师备课需要心中有目标，眼中有学生。教师经过深入解读后，根据本班学生的学习状况，对本组教材重新安排顺序，或删减、或增加。"阅读整合"时，教师会根据整体设置有效引导学生大量读写，该建议学生读什么内容，怎样促进学生去读，读多少，读到什么程度等。教师再把"读写整合""整合训练"策略贯穿在整个过程中，又是对教学品质的提升。这样教师才能发扬自己的教学风格，学生获得知识能力才能成体系进行。

"高效整合"促进教师不断学习。落实"高效整合"中教师深入研读课标、解读教材就是促进教师学习，解读教材需要教师具有学习力。以一篇课文为例，教师解读时需要查找文章出处，了解作者，了解作者相关的文章，感受作者写作风格，语言特色，解读课文文体、布局结构、具体内容，课文中心、课文所涵盖的学科知识，以及课文所处位置，还要解读课文的插图、图标、课后习题、单元导读、单元落脚点。这些内容的解读教师自然会查找资料大量阅读，如果是成组的课文解读，或几个单元连续进行，教师需要阅读大量资料。在进行"阅读整合"时，教师让学生读整本书，成系列读，教师必须先读，这样才能在课堂上与同学分享阅读感悟，"阅读整合"里的语文大实践，要求教师应博学多才，兴趣广泛，这样课堂上才会激发学生学习语文的兴趣，落实"高效整合"的过程也是教师自身提高的过程。

八 评价观

我旗小学语文教学近几年评价办法采取的是口试加笔试的形式。口试内容多数来自所用教科书的内容（低段更为突出），还没有更多的拓展课本以外的内容。由于时间、人力等诸多因素，中高段口试还处于半搁置状态，同时中高段口试内容还很朦胧。口试哪些内容才能评测学生阅读能力，阅读水平，从而提高阅读质量，还有待于进一步研究。近几年，翁牛特旗没有安排全旗笔试统考，各校都在自己出题考试，这种做法符合校情、学情，更有利于学生的发展；但是抽样发现，我们的笔试内容设置还不够科学灵活，考查学生能力的内容不是很多。

还有各校还仍然把期末考试作为教师考评的依据，甚至一直以来教师的思想让很大部分教师自行排列考试名次，致使教师跟着考试走，你考什么我教什么，研究考试方向大于研究学生该学什么，教师该教什么，小学语文教学质量还不够理想。基于种种原因，先后提出《翁牛特旗小学生阅读考级习作升级实施建议》《翁牛特旗小学语文学期末口试、笔试内容调整意见》《小学生习作升级办法》《小学生基础达标突标策略》……意在更好地促进师生共读，提升阅读品质，师生共进，提升小学语文教学质量。

第三章
"阅读与习作"整体教学的实践

"阅读与习作"整体教学的实践中,借助于对建构主义理论的思考,提倡在教师指导下,以学生为中心的学习,培养学生的创新精神和实践能力。教师通过对教材的使用、对课程的整合成为学生建构意义的帮助者,通过创设符合教学内容要求的情景和提示新旧知识之间联系的线索,帮助学生建构当前所学知识的意义,引导学生在学习过程中主动去搜集处理有关的信息和资料,并对这种联系加以认真的思考。在整个过程中,我们以建构主义理论为指导,从学习者学习过程的自身规律出发,以培养学生的语文素养和创造能力为主要目标,发挥学生的主动性、积极性,最终达到使学生有效地实现对当前所学知识意义建构的目的。

实践中我们以元认知理论为依据。基础教育阶段的元认知教育是学生学习由他主到自主的一个过渡过程,该阶段的顺利进行对于学习者学习方法体系和价值体系的形成有着决定性的作用。由此可见,元认知迁移理论启示我们:认知策略在学习和问题的解决中发挥着重要的作用,为迁移而教,教会学生学习成为今天教育的主题。元认知是促进学生学会学习的关键,是终身学习有效进行的前提,需要把元认知能力的发展作为核心目标,让学生掌握学习能力、学会求知、学会做事、学会做人、学会生活等,完成个性的发展与人格的完善。"阅读与习作"整体教学的实践坚持"以生为本、高效整合",从学生总体发展上"以生为本"尊重规律,从课程的落实上进行"高效整合"。

"阅读与习作"整体教学研究的最终目标:

1.提高教师专业水平。优化教师备课、上课内容。让每一位教师的教学有规律成体系地进行，教师心中有小学阶段教学的整体愿景。

2. 提高学生听说读写语文综合能力。培养学生思维的创造性和灵活性，使学生阅读与习作有方法、成习惯，使学生的学习有规律成体系地进行。

"阅读与习作"整体教学的研究方法：

1. 行动研究：以问题导向确定研究内容，根据课题的内容，课题组成员边学习、边实践、边研究。整个课题的研究过程有行动、有过程、有研究，按照计划、实施、观察、反思几步进行。首先，计划在先。即采取问卷、调研等多种形式做好问题汇总，从而掌握大量的第一手材料，然后查阅相关的资料文献，阅读相关理论，根据具体情况制订具体研究计划，并按计划实施。如：在单元整合研究中，我们发现各校教师教学中存在诸多问题，单元目标模糊不清，课时目标因文本解读、课标解读不准而定位不准，也就是教师怎样备课，一个单元的课时怎样分配最合理，怎样在有限的课时里给学生充分的阅读时间，怎样引领教师、学生课下读书与习作，怎样与师生的日常生活有机结合？依据这些问题，开题后开展了相关的课例研究及培训。其次，是落实行动。积极组织各校教师、学生开展各种教研活动。在小学语文片区教研中，先后进行了各学段单元整合教学策略研究，主题式读写整合策略研究……研究由原来的"面"逐步过渡到"点"。再次，每次活动后分别进行了反思调整，将整合的内容、方法，以及开展的活动中的各种现象加以归纳调整，并做出评价、分析，及时调整研究方向。

2. 案例研究：收集典型的课例实录，整合单元系列案例进行研究反思。研究中我们把几年来典型课例体现本土特色的课堂实录整理成集，供教师们今后学习参考。

3. 文献研究：用文献法进行理论的搜集和学习研究，通过网络及国培计划，学习掌握国内相关研究成果、研究动态、相关信息，进行思考借鉴，适当进行推陈出新，完善课题，朝着健康方向发展。

4. 经验总结：及时总结每阶段的研究成果，寻找不足，取长补短，完善研究方案，最后形成完善有效的方法体系，更好地应用于实践。组织教师及时交流总结研究成果，撰写论文、心得体会，及时根据研究计划做阶段性总结，总结研究进展情况。

5. 调查方法：通过观察、问卷、测试等手段对学生学习兴趣、读写内容、学习方法进行评估。

"阅读与习作"整体教学研究的实践做法：

"以生为本、高效整合"，是以学生发展为本，"基于语文学习环境下，为实现教学目标，在动态的教与学活动中，把与之相关的、有价值的、有效率的、超值的要素系统地融合在一起，也就是进行"整合单元、整合阅读、整合读写、整合训练"的实践探索。"整合单元"中如何确定单元目标，合理整合单元内容，怎样圈定语言训练点、能力培养点、如何设置单元课时为读写做基础，怎样"整合阅读"才能实现儿童阅读课程化呢？如何开发和利用课内外课程资源，在大阅读中实现读写一体，学用结合提升学生的阅读与表达能力；如何以"整合读写"贯穿整个教学的各个领域，渗透各个细节之中，提升小学语文教学品质，使师生的各种"阅读"融入"运用"之中，师生的"运用"又借助于"阅读"。怎样通过"整合训练"形成语文教学体系，让我们一线教师拿得来用得上，本章节将进行详细描述。

一 整合单元——读写基础

一直以来，语文教学都是一篇一篇地教范文，学生课后一道一道地做习题，在范文潜移默化的影响下，提高学生语言能力。对于学生来说这篇和那篇是独立的，没有明显联系地存在于课本中，这种结构显然是从部分着手，是通过部分的相加，求得整体的功效。美国心理学家布鲁纳等人曾做过一项实验：受试的学生分为两组，一组采取整体法的策略，从整体出发，注意各部分的关系，以解决问题；另一组采取部分法的策略，从部分出发，然后将各部分合起来，以解决问题。研究结果表明，不论问题的难易，或特性的多少，整体法优于部分法。同样，在技能的学习中，实验也表明，整体法优于部分法（查有梁《控制论、信息论、系统论及其教育科学的意义》）。显然，我们进行的整合教学符合教学规律，并具有省时高效的优势。

前面提到，"整合"是基于语文学习环境，为实现教学目标，在动态的教与学活动中，把与之相关的、有价值的、有效率的超值的要素系统地融合在一起。我的整合教学观，从宏观上说是把"单元整合"作为基础整合，它以现用的教科书为依托重点关注学生的学习兴趣、基础知识、基本技能，整合有价值的语言训练点、能力培养点进行教学。"单元整合"不是孤立的一个单元内的整合，它涵盖着单元与单元之间的连接。"单元整合"是为了有效地利用好课内教学时间，为有效拓展阅读打下基础，学生在单元整合中学习读书方法、体会表达方法，学会学习，养成习惯。同时省出时间引领学生课内外有计划、有目的地拓展阅读成体系的进行，实现儿童阅读课程化，拓宽学生视野，为全面提高学生语文素养奠基。在"单元整合""阅读整合"的过程中进行"读写整合"。"读写整合"是整合教学观从宏观走向微观的核心内容，它存在于语文教学中的各个角落，它是提升学生语文学习品质的整合，是整合教学观最终的、最为理想的目标。"整合读写"的过程中学生一系列的、有计划的语文实践活动就是"整合训练"。这样看来整合教学内部的四项整合——"整合单元、整合阅读、整合读写、整合训练"，互相连接，互相包含，你中有我，我中有你。因此整合教学是一个有效的、超值的方法，实践证明也是如此。

（一）单元整合相关概念及策略

说明单元整合之前，我们要搞清楚两个概念，"整合"与"整体"概念异同。

从词义上看"整合"："把零散的东西彼此衔接，从而实现信息系统的资源共享和协同工作。"而小学语文"整合教学"的"整合"是基于语文学习环境，为实现教学目标，在动态的教与学活动中，把与之相关的、有价值的、有效率的、超值的要素系统地融合在一起。

从词义看"整体"，是已经固有的按照一定结构构成的整体与部分的从属。"整体"的概念——"哲学上指若干对象（或单个客体的若干成分）按照一定的结构形式构成的有机统一体。"它是一个由有内在关系的部分所组成的体系对象。各个组成部分一定有某种内在关系，或功能互补，或利益共同，或协调行动，等等。

教材编制是以单元出现，每一个单元围绕主题进行，单元本身就是整体，沿着教材的编写进行教学就是"单元整体教学"，相当于教教材。而"单元整合教学"是把单元里最有价值的甚至是超值的内容进行提炼，使之系统地融合在一起，是对单元内容的重新组合，它体现的是用教材教，中高段时可以跨单元或跨级段进行整合，它具有灵活性和开放性。

低段、中段、高段单元整合策略

首先，依据课标对教科书的体系进行解读。目前所使用的教材，是人民教育出版社《新课程小学语文》实验教科书，是在新课程理念背景下编制的，教材体系成主题单元进行。一、二年级每个单元的"园地"内容起到了总结、统领整个单元教学内容的作用；三年级每个单元前面有单元导读，引领学生阅读思考有方向，后面有"园地"开阔学生阅读、习文的视野，整个单元中课文编排、课后习题设置都是系统的、有机的整体；四至六年级的教科书编排上又有所改变，前面的单元导读增加了学生阅读方法、习作方法的提示，成单元双主题形式。整套教科书的编排有梯度、有深度、有广度、有衔接、前后贯通。

其次，明晰单元走向，做出单元整体计划。作为教师，用好教材的前提就是在充分解读新课程标准基础上，至少要通览一个学期的整本书编写意图，了解主题单元的语文走向。针对学情、针对实际把握整个单元教学内容。圈定语言训练点、能力培养点，规划本单元听说读写可拓展的空间。做好单元计划、周计划等。系统安排本单元的学习内容，做到前有铺垫、后有延伸，中间过程扎实有效，以促进学生发展为最终目标设计课堂、设计练习、设计读写内容。

1.低段单元内容整合策略（基础段）

低段学生有意识地抵制学习的心理机制并不成熟，同样，完全自觉地投入学习的心理机制也不完善。根据学生的年龄特点，低段的整合单元可以从可以下两个方面进行：

（1）依据小学语文新课程标准理念，以教科书为抓手，培养学生学习兴趣、学习习惯为主要内容，突出对学生识字、写字方法的指导。整合内容时要做到：一看整个单元需认识多少个生字，学写多少个生字，涉及的生词多少个，是否有多音字、形近字；二看"园地"内容，低段园地涉猎的内容涵盖整个单元，它有学习方法的渗透（如：二年级园地编排上的识字方法、识字归类等），可以把园地里的内容化解到每节课里、逐节课中循序渐进。低段识字教学是重点，随文识字与集中识字、生活识字相结合。注重学生写字指导，培养学生写字习惯，不但会写要求会写的字，还要注意写好字。

（2）低段整合理念是"以读代讲、以评促读"。这里的"读"是指：教科书的课文熟读、有感情地读，争取熟读成诵，通过"读"来促进学生识字，理解词语句子意思，学习语言。同时自一年级学生学完拼音后，鼓励学生读课外书，培养学生喜欢读书，热爱读书的习惯，学生通过各种形式的读书来学习生字，学习语言，培养兴趣，培养习惯。这里的"评"是指：教师课堂上的即时性语言评价，学生互评；课外读书时采取家长评、小组评、自己评等多角度评价，记载并积累学生的成长过程。评价跟踪学生的成长，从而促进学生热爱读书、养成习惯。

以课程标准实验教科书二年级下册第七单元为例：

首先盘点单元。

单元主题：本单元共有四篇课文《玲玲的画》《蜜蜂引路》《寓言两则》《丑小鸭》。四篇课文的体裁不同，生活中小事、名人轶事、寓言、童话，人文主题一致："要正确看待问题，善于思考。要是肯动脑筋，坏事也能变成好事，要是肯动脑筋，看起来不可能办成的事也能办成。""善于思考，正确认识"是此单元的专题内容。

单元内容盘点：

识字写字：本组四篇课文，一个园地。要求认识47个生字，其中课文里38个，语文园地里9个，会写39个汉字。

学习新词："端详""喘气""巴望""焦急""孤单""惊讶""羡慕""距离""附近""谈天""常常""往常"

语言实践训练内容：联系生活，如《玲玲的画》；引导学生推敲语言，如《蜜蜂引路》《寓言两则》；多元解读，如《丑小鸭》。

单元园地内容：

第一个是复习巩固查字典，体会汉字一字多义的特点。

第二个是通过认读八个厨具名称认识九个生字，渗透识字方法，了解偏旁与字义的关系。

第三个是读读背背：三类成语的积累。

关于团结合作的：同心协力、众志成城、万众一心、战无不胜。

关于错误思想方法的：贪小失大、舍本逐末、轻重倒置、小题大做。

关于学习的：勤学好问、好学不倦、博采众长、多多益善。

第四个是口语交际"自我保护"，目的是训练学生观察、思考、交流的能力。

第五个是展示台，链接课下的积累进行。

单元所处位置：从人文主题上看，一年级下册出现过以"动动脑筋想办法"为专题的一组课文；二年级上册学过一组以"怎样看问题想问题"为专题的课文，本组是建立在两册学习基础之上的，但有不同之处。**本组不仅体会做事要善于思考，还要正确地认识自己。**

从所学内容上看，学生具备识字写字基础，根据教材编排顺序，学生掌握了一定的识字写字方法及规律，学习体会新词句是难点。

课标中对第一学段阅读教学的要求（因为是二年级下学期，临近后面的内容，识字写字不在此赘述）："结合上下文和生活实际了解课文中词句的意思，在阅读中积累词语。借助读物中的图画阅读。阅读浅近的童话、寓言、故事，向往美好的情境，关心自然和生命，对感兴趣的人物和事件有自己的感受和想法，并乐于与人交流。"

这两句话是在告诉我们了解词句意思、积累词句是在语言实践中，也就是阅读中进行，方法是联系上下文、生活实际、借助于图画等。

内容盘点清晰可见，如何整合呢？

整合单元内容：整合优化各相同内容、相近内容。以单元人文主题、训练主题为引领、以单元学习园地为回归，前后贯通，依托单元文本整合安排教学内容。

字词归类：以"读"为主要语文实践活动，读中识字学词。借助于原有的识字经验，寻找识字学词规律，为学生识字、写字、学词、积累词汇打基础。

《玲玲的画》里，利用偏旁的特殊性，渗透化解园地识字内容、识字方法，本课生字"玲、详、奖、脏、福、叭、催"都是形声字，园地识字内容9个生字也有规律可循，学习完此课后采取各种游戏、联系生活实际等形式，把园地9个生字归纳整理，到这里教学水到渠成。在此过程中涉及查字典认字等一字多义相机渗透，园地的第一个内容自然化解其中。

读悟结合、说写一体：仍然是以读为主，《玲玲的画》《蜜蜂引路》两课主题内容都体现了遇事要动脑筋，坏事可能变成好事，看起来可能办不成的事也能办成。善于思考是这两篇课文的共同点，两篇课文学完后，学生对遇事善于思考、怎样思考有了初步的认识。这时设计一个尝试练习正是训练思考的机会，那园地里的口语交际《自我保护》也是这一主题，学生通过观察、动脑筋思考、交流遇到类似的情况该如何应对。在这两篇课文学完后，进行这一内容的口语交际，并把它落实在写话中，实现了读写一体。

积累与运用：寓言两则《揠苗助长》《守株待兔》，既是寓言故事又是成语典故，通过寓言的形式，让人们明白一个道理。与本单元主题一致、"怎样看问题怎样想问题"，还有深层次的内容是正确认识自己。在这里先不说是如何通过重点句子引导学生体会寓意的。两个成语故事让学生对成语有了兴趣，拓展成语学习自然水到渠成，在这里安排园地里的成语学习是很自然的事。把成语归类一下，拓展相关的成语故事让学生们读，学生的读书范围广阔起来，课上课下有效结合，积累运用形成一致。

整合单元分配教学时间：单元内容整合后，这个单元前后9节课完成相关内容的学习：《玲玲的画》加园地识字两课时；《蜜蜂引路》加口语交际三课时；《寓言两则》加园地成语积累两课时；《丑小鸭》两课时；园地里展示台的内容放在学生延伸本单元主题的语文综合性读写活动中，如：展示课外积累的词语，展示自己字词达标成果……课内外语文学习时间充足。（后一部分内容安排在整合阅读里进行。）

整合构建单元备课——结合学段标准，立足教材整体，组织集体备课按整体单元进行。

整合单元不是把单元课文掺在一起，也不是抽出语文知识内容分类进行，而是把单元里相近的、相同的内容整合在一起，有规律地进行教学，它与课程标准一致，它与学生的认知规律一致，它建立在教材编写的基础上进行重组。它有对单元里共性内容的掌握，又有对每一篇课文中个性内容的领悟。"每一篇里的内容又互相衔接，学生学到的知识形成了链条，能力在整合教学中聚合成块，新储存的信息与大脑已经储存的相关信息联系起来，成为更加复杂、更有序的结构，从而获得事半功倍的效果。"

2. 中段单元内容整合策略（过渡段）

据心理学家分析："小学中年级是儿童智力发展的过渡时期，开始出现抽象逻辑思维，认知活动的随意性、目的性均有明显的增长。三、四年级学生感知的无意性和情绪性比较明显，练习时容易被新颖的内容所吸引，经常忘记练习的主要目的。兴趣十分广泛，几乎每项体育活动都喜欢，感知动作的要领比较笼统，容易把相近的动作混淆起来，时间和空间感较差。三、四年级学生注意力不够稳定，不易持久，有意注意力虽有发展，但还是很不完善。集中注意力的能力较差，交换练习的时间应控制在20分钟以内。三、四年级学生无意记忆还占相当优势，因此，讲解不宜过长，叙述动作要领和练习方法要提纲挈领。情绪较稳定，对情绪的调节开始和某种道德规范相联系。在无明显的外因的诱惑下，有一定的自控能力。三、四年级学生的情感容易外露，自制力较差，愿意依靠老师，由老师来评价动作好坏和裁判胜负。集体活动的意识增强，懂得集体活动的一些规则、规范。开始以兴趣、爱好来选择朋友，朋友关系日趋稳定。集体意识开始形成，其兴趣由个人活动逐渐转至集体而有组织的活动。特别愿意选择合得来的同学，结成一组练习。自我评价意识开始形成，担心自己成绩不佳影响集体。开始能分辨同学中体育能力的高低及学习态度的好坏。愿意听表扬……"

从心理专家的分析来看，面对中段的学生，语文教学应该是内容丰富的，能吸引学生的注意力，语文活动同时又是多姿多彩的。那么整合单元的目的就是尽量做到：语文课堂简约、简单、简化，学生在语文实践中有趣地学语文。

依据学生的心理以及新课程标准学段目标，小学语文中段单元内容整合，以现用人教版新课程实验小学语文教科书单元主题为起点进行整合。结合学段目标，围绕单元阅读主题进行统筹安排。首先圈定本单元所有课文的语言训练点、能力培养点，前后贯通，整合单元导读目标与园地训练内容，把对学生的词句理解、阅读积累、习作练习与运用的训练，整合化解到每每节课中里。

以课程标准实验教科书四年级下册第七单元为例：教材编排体现整合

盘点单元内容：本单元共四篇课文，分别是《两个铁球同时着地》《全神贯注》《鱼游到了纸上》《父亲的菜园》。四篇课文都是以写人记事为题材，主题训练目标是"留心人物外貌、动作描写，和同学交流获得的启示"。

能识会写23个字，认读生字23个。会读和积累文中出现成语及日积月累。准确把握课文朗读的情感，正确、会停顿、语言流畅，了解人物故事，感受人物心灵的美好和高尚品质，思想受到感染熏陶，发现身边具有执着精神的人物，学习本课的表达方法，通过具体事例表达敬佩之情。

《语文园地七》安排了五个栏目：词语盘点，"口语交际与习作"——"我最敬佩的人"，"我的发现"栏目，还有表现人物精神的日积月累四字成语，最后一个是成语故事《鹏程万里》。园地综合了整个单元的基础字词、阅读、积累、语言运用习作练习的内容。既有重点训练，又有相关拓展。因此使用本单元教材进行教学，就要进行统筹安排，把前后落实的训练目标化解到每节课中，有效利用好时间。

本单元所处位置：本教材第二组安排了"以诚待人、诚实守信"为主题的写人的内容，四年级上册第六组安排了"无私奉献，替他人着想"为主题的写人内容。从人文主题上看，学生心中已经埋下了美好的种子；从体会写法上看，内容紧紧相连，如春风化雨，润物无声，使用这组教材也可以挪到第二组之后进行学习。

整合内容：

《词语盘点》的相关词语在每篇课文学习中及时学习，及时达标；

《口语交际》与《习作》内容可穿插在每节课的教学设计中进行，引导学生体会课文中人物令人敬佩之处，体会作者通过人物外貌、行为动作表现人物的方法；课后安排"小练笔"，练写小的片段：熟悉的一个人的一个小镜头——外貌素描或一瞬间的神态动作，为完整习作做铺垫。

双引号的学习：双引号的用法化解在阅读课中，不留痕迹地进行训练。

成语学习：16个表现人物精神的成语在每篇课文的教学设计中都会出现，这样用一个单元的四篇课文实现学段目标多项训练。

整合单元分配时间：

每次精读课文后让学生尝试运用已学习到的阅读方法学习略读课文，配增课文，教材所占时间8~9课时，省出大部分时间让学生围绕本单元主题内容进行综合性学习，大量读写。

引导学生或精读、或略读、或自读、或拓展读，有效地利用时间进行学习，避免了教师"老牛赶山"式的、从前往后"推磨"式教学，耗时低效。学生既能细品语言文字意思，又能逐步学习语言运用，同时课内节省了时间，拓展了阅读空间。学生在大量阅读中学习语言、丰富语言。围绕本单元教师个性化地引导学生进行综合性学习，调查、搜集整理我敬佩的人的事迹、故事等，既能帮助学生树立正确的价值观，又能培养学生自主学习、主动学习的语文习惯。

附：

第25课《两个铁球同时着地》学案

编制人：王学荣

学习目标：

1. 认识3个生字，会写12个字。正确读写"伽利略、辩论、信奉、违背、一磅、拖着、宣布、固执、比萨城、胆大妄为"等词语。

2. 正确、流利、有感情地朗读课文。

3. 了解两个铁球同时着地的试验过程，学习伽利略不迷信权威，执着求实地探求科学真理的精神。

4. 学习通过对具体事例及人物的动作、语言等描写来表现人物品质的方法。

学习重点：

1. 了解两个铁球同时着地的试验过程，学习伽利略不迷信权威，执着求实地探求科学真理的精神。

2. 学习通过对具体事例及人物的动作、语言等描写来表现人物品质的方法。

学法提示：亲爱的同学们，想完成以上学习目标，我们要多读几遍课文，借助书上的插图、黄色泡泡、课后习题，思考：伽利略为什么会那么想，那么做？

学习准备：

你想了解伽利略、亚里士多德吗？想知道那个时期的历史背景吗？快去查找这些资料。相信你最能干！

学习课时：

2课时。

学习过程：

一、课前预习

1. 把你知道的关于伽利略、亚里士多德的故事讲给同学、老师听听，好吗？课前做一下准备哦！

☆加油站☆ 我在家里给家人做了练习，课堂上我要敢于表现。

2. 请你多读几遍课文，相信你能读准字音，读通句子，并完成以下几个问题：

（1）看拼音书写下列字词，争取写正确，写美观。（拼音略）

伽利略、辩论、信奉、违背、一磅、拴住、拖住、宣布、固执、比萨城、胆大妄为、解释

（2）在写"释"这个字时，应注意左边共（　　）笔；"执"是（ zhí ）、不是（ zhǐ ）。

3. 你一定能理顺文章的脉络。

本篇课文讲述了"＿＿＿"科学家"＿＿＿"敢于"＿＿＿"对＿＿＿产生怀疑，并且进行了＿＿＿＿，赞扬了＿＿＿＿。

课文的＿＿＿＿、＿＿＿＿两个自然段分别介绍了＿＿＿、＿＿＿；从＿＿到＿＿自然段讲了伽利略对亚里士多德的话由怀疑——反复验证——公开试验的过程，说明的道理是：＿＿＿＿＿＿＿＿＿＿＿。

4. 初读课文后，你有哪些疑问想与同学们交流：_____

二、深入感知，学习探究

1. 课文为什么以"两个铁球同时着地"为题，作者想表现伽利略的品质为什么还写亚里士多德和"人们"呢？

学法提示：读全文思考，事情是因为什么引起的？在"人们"的眼中伽利略与亚里士多德有什么不一样？从而体会作者的写法。

请你体会这句话："两个铁球，一个 10 磅重，一个 1 磅重，同时从高处落下来，10 磅重的一定先着地，速度是 1 磅重的 10 倍"。

这句话是"_____"说的。这句话的意思是：_____
_____。

当时的人们对他的这句话是怎么认识的？为什么？找出相关句子说明理由：_____
_____。

伽利略为什么会产生怀疑？他又是怎样进行试验的？_____
_____

人们对伽利略的看法是什么态度？为什么？
_____

2. 伽利略是一个_____的人，看来写亚里士多德、"人们"是为了说明：_____。

读完全文后你得到的启示是：_____
_____。（深刻体会课文最后一句话的含义）

★自我评价：我在小组交流中发言　积极（　　）一般积极（　　）不积极（　　）

三、检测、达标

1. 词语部分
请注意本课的多音字并标注拼音。

着（　　）地　更（　　）正　的（　　）确　胆大妄为（　　）
你打算怎样区分这三个字：辨、辩、瓣
本文还有几对反义词，找出来和同学们交流一下。

2. 句子"你是什么意思？难道要违背人类的真理吗"是什么句式？

（　　　　　）

改成陈述句：_____。

3. "伽利略带着这个疑问反复做了许多次试验，结果都证明亚里士多德的这句话的确说错了。两个不同重量的铁球同时从高处落下来，总是同时着地，铁球……"

思考一下：句子里带点的词能否删去，为什么？

4. 学完课文后你一定心潮起伏地想写写，伽利略走上斜塔做实验的场面最生动，建议你反复读读，作者是抓住人物的什么写出来的？你也试试，下面是小练笔的题目，选一个写写吧！

（1）伽利略从斜塔上走下来

（2）伽利略走上斜塔

（3）伽利略的故事让我想到

（4）我的×××（试着用这篇文章的写法写写身边的人）

四、阅读延伸

鞋匠之子

第16届美国总统亚伯拉罕·林肯出身于一个鞋匠家庭，而当时的美国社会非常看重门第。林肯竞选总统前夕，在参议院演说时，遭到了一个参议员的羞辱。那位参议员说："林肯先生，在你开始演讲之前，我希望你记住你是一个鞋匠的儿子。"

"我非常感谢你使我想起我的父亲，他已经过世了，我一定会永远记住你的忠告，我知道我做总统无法像我父亲做鞋匠做得那么好。"

参议院陷入一阵沉默中，林肯转头对那个傲慢的参议员说："就我所知，我的父亲以前也为你家做过鞋，如果你的鞋子不合脚，我可以帮你改它。虽然我不是伟大的鞋匠，但我从小随父亲学到了做鞋子的技术。"然后他又对所有的参议员说："对参议院的任何人都一样，如果你们穿的那双鞋是我父亲做的，而它们需要修理或改善，我一定尽可能地帮忙。但是有一件事是可以肯定的，我无法像他那么伟大，他的手艺是无人能比的。"说到这里，林肯流下了眼泪，所有的嘲笑都化成了真诚的掌声。后来，林肯如愿以偿地当上了美国总统。

作为一个出身卑微的人，林肯没有任何贵族社会的硬件。他唯一可以倚仗的只是自己出类拔萃地扭转不利局面的才华，这是一个总统必备的素质。正是关键时的一次心灵燃烧使他赢得了别人包括那位傲慢的参议员的尊重，抵达了生命的辉煌。

1. 在文中找出下列词语的反义词。

谦逊（　　　　）　　虚假（　　　　）　　显赫（　　　　）

2. "我无法像他那么伟大，他的手艺是无人能比的。"从这句话中你能看出什么？你是否也以自己的父亲为荣？请用一句话评价一下你的父亲。

3. 读完此文，你感受最深的是什么？

4. 你对这位美国历史上最了不起的总统还有哪些了解？

五、阅读链接

让生命化蛹为蝶

一个小孩，相貌丑陋，说话口吃，而且因为疾病导致左脸局部麻痹，嘴角畸形，讲话时嘴巴总是歪向一边，还有一只耳朵失聪。

为了矫正自己的口吃，这孩子模仿古代一位有名的演说家，嘴里含着小石子讲话。看着嘴巴和舌头被石子磨烂的儿子，母亲心疼地抱着他流着眼泪说："不要练了，妈妈一辈子陪着你。"懂事的他替妈妈擦着眼泪说："妈妈，书上说，每一只漂亮的蝴蝶，都是自己冲破束缚它的茧之后才变成的。我要做一只美丽的蝴蝶。"

后来，他能流利地讲话了，因为他的勤奋和善良，他中学毕业时，不仅取得了优异成绩，还获得了良好的人缘。

1993年10月，他参加全国总理大选。他的对手居心叵测地利用电视广告夸张他的脸部缺陷，然后写上这样的广告词："你要这样的人来当你的总理吗？"但是，这种极不道德的、带有人格侮辱的攻击招致大部分选民的愤怒和谴责。他的成长经历被人们知道后，赢得了选民极大的同情和尊敬。他说的"我要带领国家和人民成为一只美丽的蝴蝶"的竞选口号，使他以高票当选为总理，并在1997年再次获胜，连任两届总理，人们亲切地称他是"蝴蝶总理"。他就是加拿大第一位连任两届的总理让·克雷蒂安。

是的，有些东西我们无法改变，比如低微的门第、丑陋的相貌、不幸的遭遇。这些都是我们生命中的"茧"。但有些东西则人人都可以选择，比如自尊、自信、毅力、勇气，它们是帮助我们穿破命运之茧、由蛹化蝶的生命之剑。

从学案中不难看出，整合单元能给学生填补更多的阅读资料。

3. 高段单元整合策略（提升段）

心理学专家分析："五、六年级的学生随着年龄的增长，独立性和评价能力增长起来，学生不再无条件地服从、信任教师。随着学生的抽象逻辑思维的逐渐发展和辩证思维的初步发展，自我意识更加深刻，他们不仅摆脱对外部控制的依赖，逐渐发展了内化的行为准则来监督、调节、控制自己的行为，而且开始从对自己的表面行为的认识、评价转向对自己内部品质的更深入的评价。表现出一定的自觉性、坚定性的道德信念。"针对学生的这一心理特征，课堂教学设计，应以学生为主体，教师为主导，充分发挥学生的自主合作意识，让学生真正成为学习的主人。那么在高段进行整合教学，具有开放性、综合性、实践性。教师设计的课堂既有开放度又有开口度，给学生充分的时间进行语文实践学习。课堂形式、课堂的内容更符合学生的学习。

高段教学要科学整合：一组课文中可以选择一篇做例子进行精读，教学法，品表达，悟情感。其他课文进行对比读、略读、自读、一课多篇读。要重点突出，结合年段目标，围绕本组课文的主题目标，圈定语言训练点、能力培养点，构建高段的教学体系，形成规律。

高段教学随年段的提高，逐步提倡多种形式的课。如："精品阅读课""读写课""拓展阅读课""读书汇报课""综合活动课""单元复习课""口语交际课""习作阅读讲评课"……只要是符合小学语文教学规律的，进行听说读写语文实践的课都可以尝试。我们的理念就是高效整合，"重视小语教学的大语文观""重视教材的大空间""重视学生的发展""重视学生的实践"。

合理使用课内时间，给学生更多的拓展阅读时间、习作时间。高段内容整合强调学生在语文的综合性学习中学习语文、运用语文。鼓励学生大量阅读，大量参加语文实践活动。

高段整合单元更加大刀阔斧，可以取舍，可以重组，课堂教学形式多样，只要是学生感兴趣的有语文味的课，我们都在尝试。

示例：一节单元拓展阅读课的教学案例。

《桥》拓展延伸课

教学目标：运用学习《桥》一课的学习方法，自主学习相类似的文章，能够做到有感情朗读、积累等，并体会作者的写作方法。

教学过程：

一、激情导入，梳理学法

1. 老师：今天是 2010 年 5 月 15 日，刚刚度过汶川地震两周年，从我们的直播生活中，老师感受到大家仍在心系灾区。从 2008 年汶川地震到今年的玉树地震，云南干旱，大灾大难面前，中国人表现出来的是坚定的信念、战胜困难的决心以及舍己为人、大公无私的高尚品质，正如我们刚刚学过的《桥》一文中的老支书一样，把生的希望留给别人，把死的危险留给自己，这些英雄儿女的精神让人感动，让人震惊。

2. 回顾《桥》一文的学法。

（1）初读：整体感知，知道文章内容。

（2）深入读课文，边读边做批注，抓感人句子，品读、体会，组内交流。

（3）抓文章精彩句段，有感情地读，体会，积累，体会表达方法，体会情感。

3. 具体地说说我们是如何体会老支书是一个怎样的人的。

4. 展示积累的精彩语段。

5. 老师：看来同学们真的很会学习，不但积累了精彩句段，还掌握了学习方法，这节课，我们就用《桥》一课的学习方法，把几篇相类似的文章整合来学，希望你们学得更好。

三篇同类短文，学生通读后重点选读一篇，进行细读并汇报。

【设计意图】

利用评价语言有意识地引导学生获得学习方法，如抓住人物的语言、动作、神态等描写理解人物的内心，获得写法启迪。

二、对比读

1. 课前，老师让大家搜集与本单元主题相类似的文章，晨读时，我们做了资料交流，发现同学们搜集的资料非常丰富，老师从中选取了三篇较典型的文章，都是什么？

结合友情提示和《桥》一文进行对比读。（出示友情提示）

2. 自学，组内交流。

3. 全班汇报。

【设计意图】

选取几篇在表达情感或写法上相类似的文章，运用已经掌握的学习方法进行学习，培养学生比较阅读的能力，在全班汇报中相互交流，资源共享，提高学习效率。

三、成果展示

1. 老师：大家能够学以致用，这么短的时间内学到了这么多，下面，我们就再次挑战一下自己，展示一下自己的学习能力，借助选定的文章，选取自己最拿手的方式或读或背或点评，还可以写一写，让我们把这种感动再次升华。

2. 自己准备。

3. 全班展示。

【设计意图】

在人物点评以及有感情朗读、背诵喜欢段落中加深对文本的理解和感悟，培养语感，丰富语言积累。

四、总结

老师：通过本节课的学习，地震中的谭千秋老师，背着妹妹上学的洪战辉，以及"90后"的陈及时、何东旭、方招，他们那舍己为人的精神让我们感动，同时你们的阅读、自学能力也让老师非常感动。

【设计意图】

评价语富有激励作用，使学生体验到学习的乐趣，鼓励学生学会自学。

（二）整合单元模式

整合单元模式是从系统教学"整体的功能"上来思考的。整体优化要以部分优化为支柱，只有部分优化，再加上合理的组合，才能达到整体优化。单元教学模式的实施，要注意处理好整体与部分之间的关系，这样才能真正实现"整体的功能大于部分之和"。

在进行整合单元时，优化单元学习内容，合理分配单元课时尤为重要。

1. 单元进度课时分配

从单元教学计划开始，有效分配课内教学时间。依据课程总体安排，小学语文每周课时数约为 8 节课，一个学期按 4 个半月，每个月约按 4 周计算，至少有 18 个教学周，一个学期共有语文课节数 144 节。人教版课标教材小学语文教科书编排每册共 8 个单元，就单元内容教学时间分配来看，每个单元课时数 16 节，即两周完成一个单元的教学内容。这就要求任课教师制订好两周的单元计划。

以下是人教版课标教材四年级第一单元课时计划：

教学内容为：《单元导读》，一类课文《观潮》，略读课文《雅鲁藏布大峡谷》《鸟的天堂》《火烧云》，《语文园地一》。

第一周的第一节课内容：《单元导读》，预习《观潮》。

第二节课细读（精读）《观潮》，在本节课里渗透单元导读目标，化解《语文园地一》里"我的发现"版块内容。

第三节课对比阅读课《雅鲁藏布大峡谷》迁移学习《观潮》一课的读法、写法、学法。

第四节课主题拓展阅读，借助于《观潮》《雅鲁藏布大峡谷》两课课后"资料袋"充填阅读资料，可两到三篇渗透《语文园地一》"口语交际与习作"内容。

第五节课基础达标突标课，巩固已学两篇课文一类词语，化解《语文园地一》里的"词语盘点——读读写写、读读记记"部分内容，突破基础达标内容，在所涉猎的内容中积累并运用其他好词佳句，化解《语文园地一》里的日积月累。

第六节课预习《鸟的天堂》，化解《语文园地一》里的"词语盘点"。

第七节课精读《鸟的天堂》，化解《语文园地一》里的"我的发现"。

第二周第八节课《火烧云》单元主题阅读拓展课，充填阅读两到三篇，渗透《语文园地一》"口语交际与习作"内容。

第九节课至第十六节课共八节课时间，单元主题大综合活动：搜集整理、读整本书、经典诵读、达标突标训练（基础达标突标、经典诵读达标突标）、参观、习作、交流、手抄报……教师与学生共同完成相关学习内容。

（具体细化的内容在整合阅读、整合读写中详述）

2. 单元整合目标及评价办法

单元课内外阅读数量达标表（以四年级一个单元为例）

四年级第一单元	教科书	课内充填短篇	课外成本	累计
单元阅读数字	3000字	保底 10000~12000 字	20000字	30000字

单元课内外习作数量保底数字达标表（以四年级一个单元为例）

四年级第一单元	园地习作	课内随文练笔	课内外摘抄	经典积累	读书笔记	日记	手抄报或班级周报
单元习作数字	800~1000字	至少8次	各校自定	各校自定	至少2次	至少4次	1~2次

单元课内外基础达标突标表（以四年级一个单元为例）

四年级第一单元	基础词句达标	拓展词句突标	基础经典达标	拓展经典突标
第一单元内容	本单元里的一类词语会听写运用	鼓励学有余力的学生，拓展本单元二类、三类词语会听写运用；延伸拓展阅读内容的词语	本单元要求积累的经典语句（课后、园地）+课标要求的经典积累默写并运用	鼓励学有余力的学生，拓展经典内容的经典突标默写并运用

以上是以单元主题为线索设定的单元内容、单元阅读习作目标计划，这一计划设计成计划表的形式，相当于每次教师单元整体备课，但更明晰。每个单元有目标、有内容、有计划进行，保证每周学生自由读背说写时间、各类语文活动时间。以单元内容为整合的教学省时高效，打破了单篇壁垒，沟通课内外、校内外的联系。此计划至关重要，教师要通盘考虑，细致周密地安排两个教学周的时间所进行的教学内容，做到提前安排，不可随意变动。

进行单元内容整合要做到宏观组合和微观操作相结合。

第一周教学大多面对教科书内容，以课文为例子做好引领。教师需要细致备课，铺垫方法——学基础、学方法、学读法、学写法。

第二周展开读写训练。教师提前设计教学活动，搜集相关经典美文；选定整本书书目，或同读一本、或自由选择，教师要提前选好。第二周的备课不需要教师详细备课，而是解放教师的时间，给学生设计选读内容，师生共同进入读写活动中。（师生充填阅读短文篇目可参考人民教育出版社网上"同步阅读"系列，也可选定国家课程教材进行教材重组，整本书籍需要教师圈定。）

二 整合阅读——读写辐射

人民教育出版社编审、中国教育学会小学语文教学专业委员会原理事长崔峦先生对人的核心素养是这样认为的：健康身心谓之育体，良好品格谓之育德，关键能力谓之育智。他特别强调不能丢掉了爱、善和智慧，教育的大方向是要把握住培养能够把社会主义道路走到底的接班人和建设者，培养有优良品格的人。关于语文学科核心素养，他从"学生人格雏形的培养、学生语文能力、学生内生力觉醒、积淀文化提高审美能力、提升阅读素养养成阅读习惯"五个方面进行了概括。他说："阅读是一个人可持续发展的根基，它是教育的核心，它关乎到一个人的精神发展史和一个人的成长史……"他还强调"内生力的觉醒是一个人成功的重要因素之一"。

苏霍姆林斯基说："让学生变得聪明的办法，不是补课，不是增加作业量，而是阅读、阅读、再阅读。" 新课标也是反复强调要引导学生读好书、多读书、好读书。毋庸置疑，语文教育工作者都有同感。阅读，在对学生知识的获取、能力的提高、思想的启迪、情感的熏陶、品质的铸就等一系列语文素养提高上，其作用不可低估。它是语文课程之生命。怎样有效实施课内外阅读？该阅读什么？阅读多少？阅读到什么程度？怎样评价才能更有效地激励学生多读、海读，让其成为语文课程题内之义呢？我们一直在尝试。我们试图激发师生阅读兴趣、明确阅读方法、提高阅读感悟，进而使语文的课内外阅读具有系统性、方向性、目的性。

在整合单元的基础上，整合阅读内容、整合规划阅读时间、确定阅读目标、制定阅读评价体系。

（一）确定阅读内容——解决读什么的问题

1. 短篇系列阅读：以主题阅读为主线进行。一方面我们组织骨干教师编制单元阅读教材，选择苏教版、浙江版、北师版教材里面的课文，围绕现用人教版教材的单元主题进行重新编写提供给学生阅读，我们考虑到这些版本的教材是经过许多专家学者论证后选取的，具有安全性、可靠性，实现一个学期学生读两到三套教材；一方面鼓励师生根据需要自由选择一定数量的短篇进行阅读，教师在编制的学案里自由充填；另一方面，鼓励各校自主编写主题阅读校本教材。

（整合三版教材编辑的同步阅读教材目录略）

2. 整本书阅读：阅读名家系列读物，或依据师生兴趣有计划地选择阅读读物。一方面，依据小学生各级段特点，我们有计划、有选择地挑选出适合师生共享的阅读系列丛书数目100本，推荐各校有计划地进行阅读；另一方面，鼓励实验教师带领学生阅读名家系列作品。如：低段有计划阅读杨红樱系列图书，中段阅读曹文轩系列图书，高段有计划阅读中外名著系列图书。以上阅读落实到周计划、月计划，有序进行。

为了更有方向性、便于一线教师选择，我们确定了小学阶段的可读书目，供学校教师选择参考。

名著阅读推荐书目：

《安徒生童话》《格林童话》《伊索寓言》《一千零一夜》《中华上下五千年》《十万个为什么》《中国少年儿童百科全书》《世界未解之谜》《小鹿斑比》《亲爱的汉修先生》《当世界年纪还小的时候》《时代广场的蟋蟀》《追踪小绿人》《苹果树下的外婆》《水孩子》《小王子》《蓝色海豚岛》《山居岁月》《秘密花园》《特别的女生萨哈拉》《长袜子皮皮》《淘气包埃米尔》《男生日记》《女生日记》《窗边的小豆豆》《草房子》《爱的教育》《青鸟》《木偶奇遇记》《格列佛游记》《爱丽丝漫游奇境记》《尼尔斯骑鹅旅行记》《黑骏马》《绿山墙的安妮》《城南旧事》《汤姆·索亚历险记》《好兵帅克》《狗来了》《洋葱头历险记》《天蓝色的彼岸》《寄小读者》《喜乐与我》《风之王》《夏日历险》《兔子坡》《银顶针的夏天》《天使雕像》《外公是棵樱桃树》《鲁滨逊漂流记》《老人与海》《热爱生命》《福尔摩斯探案集》《格兰特船长的儿女》《海底两万里》《神秘岛》《八十天环游地球》《王子与贫儿》《雾都孤儿》《汤姆叔叔的小屋》《悲惨世界》《野性的呼唤》《昆虫记》《藏獒》《狼图腾》《红岩》《钢铁是怎样炼成的》《假如给我三天光明》《童年》《名人传》《繁星·春水》《冰心散文》《朱自清散文》《文化苦旅》《山居笔记》《千年一叹》《行者无疆》《寻觅中华》《于丹＜论语＞心得》《于丹＜庄子＞心得》《于丹＜论语＞感悟》《三字经》《论语》《孙子兵法》《史记》

3.归类阅读：鼓励教师依据学生近期所学文体类型归类，选择同类型作品对比阅读。同一作者系列书籍归类。实现读系列文，读整本书。

4.经典诗文积累：鼓励各校自由选择适合学生年段的经典诗文确定内容，并且积累成册。各校纷纷响应。多数学校编写了经典诗文手册，如：乌丹三小为了方便学生积累，编写了《悦读悦美》校本教材，乌丹四小编写了《诗词雅韵》、乌敦套海总校编写了《古诗文诵读》……还有很多学校根据本校实际编书成集，激励师生积累经典。

乌丹三小编辑的《古风古韵》值得借鉴（内容略）

5.编辑阅读教材促进教师阅读：

组织骨干教师参与选择确定阅读内容、阅读书目，目的在于促进骨干教师大阅读。让学生阅读，教师必先行，教师提前积累提前酝酿，才能在课堂内外与学生有效聊书，激起学生的读书热情。骨干教师在选文时要看看课文主题、题材与所学单元语言训练目标是否一致、课文长短是否适合年龄段，语言内容深浅是否符合要求，等等，骨干教师经历这样的选编过程，所读的内容自然进行了深入的解读，促进了他们的专业发展。有了这些教师的带动，也激起了其他教师的读书热情，阅读活动进入实质性阶段。这一做法带动了基层学校，有些学校依据本校实际组织本校教师编辑课外同步教材，确定整本书阅读方案，有序有组织地进行大阅读。例如桥头总校的《一主两翼同步教材》《趣味识字》等编辑成功并有效使用。

（二）保证阅读时间——解决什么时间读

阅读时间分为课内阅读与课外阅读、校内阅读与校外阅读时间。让学生真的读起书来，必须留给学生读书时间，按照自治区课程安排意见，语文课每周只有 7~8 节课，语文学科听说读写任务那么多，课内留给学生的读书时间就需要有效整合教学内容，也就是做好"整合单元"，为"阅读整合"开辟时间。我们建议各校把整合出来的阅读时间进行合理分配。

课上阅读时间需要挤时：培养学生读书习惯是不变的主题，从三年级开始每周能分出两至三节的时间读书，教师合理安排利用教学时间，可在班级里进行分层阅读。如：提早完成学习任务的学生即可进入阅读状态等。

课下阅读见缝插针：建议各校提示教师有效利用边角时间组织学生阅读。如：每天早自习时间是最好的晨读时间，由班级干部或每个组的学科长组织进行晨读，每日中午提前到校的学生由班委组织可进入读书状态，活动间隙时间都是读书很好的时间。

校内阅读有机整合：借助于学校进行的各类活动进行阅读（搜集、整理、交流）

校外阅读时间充分：少做题多看书，多让学生读好书。每日家庭作业必有读书内容，做到有内容、有检测方法，形成习惯。

（三）阅读与积累目标——解决读多少

以下阅读数字达标计划表，各校可根据自己本校学情具体安排。

阅读数字达标计划表

年级	经典诵读内容		
	诗词背诵	美文赏读	名著阅读
一年级	30 首	20 篇	阅读总量 3 万字，必读书 4 本
二年级	60 首	40 篇	阅读总量 8 万字，必读书 8 本
三年级	100 首	60 篇	阅读总量 25 万字，必读书 16 本
四年级	140 首	80 篇	阅读总量 45 万字，必读书 24 本
五年级	180 首	100 篇	阅读总量 95 万字，必读书 36 本
六年级	210 首	120 篇	阅读总量 145 万字，必读书 50 本

（四）以评促读提升阅读品质——解决读到什么程度

学生读书往往会出现虎头蛇尾现象：开始时兴趣很高，但三分钟热度，读几页后遇到阅读困难就会退缩。这正是培养学生读书习惯，学习读书方法的好机会。怎样让学生读下去？怎样让学生读有所获？制定考级等相关办法激励学生读书势在必行。采取双轨制进行，一方面我们进行阅读与习作考级升级制，促进师生多读书读好书，培养好读书的好习惯。我们提出了《翁牛特旗小学生阅读习作考级升级实施建议（试用稿）》；一方面进行阶段性评价与终结性评价相结合，精心制定评价检测标准，用以提升教学质量。各项内容（口试内容、笔试内容）进行了合理的安排，出台了相关内容的检测标准（部分内容见第四章）。

（五）具体课型研究——解决课堂上怎样做

我们弘扬读书最终的目的是培养阅读习惯、提高阅读能力、提升阅读品质。阅读在师生知识的获取、能力的提高、思想的启迪、情感的熏陶、品质的铸就等一系列语文素养提高上不可低估。实践中利用"整合单元"后的有限课堂时间，合理进行规划，设计出短篇系列阅读策略，如："一课带多篇""群文读"；整本书阅读，如：激起学生读书兴趣的"阅读导读课"；强化读书习惯，提升阅读品质的"阅读提升课""聊书课"；展示读书收获的"阅读展示课"。这些阅读实践促进了师生读书兴趣，提升了阅读品质。

1. **短篇系列阅读策略**：或"群文阅读"或"一课带多篇"。经历选文——读文——品文——积累运用几个过程。教师选文的过程是提升教师专业发展的过程。首先，教师从需要出发，选择相应的文体、相应的作者、相应的主题、相应的学段需求，选择出一组课文。接着，梳理所选择的系列短篇，梳理文段里的所需内容——语言训练点、能力培养点等，把字、词、句、段、篇进行细致归类，取其所需进行合理设计；最后，因为教师有了充分的准备，课堂上教师依据课时目标引导学生有序对比欣赏阅读。低段侧重于阅读中激发学生阅读兴趣、巩固识字、接触新字、学习语言，复述语言；中段巩固阅读兴趣，体会文段大意、巩固段落相关知识，尝试积累并运用；高段品读文章主题、叙述顺序、语言特色、布局谋篇、开头结尾特点，学习表达方法积累并运用仿写练写。短篇系列阅读我们关注对比阅读。

短篇系列阅读有利于提升教师辨别、品析、鉴赏文学作品的能力，有利于培养学生阅读情趣、阅读习惯、掌握阅读方法、提高阅读能力。

2. **整本书阅读策略**：经历激趣引导——品读提升——读书汇报几个过程。英国作家艾米莉·狄金森赞美书的神奇："没有一艘非凡的战舰，能像一册书，把我们带到浩瀚的天地。没有一匹神奇的骏马，能像一首诗，带我们领略人世的真谛。即令你一贫如洗，也没有任何栅栏能阻挡你在书的王国遨游的步履。多么质朴无华的车骑！可是它装载了人类灵魂的全部美丽。"书籍铸就人类灵魂的全部美丽。怎样让学生真的读下去，养成习惯，形成能力呢？

整本书引读激趣课策略：整本书的引读激起学生读书兴趣。我们在乌丹五小实验学校进行了引读课尝试，他们的做法在2016年5月全旗课堂教学展示中进行了展示，引起了各校关注。

示例：乌丹五小进行了如下尝试：

一、创设课外阅读条件

1. 学校广集书源

（1）精心选购适宜小学生阅读的书籍。根据学生的年龄特点、兴趣爱好、学习所需，学校先后投入7万余元为学生购置了曹文轩、沈石溪、冰心、郑渊洁、杨红樱等作家的系列丛书。同时为每个年级段选购同一本图书 200 余册。

（2）各班号召学生进行分享阅读，即把阅读完的书籍带到班级，建立班级图书角，学生互换阅读。

（3）为提高教师的理论素养和专业知识，学校购置了李正涛、李希贵、魏书生、亚米契斯、艾斯奎斯等现当代教育家、学者的教育理论专著 500 余本供教师阅读。并为每位教师订购了新课程标准、课标解读、本学科教学刊物，这学期又为每位专任教师订阅了吴非教授的《课堂上究竟发生了什么》一书。

2. 制定借阅图书制度

为了书籍的流通，校图书室对低年级建立集体借书制，由语文教师统一借，学生人手一本，可一周一换，或学生在本班换阅。对高年级建立个人借阅制，每周可换书两次。校阅览室轮流为班级开放。班级图书角每天对学生开放。

3. 固定课外阅读的时间

这是保证课外阅读质量的方式。学校保证学生每天至少有半小时至一小时的阅读时间，可集中进行，也可分散进行（因为学校时间毕竟有限，所以主要还是采取分散阅读的方式，家庭作业以阅读为主）。同时每周开设一节课外阅读课，并列入课表。在课外阅读课上，教师有计划、有目的地引导或组织学生阅读课外读物，教导处按阅读课表督查，力保落实到位。

4. 还孩子一片自由的天空

随时给学生提供自主阅读的时间和空间，增强学生的阅读兴趣。老师、要激发孩子在课外阅读方面的兴趣，创设宽松的阅读环境。鼓励学生随时到新华书店、图书馆去翻阅书籍。同时，还顺应学生在阅读方面健康的兴趣爱好，满足他们的合理要求。正确处理课内学习和课外阅读的关系，允许学生在完成课内学习的基础上，多留出时间进行课外阅读。改变原先一成不变的阅读形式，使之更符合学生的口味。

二、课外延伸，确保落实到位

如何进行整本书"引读课"

1. 学习目标任务定位

课堂旨在运用多种方法，激发阅读兴趣；了解文本大意，找到作品特色；精选教学内容，教授读书方法。

2. 教学特点

主要体现在以下三方面：

趣味性：根据作品特点、学生实际、教师自身的阅读经验，选择引读的激趣点，确定合适的教学内容。

触发性：从全书的一个点出发，进行多角度的发散和深入，一步步对作品的内容、表达的特点等进行研究，为学生能自己进行课外阅读奠定良好的基础。

引领性：教给学生一定的阅读方法，让学生从作品中获得最大的收益，真正明白作品作为经典的价值所在。

3. 教学策略

（1）创设情境，激发阅读兴趣。

可采用猜谜、儿歌、插图、歌曲、动画视频等丰富多彩的形式展示书名，吸引学生的注意力。书名展示可在开关，也可在中间，甚至是末尾，要看课堂的实际需要。

（2）设置悬念，唤起阅读欲望。

这是引读课最重要的环节，主要方法有：作者介绍、目录猜测、图片想象、片段赏析、媒体展示等，激发学生的阅读欲望。

例如：让学生阅读《夏洛的网》这本书，先阅读这本书的封皮、封底、内容简介、人物表以及出示颁奖词的内容，利用图片想象发生了什么故事，利用目录猜测这一章节的内容等，都是在设置悬念激发学生的阅读欲望。小学生天生就充满好奇心，所以设置悬念是很有效的阅读推荐策略。

（3）妙用内容，引发阅读期待。

学生是比较感性的，具体形象有趣的东西最能引起他们的兴趣和思考。所以，寻找能够引发学生情感共鸣和容易引起他们愉快情绪的内容做教学切入点，能引发他们强烈的阅读期待。

还是以《夏洛的网》为例：当威尔伯听到自己即将被杀死，因此感到恐惧时，夏洛坚定对地它承诺一定不会让它死，那真诚的话语足以引起读者的情感共鸣，老师应抓住这几句话，去撩拨学生心底那根琴弦，让学生瞬间贴近文本，与文本对话，学生进一步产生了对阅读的期待。

（4）品味语言，引导阅读方法。

教师有目的地摘录文中精彩的语段，引导学生进行细细品味，在此过程中注重教给学生阅读方法和表达方法，让学生在自己读书的过程中能够积极主动地去发现。

教师在教学时，应引导学生进行批注式阅读，在品味语言的过程中通过"想象朗读""抓关键词""联系上下文"等方法感受本书语言的魅力，激发学生的阅读兴趣。

（5）感受影响，产生阅读向往。

阅读向往除了来自于作品的本身，有时还源于对作者的喜爱，或者对作者、对作品影响力的好奇。教师推荐作品时，可以出示别人对这本书的评价，讲讲在读者心目中的位置，让学生对作品产生无限向往。

教师在推荐《夏洛的网》时，可以出示这样一段话："在理想的世界里，应该只有两种人存在，一种是读过《夏洛的网》的人，一种是将要读《夏洛的网》的人。"告诉学生这是有人对这本书的评价，并告诉他们，这本书曾被誉为"美国最伟大十部儿童文学之首"，这些信息的传递都会让学生对作品产生浓厚的阅读向往之情。

（6）制订计划，有的放矢。

引导学生制订课外读书计划，将阅读从课内延伸到课外。读书计划因人而异，可根据所选作品的篇幅和难易程度来确定。

读书计划：

①每天保证半小时至一小时的读书时间。

②将好词、好句摘录在读书记录卡上。

③进行批注式阅读。

④写读后感。

⑤续写。

⑥读书汇报会上交流读书收获与感受。

引读课仅仅为我们进行整本书课外阅读营造了一个良好的读书氛围，怎样才能使学生浓厚的阅读兴趣延伸到课外呢？我们采取了把引读课和在课外阅读实践中积累的经验相结合的方式，使两者相辅相成、互相促进，取得了相得益彰的效果。

三、课外延伸，确保落实到位

主要做法如下：

1. 开展晨诵、午写、暮省活动

"晨诵"即每天早晨课前10分钟学生广播员通过校园广播带领全校学生共同诵读《弟子规》《三字经》《笠翁对韵》《千字文》《增广贤文》《论语》等六部国学经典，这项阅读活动到现在我们已坚持3年多了，每天都在读，我们的目标是，学生在校六年利用每天晨诵能背诵这六部经典。

"午写"即每天下午上课15分钟前进行写字练习。所写内容目前主要以单个汉字为主，目的在于训练学生单个笔画的写法、笔顺、间架结构，接下来将逐步引导学生书写优美句段，力求做到练字与积累相结合的目的。

"暮省"即每天放学前30分钟时间写暮省日记，把读书收获、读书心得或一天的所见、所闻、所思、所想记录下来，切实做到读写结合。

通过"读""写""思"做到了三位一体的有机结合，促进了学生思维能力、表达能力的提高。

2. 语文教师组织好每周一节的读书课

教师在读书课上教给学生一般的读书程序；提出阅读的要求，调动学生在阅读过程中运用多种感官，使阅读效果达到最佳状态；同时引导学生合理使用工具书；教给学生精读、泛读、浏览、速读等常用的阅读方法；培养学生"不动笔墨不读书"的习惯。

3. 开展班级读书汇报活动

每班每月组织一次小型读书汇报会，每两个月学校组织一次大型读书汇报会，并进行评比表彰。在读书汇报会上，学生可以进行静态分享：如展示自创绘本、读书心语等；还可以进行动态分享：如朗诵、讲故事、演讲、辩论、比较阅读等等。无论是哪种形式，都要努力让学生成为作者的知音。读书汇报会，给予了学生最大的自主表达空间，在交流和互动中展示阅读成果，获得知识、能力、审美情趣的提升，提高语文素养和人文素养，最终唤起学生持久的阅读兴趣。

4. 每学期进行一次优秀读书笔记、读书记录卡评选活动

引导学生写读书笔记，读书记录卡，其目的在于帮助记忆，提高读书效率，锻炼思考能力。

5. 加强阅读交流

定期组织与阅读有关的活动，活动主题可以是：我读我诵——诗、词、美文朗诵，我读我讲——讲故事，我读我记——读书摘记、卡片展评，我读我感——读后感，我读我演——课本剧、童话剧，等等；其形式可以是：故事会、班会、演讲会、朗诵会等。

每个学期对课外阅读单独立项，建立课外阅读评价机制。根据学生的阅读内容、阅读笔记、阅读量等方面的情况，设置古诗晋级、成语晋级、谚语晋级、唐诗宋词晋级、经典著作晋级等，每个级别分优秀、良好、一般三个等级。还可以设"小书迷""读书小博士""写作小明星""诵读小高手""书香班级""书香家庭"等称号。评价要有利于激发大多数学生的阅读兴趣，养成良好的阅读习惯，提高鉴赏能力、扩大知识范围。

学生读整本书会遇到很多困难，读了一部分时会遇到不认识的字，或百读不懂时就会读不下去，有的学生囫囵吞枣，有的学生干脆放弃，有的学生就是不愿意读，让学生喜欢读书，真正地读起来，实践中有了如下策略。

整本书提升课策略：师生聊书是一个激励学生读书的很好策略。

以小说类为例：

期待读：在学生遇到读书困难，难于读下去时，聊书引起学生的阅读期待，把书读完。第一步解决聊什么，聊读到什么地方，都记住了哪些内容，师生互动互为补充。交流记住的内容就是汇报收获的过程，师生通过聊书加强了对读过的内容的理解，解决了似懂非懂的内容语句，引起进一步读书的期待，读过的学生兴趣盎然，没读过的、不愿意读的学生会受到感染，也产生阅读期待。再聊哪里吸引了你，是人物的什么吸引了你，还是事情的哪些内容觉得该读下去。这是提升读，提升读品味的是人物形象、人物的精神世界，是提升学生辨别真假能力、树立价值观的极好机会。学生在此环节互相补充、互相谈自己的看法，是对初读书籍的再一次认识。第二步猜一猜不可知的领域或事情的情节会发生怎样的变化。故事的开始吸引了师生，师生一定想急于知道事情的发展如何，人物的命运如何，师生当一次作者，构思一下故事情节、人物命运，聊一聊这样构思的理由……

提升读：聊书的第二步就是提升读。一方面师生围绕人物特点进行评点。对人物的点评是引导学生树立正确人生观、价值观的过程，师生畅所欲言，谈人物所作所为，评点人物的个性特点，谈人物的追求向往是否正确，谈欣赏人物的理由，谈鄙视人物的理由，无所不谈。教师在与学生交谈时及时订正纠偏，引导学生树立正确的价值观。一方面回放精彩情节，体会跌宕起伏的情节，感受人物形象。让学生交流自己感觉记忆深刻的精彩情节，谈谈是什么引起你的注意并记忆犹新。另一方面，感受作者为什么这样写。

创新读：借鉴英国作家尤安·艾肯的读书法，师生深入聊：故事中的人为什么那样做？作家为什么写这个故事？我会把这个故事编下去，回过头来品味我最欣赏的一些片段，问问自己为什么喜欢他们，我会再读其他部分，并从中找到以前忽略的东西，做完这些，我会把书中学到的东西列个清单。最后，我会想象作者是什么样的，他会有怎样的生活经历……一本你喜欢的书就是一位朋友，也是一处你随处可见的想去就去的故地，是自己的东西，因为世界上没有两个人会用同一种方式读同一本书。

整本书汇报成果课策略：学生整本书阅读后，提炼再现阅读成果，是为了引导学生及时梳理读书所得，培养读书习惯，提高学生读书能力，为吸引学生读更多的书做铺垫。实践中，实验教师的读书汇报课精彩纷呈，学生通过表演、讲故事、手抄报展示、精彩回放、人物点评等多种形式展示自己读书所得，读书汇报课多种多样。

示例：乌丹三小毕志华老师的一节读书实践课在实践研究中进行了分享，实录如下：

设计意图：

小学语文课程标准指出："语文课程应该致力于学生语文素养的形成与发展。读书是语文学习的第一要务。"《语文课程标准（2011

年修订版）》强调"语文课程应注重引导学生多读书、多积累，重视语言文字运用的实践，在实践中领悟文化内涵和语文应用规律。提倡少做题，多读书，好读书，读整本的书。"同时语文课标明确规定"小学生的课外阅读总量六年制不少于150万字。"从学生年龄特点出发，充分调动学生的自觉能动性，切实加强对课外阅读的指导，这对小学阶段语文教学来讲至关重要。

　　人教版五年级下册教材中第五组就是以"中国古典名著"为专题，安排了4篇课文。4篇课文有根据司马迁《史记》中著名篇章《廉颇蔺相如列传》改编的《将相和》；有根据我国著名古典历史小说《三国演义》中"草船借箭"的情节改写的《草船借箭》；有根据《水浒传》第二十三回选编的《景阳冈》；还有选自我国古典神话小说《西游记》第一回的《猴王出世》。本组教材无非是引子和例子，主要目的还是为学生打开学习古典名著的大门，激发阅读兴趣，创造一个交流学习古典名著的平台。

　　结合小学语文新课程标准及教材特点，五年级下学期我要开展"阅读经典"读书活动。有了这一想法后开始筹划准备。开学初经调查了解，看过四大名著的八个孩子中喜欢《水浒传》的就有五个。他们喜欢那里的英雄好汉，喜欢他们的一身武艺，喜欢他们行侠仗义。于是我决定引领全班同学共读《水浒传》。将活动主题确立为"读水浒，论英雄"。确定活动目标如下：

　　1.知道《水浒传》在中国文学史上的重要地位，了解本书的内容。激发学生阅读《水浒传》的兴趣和对中国古典文学的热爱。

　　2.进行读书方法的指导，促进学生有效地进行课外阅读。

　　3.通过学生的读书成果展示，提高语文能力，增强对课外阅读的兴趣。

活动过程：

一、激发阅读兴趣

　　1.通过阅读课学习，激发阅读《水浒传》的兴趣

　　我打破常规，开学第一节语文课，就与同学们共同学习本册的第20课《景阳冈》。孩子们在学习中认识了《水浒传》中的第一个人物——打虎英雄武松；孩子们惊叹他的酒量过人，佩服他胆识过人的英雄气概；

了解了《水浒传》在中国文学史上的重要地位；知道了这部著作的大概内容对《水浒传》产生了浓厚的阅读兴趣。

孩子们纷纷购买《水浒传》，并把它带到学校来阅读。看到孩子们手捧《水浒传》认真阅读的样子我倍感欣慰。可好景不长，几天后，孩子们手里换上了其他的课外书。几个孩子即使读着《水浒传》也是眉头紧锁，面露难色。更有甚者，两人竟用《水浒传》遮挡上脸，说起了悄悄话。看到这种情况，我突然意识到孩子们遇到阅读困难了。《水浒传》半文言文半白话文。小学阶段接触的文言文太少，这类作品孩子们理解起来很困难。

2. 创设故事平台，激活阅读欲望

面对孩子们的厌读表现，我并没有批评他们，而是绘声绘色地讲述了"鲁提辖三拳打死镇关西"的片段。听着故事，孩子们乐得合不拢嘴，有的还拍桌子叫好。看到他们的高兴劲儿，我赶紧趁热打铁，让他们找到这段读一读。在读的过程中他们发现精彩的地方还没有讲到，开始交流起来。就这样孩子们又捧起《水浒传》读了起来。

接着，我利用课前"三分钟演讲"这一时间段，激励学生讲《水浒传》中的精彩故事。最初让优秀的孩子讲故事，再让其他孩子们听完故事后读作品。由声音再到文字，孩子们很容易就能理解。后来就变成了全员参与讲水浒。这样为孩子们提供展示的平台，增强了他们继续阅读的自信心，同时锻炼了学生们的概括能力和复述能力。

3. 搭建微信平台，调动阅读积极性

我建立了家长微信群，并与家长们联系，让他们把孩子们"晚阅"时的照片发在群里。家长们特别配合，一张张读书的照片接连出现在微信群里。孩子们看到自己的照片特别高兴，阅读兴趣更浓了。有时还会比一比谁读的进度快。我也能在微信中监督、了解阅读的情况。可谓一举两得。

二、加强阅读指导，增强阅读信心，进行有效阅读

1. 因材施教，分层要求

对于阅读困难的学生，我建议他们读小学生无障碍白话版的《水浒传》。这类书故事简化，语言比较易懂，文中有注释，可以帮助理解。

对于读过《水浒传》的同学或理解能力较强的同学，我建议阅读原著，可以吸收语言精华，体会文学魅力。

2. 利用晨读时间进行阅读方法的指导

我们学校为了提高学生阅读能力，开展了"创建书香校园，培养阅读能力"的活动。重点要求学生做好"晨读、午练、晚阅"。利用晨读时间指导学生阅读《水浒传》。我们阅读目录，学会把书读薄，通过目录知晓故事情节梗概。我们时常共读一个故事，交流人物特点，共享阅读快乐。我们诵读优美段落，赏析妙词佳句，体会语言魅力。

我们经常举行速读比赛，了解某一故事的大概内容。让孩子们明白有些地方可以略读，了解内容即可；有些地方要停下来细细欣赏，即精读。就这样孩子们在一次又一次的阅读活动中，学会了阅读整本书的方法，增强了阅读自信心，提高了阅读能力。

三、重积累、勤练笔，提高写作能力

学生掌握了阅读方法，找回了阅读自信，读《水浒传》的兴趣更浓了。我开始培养学生阅读积累的习惯。每天晨读时间，在大屏幕上出示优美段落，引导学生品读、背诵。一段时间下来孩子们积累了很多句段。在后来的阅读中会自主地摘抄美段积累下来。写作能力也有所提高。

四、阅读成果展示

活动主题：读水浒，论英雄

活动目的：

1. 展示学生们的阅读成果，让学生体会成功的喜悦。

2. 在活动中锻炼语文能力，提高语文素养。

3. 增强课外阅读兴趣。

活动准备：自由结组，准备汇报

活动过程：

《读水浒，论英雄》读书汇报课

甲：在官宦人眼里，他们是贼寇、是强盗、是不讲王法的叛徒，但是他们很多时候却干着替天行道、为民除害的大事。

乙：在权贵人眼里，他们是死囚、是恶棍、是杀人不眨眼的魔头。但是他们只杀该杀的人。

甲：他们重情重义、劫贫济富。

乙：他们武艺高强、足智多谋。

甲：他们敢爱敢恨、行侠仗义。

乙：他们是我们心中的英雄。

他们是我们敬重的——梁山好汉。

甲：是啊！最近我们班同学都被《水浒传》的肝胆侠情所吸引。

今天让我们各抒己见，来说说我们敬仰的水浒英雄。

请欣赏快板《夸夸梁山好汉》：

竹板一打响呱呱，我把梁山好汉夸一夸

鲁达拳打镇关西，三拳过后命归西

遁入佛门无规矩，鲁达大闹五台山

智深大闹野猪林，林冲感激救命恩

林冲风雪山神庙，三个坏蛋一命亡

杨志卖刀本无奈，怒杀牛二人称快

白胜卖酒暗下药，吴用智取生辰纲

何涛中计被活捉，好汉晁盖上梁山

壮士喝干十八碗，武松打虎美名传

武松醉打蒋门神，三件大事都应允

宋江浔阳楼提诗，被困死牢暗无天

梁山好汉闹江州，宋江被救上梁山

真假李逵半路遇，李鬼抢劫命玩完

宋江三打祝家庄，里应外合救时迁

高唐州里杀坏蛋，柴进被救上梁山

好汉大破连环马，韩涛举手投了降

英雄聚义打青州，坑里活捉呼延灼

吴用设计闹华山，杀死太守在庙前

三军打进大名府，救出好汉卢俊义

空寨计捉史文公，晁盖大仇从此报

梁山英雄排座次，共有一百零八将

宋江选当寨中王，保国安民美名扬

甲：读水浒、论英雄、品名著、增底蕴。

乙：一位位英雄、一名名勇士似一面面鲜明的旗帜，为我们标杆立影。

甲：生死之交一碗酒，除霸安良无所求，让我们心生敬畏。

乙：他，景阳冈拳打猛虎。

甲：他，擒方腊独臂修行。

乙：他就是在我们语文书本中结识的第一位好汉——武松。

全班齐诵武松外貌刻画：

身躯凛凛，相貌堂堂。一双眼光射寒星，两弯眉浑如刷漆。胸脯横阔，有万夫难敌之威风；语话轩昂，吐千丈凌云之志气。心雄胆大，似撼天狮子下云端；骨健筋强，如摇地貔貅临座上。如同天上降魔主，真是人间太岁神。

甲：他是全书中最具有传奇色彩的人物。

乙：他，斗杀西门庆，刺配孟州。

甲：他，醉打蒋门神，大闹飞云浦，血溅鸳鸯楼。

乙：有请故事组上场，重温精彩，再论英雄。

刘帅：《醉打蒋门神》

马振博：《大闹飞云浦》

张修逸：《武松血溅鸳鸯楼》

甲：他，三山聚义打青州。

乙：他，征讨方腊失左臂。

甲：他，六和寺出家，英烈一生。

乙：武松性格极为鲜明，究竟有何特点，请同学们评一评。

全班交流，分析人物特点。

毕艺：在我的眼里，武松是一个有勇有谋、胆大心细的鲜活人物。他在大闹飞云浦时，看到兄弟施恩的酒店被抢，还被那人打了一顿，不禁路见不平拔刀相助。他对蒋门神说："我和他并无干涉，我从来只是打天下这等不明道德的人。我若路见不平拔刀相助，我便死也不怕。"

武松话语轩昂，他行侠仗义，惩恶扬善，人虽粗鲁，但善恶分明，为民除害。而就因为他刚正不阿、有勇有谋，才做出了这样惊天动地的事情，他才是真正拥有阳刚之气的男子汉。因此，我很佩服他。

高原：在我的眼里，武松是一个重情重义的人。

欧阳靖妍：我觉得武松是一个有仇必报的人。

张熠遥：在我看来武松淡泊名利，但他杀心过重，复仇过度。

穆瑶：他的性格是多重的，我最喜欢武松的英勇无畏、刚正不阿。

甲：这就是刚勇豪爽、毫无畏惧的英雄武松。

乙：这就是爱憎分明、敢作敢为的好汉武松。

甲：作者就是这样把人物置于真实的历史环境中刻画出来的。

乙：作者就是这样紧扣人物的身份、经历、遭遇，把人物的性格特点展现出来的。

甲：在《水浒传》这部小说里还有许多这样的英雄人物，下面有请各组交流。

第二小组上场。

李凌霄：除了武松，《水浒传》中还有一位为人熟知的好汉。他，梁山泊排名第十三位，他，使六十二斤铁禅杖；他天生神力，据传有"疯魔杖法"传世。他，就是天孤星花和尚鲁智深。他初次亮相时，是经略府的提辖，是如何装扮的呢？请组员们给大家说一说。

杨凌硕：出场时头裹芝麻罗万字顶头巾，脑后两个太原府纽丝金环，上穿一领鹦哥绿丝战袍，腰系一条文武双股鸦青绦，足穿一双鹰爪皮四缝干黄靴。生得面圆耳大，鼻直口方，腮边一部貉胡须，身长八尺，腰阔十围。

李凌霄：《水浒传》中，鲁达三拳打死镇关西十分大快人心。打死镇关西后，鲁智深被迫上五台山落发为僧。这时他又是怎样的装束呢？请组员们给各位讲一讲。

申晨：皂直裰背穿双袖，青圆绦斜绾双头。鞘内戒刀，藏春冰三尺；肩头禅杖，横铁蟒一条。鹭鸶腿紧系脚绷，蜘蛛肚牢拴衣钵。嘴缝边攒千条断头铁线，胸脯上露一带盖胆寒毛。生成食肉餐鱼脸，不是看经念佛人。

李凌霄：这样一个好汉，当然有许多英雄事迹，有两位同学想到了用三句半表演出来。她们写得妙趣横生，现在请第一组表演三句半。作者：王玉涵。

这个三句半可真是精彩！请第二组为我们表演，作者：毕艺。

面圆耳大鼻口方，络腮胡须衬脸庞，身高八尺腰十围，强壮。

路遇翠莲父女俩，怒火中烧心同情，仗义疏财护其去，豪爽。

心怀正义压恶势，奋雨屠门挥巨拳，三拳打死镇关西，厉害。

勇猛引得是非来，避难出家入佛门，五台削发恨参禅，无奈。

佛门清规戒律多，巧遇酒郎醉上头，急躁毁坏金刚身，鲁莽。

旧地难留去相国，戏踢泼皮进粪池，倒拔杨柳威名扬，勇猛。

林冲被害入大牢，智深为义护左右，一路随行至沧州，仗义。

差人恶意要灭口，野猪林伏洒家前，拔刀相救兄弟情，佩服。

为情为义上梁山，英雄来把美名扬，世人皆知花和尚，敬仰。

独撑一杖行天下，功名利禄是浮夸，为民除害要数他，大侠。

这两个三句半不仅表演出了鲁智深的一些经典事迹，而且生动形象地表现出鲁智深这个人物的性格特点，不得不佩服两位作者。鲁智深虽然粗鲁莽撞、勇猛急躁，但是他嫉恶如仇、豪爽仗义，他粗中有细、有勇有谋。谢谢大家，我们的汇报完毕。

第三小组上场。

范佳蓓：他是彪形黑大汉满嘴赤黄胡须，火杂杂的只顾杀人。他水战浪里白条，杀过扈三娘一家。他一生直率。在梁山泊上只佩服宋江。他就是梁山第二十二位好汉——天杀星李逵。有请我们组的这四位同学用三句半的形式介绍这位好汉吧！

范佳蓓：李逵的故事很多，我们组选了其中一段编成了课本剧。请大家欣赏《李逵打死殷天赐》。

李逵没有战死沙场，也没有安度余生，他死在了他最敬爱的大哥宋江手中。这些英雄人物的悲惨结局令人痛惜，农民起义以失败告终。

甲：今天我们汇报了《水浒传》中的三个英雄人物，他们个个英勇无比，他们个个行侠仗义，他们却又有所不同，请同学们说说三个人物的异同。

甲：相同点——行侠仗义，嫉恶如仇。

不同点——武松有勇有谋，智勇双全；鲁智深豪爽仗义，粗中有细；李逵脾气火爆，心粗无谋。

乙：一个个荡气回肠的事迹，一场场惊心动魄的厮杀，让我们百读不厌，常读常新。

《水浒传》就是这样用极具个性化的语言，明快、洗练、生动地刻画着一个个鲜明的人物，每个人物形象都让我们刻骨铭心，但每个人的收获与感受却各不相同，下面请同学们把你胸中的波澜分享给大家。

《水浒传》读后感 毕诗杰、于丁一、吴月航汇报

甲：英雄之举，感人至深，英雄形象，引人入胜，一百零八将个个鲜明，面面俱到实属难为之功，让我们以知识竞赛的形式展示一下读《水浒传》的风采吧。

乙：知识竞赛到此结束，我宣布第 × 组的同学获胜，让我们以热烈的掌声恭喜他们。

甲：读《水浒传》让我们结识了一个个有血有肉个性鲜明的梁山好汉。

乙：读《水浒传》让我们从此以后豪爽行事，谦和待人。

甲：最后齐唱《好汉歌》来抒发对梁山好汉的敬意吧！

活动总结：

本次活动历时两个月，在这两个月里我与孩子们共同阅读，共同学习，共同成长。看到他们捧卷细读我感到高兴，看到他们写出一篇篇美文我感到欣慰，看到他们聚在一起研写串词我感到欢喜；看到汇报课上孩子们精彩的表现，我感到自豪；我见证了孩子们的努力与付出，看到了他们的成功与快乐，也体会到了语文教师的辛劳与幸福。

我们坚守师生大阅读、师生共读，让读书成为师生的生活主色调。

大阅读成果不断涌现：

各校校园文化建设发生着根本性的改变：走廊里、教室墙壁上到处散发着文化气息，读好书、读整本书已成常态。校本教材异彩纷呈：桥头中心小学的《趣味识字》、乌丹三小的《悦读悦美》都在激励学

生读写，乌丹五小、桥头中心小学多个学生读后感、阅读卡、手抄报均在自治区大阅读行动中获得奖励。

不仅如此，全旗举行阅读工程展览时，小学各校阅读成绩突出，全旗经典诗文朗诵中小学组成绩突出。

从学生作品上看阅读成果：

读书真好

亿合公镇头段地小学　王晓玉

古人云："书中自有千钟粟，书中自有黄金屋，书中自有颜如玉。"也许有的人读书为了千钟粟，也许有的人为了黄金屋，也许有的人为了颜如玉。而我就不同了，我在读书的过程中既享受着快乐，又增长着知识，真是一举两得，收获匪浅。歌德曾说过："读一本好书，就像是和一个高尚的人谈话。"书中的人物和故事，正在影响着我的成长。

我读《水浒传》，当豹子头林冲一招横扫千军大败洪教头时，我为他的精湛的武艺而喝彩；当花和尚鲁智深大吼一声，把垂柳连根拔起的时候，我为他拍手称赞；当见到玉麒麟卢俊义被奸臣高俅迫害致死时，我感到义愤填膺、黯然伤神……

我读《西游记》，伴着孙悟空一路西天取经。当他与二郎神斗法时，我为他呐喊助威；当他三打白骨精，被师父逐回花果山时，我为他鸣冤叫屈；当他与犀牛精战斗，久攻不下时，我为他愁眉不展、坐立不安；当他历经九九八十一难，功德圆满，回归东土时，我为他欢蹦乱跳、手舞足蹈。

我读《三国演义》，为刘备为了兴复汉室、统一天下的伟大志向，宁肯三顾茅庐，也要诸葛亮出山的精神钦佩不已；我为诸葛亮鞠躬尽瘁，死而后已、精忠报国的精神而赞叹；为关羽大意失荆州而扼腕叹息……

我读《红楼梦》，走进大观园，听着林黛玉凄婉哀伤、如泣如诉的《葬花词》，我不禁为她洒下同情的泪水……

读书，它使我有了"少无适俗韵，性本爱丘山"的情感。读书，它使我有了"穷且益坚，不坠青山之志"的信念；读书，它使我有了"行贤而去自贤之行，安往而不爱哉"的做事准绳。

读书，开阔了我的眼界；读书，增长了我的知识；读书，陶冶了我的情操。

读书真好！

三 整合读写——提升读写品质

读写整合——指向"阅读与习作"整体教学

前面讲过："读写整合"是在"单元整合""阅读整合"的过程中进行的。"读写整合"是语文整合教学观从宏观走向微观的核心内容，它存在于语文教学中的各个角落，它是提升学生语文学习品质的整合，是整合教学观最终的、最为理想的目标。

（一）读写整合的内容

我们提倡"以读促写，以写带读"。全语言整合的语言教学思想认为：语言教学是"口语教学与读写教学的整合，是学习读写和经由读写学习的整合"。关于读写，全语言理论明确指出："将学习者同时视为读者和作者，无论是独立读写，还是与他人合作或分享，都被视为一个共享的过程……"全语言交际教学理论、整合的读写观为本书构建读写整合教学模式提供了理论依据。我们进行的"读写整合"策略研究也是贴近实践的研究，"以读促写"里的"读"不仅是读书，包括来自课堂上的读写整合，对优美段落的品读，品写法，悟情感，学表达。小学高段的篇章训练，以及课堂随文听、说、读、练笔的过程都是读写整合的过程；还有来自课内外的读，包括要读生活，读影视。读生活包括校内生活、校外生活。校内来自学校的各个方面的教育，如：老师的批评表扬，课堂上下的表现，同伴的活动，学校里发生的一切需要去观察、去感受，这就是"读"校内生活。校外涉及家庭教育、社会教育、学生所涉及的校外活动，生活中的观察和感受，这是"读"校外生活。学生喜欢影视作品就是"读"影视，"读"玩具……围绕这些"读"的内容进行有兴趣的练写，用练写来带动学生再"读"，写的内容会丰富多彩。

从课堂内的表现形式看，一段时间以来，课堂多以阅读教学为主，而阅读教学多以阅读理解、品读内容、课文表达的思想感情为主线进行，品语言，悟表达，只是在课堂的最后蜻蜓点水，一带而过，教师走不出教教材的怪圈，学生只是在课文内容上打转转。老师、学生与作者只是合作共享了课文内容情节，但对于作者的语言风格，构段谋篇等该分享的内容往往被忽略，或无暇顾及。随着课堂教学改革的深入，我们逐步认识到，教什么比怎样教语文更重要，让学生通过对课文的学习，体会课文内容的同时体会表达方法，体会语言文字魅力，从而培养学生热爱祖国的语言文字，热爱学语文，养成良好的学习习惯。"读写"应该经历"阅读感悟——体会表达——尝试运用——自主运用"的过程，也可以理解为"读悟中理解内容——读悟中细品表达——读悟中尝试表达——自主运用表达"的过程。

（二）整合读写实践过程

课内是学生学习语文的主阵地，"课内打基础，课外求发展"是一个永远的主题，课内的读写是语文教学的核心。几年来我们进行了大量的实践研究，就是要梳理出一条思路供教师们在教学中参考、应用。以下案例是近期我们实验教师经过一课多讲研究的过程。高段的读写整合逐步清晰起来。

1.一课多讲、寻求方法

以一位实验教师一课三讲为例进行研究，从中逐渐找到规律

《跨越百年的美丽》教学实录（一讲）

实验教师　佟丹

一、引入"美丽"

老师：同学们，上节课我们认识了一位美丽的女子，她是谁呀？这节课我们将再次走近她，走近她那跨越百年的美丽。

学生：齐读课题。

复习导入

多媒体出示

> 这里关注的是学生会认的词语。

1.我会读：冶炼 搅拌 侵蚀 溶解 沉淀 酸碱 乏力　烟熏火燎 卓有

成效

指名领读

2. 我善思：读词语并说说两组词语的关系。

第一组 { 伦琴　贝克勒尔
　　　　玛丽·居里　皮埃尔·居里

第二组 { 人工放射性　天然放射性
　　　　放射性元素　镭

老师：我们都有一双能发现美的眼睛，一颗感受美的心灵，那么，你能在文中找出玛丽·居里的美丽都表现在哪里吗？

老师：下面，请同学们默读课文，看一看课题中的"美丽"表现在哪些方面。请同学们在课文中找到相关的语句，读一读，想一想，并在能够触动你心扉的句子上做批注，小组交流。

1. 学生读课文，做批注。（自主探究）

2. 小组交流。（预设）

3. 展示汇报。

老师：同学们这样认真地阅读，一定是被玛丽·居里的美丽所打动了。在你心中，玛丽·居里的美丽到底表现在哪儿呢？

二、 解读"美丽"

（一）感受居里夫人容貌的美丽

学生汇报。

老师：这就是居里夫人的画像（出示居里夫人的画像）。看着这幅画像，你觉得可以用哪些贴切的词语来形容她？

（美丽、漂亮、年轻、端庄大方……）

老师：是的，居里夫人的容貌是美丽的。这种美丽潜藏着聪颖和智慧。你能不能读出她的美丽？指名读。

同学们，让我们把玛丽·居里美丽自信的形象定格在脑海中吧！齐读。

老师：与外表美比起来，其实玛丽·居里身上还具有更加动人的美，那就是内在美，

欣赏的仅仅是美丽而已。

你们找到了吗?

（二）感受居里夫人执着的科学精神

学生：请大家随我看第三段："为了提炼纯净的镭，居里夫妇搞到一吨可能含镭的工业废渣。他们在院子里支起了一口大锅，一锅一锅地进行冶炼，然后再送到化验室溶解、沉淀、分析。"

学生：从这段话里我们知道居里夫人从事科学研究的条件是非常艰苦的，他们提炼镭的工具只是"一口大锅"。一吨矿渣需要一锅一锅地进行冶炼，说明实验过程很辛苦。

老师："十吨"矿渣你们知道有多少吗？如果用卡车装差不多需要一大卡车。这么多的矿渣需要一锅一锅地进行冶炼，确实很辛苦。

学生：老师，我有补充，从这段话中的"可能"还知道，当时不仅工作条件非常艰苦，而且实验能不能成功还很难说。居里夫人的工作有可能成功，但也有可能他们的心血全都白费了。从这里感受到科学研究的艰辛。

老师：说得有道理。我们估算一下，一锅矿渣如果20公斤左右的话，那么居里夫人就要整整冶炼50锅的矿渣。可见他们工作是多么艰辛。你能读出他们的艰辛吗？

学生读。

老师：谁能像他们那样既能找到相关语句，又能说出自己的理解

学生读。

学生：让我感动的是这句话："玛丽终日在烟熏火燎中搅拌着锅里的矿渣。她衣裙上，双手上，留下了溶液的点点烧痕。"这句话说明他们工作不但辛苦，而且还常常有被烧伤的危险。

老师：是啊，他们每天都在忙碌，多么辛苦呀！展开你们想象的翅膀，想象一下居里夫人在烟熏火燎的工作室工作会是什么样子。

学生：在烟熏火燎的工作室，居里夫人被烟雾熏得睁不开眼，喘不过气来。她的眼泪顺着眼角流下来，咳嗽声也不断从实验室传来。

学生：在烟熏火燎的工作室，居里夫人拿着一个跟自己身高差不多的棍子在努力地搅拌着锅里的矿渣，她累得腰酸背痛、浑身乏力。她多想坐下来休息一会，可是不行呀，还有很多矿渣等着她去搅拌。

她只能继续干下去。

老师：透过这烟熏火燎，透过这点点伤痕，你看到了一个怎样的居里夫人？让我们把居里夫人提炼镭的艰辛记在心里吧！学生齐读。

玛丽居里夫妇提炼出镭了吗？

老师：谁接着说？

学生：令我感动的是"终于，经过三年又九个月，他们从成吨的矿渣中提炼出了0.1克镭。""三年又九个月"说明居里夫妇为了能提炼出纯净的镭用了很长时间。

学生："终于"说明他们饱受了很多艰辛才得以成功。

老师：说得真好。这种成功的确来之不易。"0.1克"大概是多少呢？

学生自由说。

老师：同学们请关注我们的笔尖。它比我们的笔尖还要小。一卡车才装得下的"一吨矿渣"和只有"笔尖大小"的0.1克镭的悬殊对比，你们感受到了什么？

> 通过具体数字计算，抓重点词"终于"体会人物的坚定与执着。

学生：没有对科学事业的坚定信念和执着追求是很难做到的。

（老师板书坚定执着）

老师：你能读出居里夫人的坚定与执着吗？你能读出这种对比的悬殊吗？

学生读。

老师：正如书上所说的，"这点美丽的淡蓝色的荧光，融入了一个女子美丽的生命和不屈的信念。"我想这份坚定、刚毅已经深深打动了你，谁能读一读整个第三段，读出你的感动以及你对居里夫人的敬佩。

指名读、齐读。

（三）感受居里夫人为科学奉献终身的精神

老师：这份坚毅的美丽早已融入了居里夫人的生命，这样的美，美得有力量。你还能从哪些句子感受到这份美丽？

学生："在工作卓有成效的同时，镭射线也正无声地侵蚀着她的肌体。她美丽健康的容貌也在悄悄地隐退，逐渐变得眼花耳鸣，浑身乏力。"

的确，镭是一把双刃剑，它在为人类做出巨大贡献的同时，也悄悄地侵蚀了居里夫人的身体。居里夫人由于长期从事镭的研究，晚年的她百病缠身，最后得了白血病，而导致居里夫人死亡的元凶正是镭。而这对于镭射线专家的她知不知道呢？她当然知道，但她又是怎么做的呢？（多媒体出示：什么也不管，只是默默……她一如既往地工作）她不管什么？她只管什么？

埋头工作到 67 岁离开人世，离开心爱的实验室，这是怎样的一个居里夫人呀？

老师追问：由此可看出，她身上何止是坚定执着顽强的精神，这分明是一种为科学献身的精神。

学生：虽然居里夫人美丽健康的容颜在悄悄地隐退，但是居里夫人用自己的美丽和健康换来了科学实验的巨大成功，换来了对人类的巨大贡献。正是这种牺牲精神使得居里夫人取得了别人无法得到的成功。这种美丽比外表的美丽更持久，更能经受时间的考验。你们找到描写她巨大贡献的句子了吗？

（屏幕出示：她从一个——里程碑）

教师引读：是啊，这样的居里夫人真的很让我们感动。她执着地前行在科学的道路上，因为她开创了放射学这门新学科，所以，她从一个漂亮的小姑娘，一个端庄坚毅的女学者，变成——（科学教科书里的新名词"放射线"）

因为她提炼出了镭，所以人们把放射性强度的单位命名为居里，所以她变成——（物理学的一个新的计量单位"居里"）

因为她在科学道路上不断探索，取得了一项项科学成就，所以她变成——（一条条科学定律）；因为她终身献身科学，所以她变成了——（科学史上一块永远的里程碑）

> 人物形象越发感人，为科学献身的精神，铸就了人生的美丽。学生很受感染。

老师：这样的居里夫人怎能不让我们感动？

老师再引导读：这句话中的四个"变成"是什么句式？

学生：排比句。

老师：它让你更强烈地体会到了什么？

学生：它让我强烈地感受到了居里夫人那种为科学而献身的崇高精神。

老师：说得真好。（老师板书：献身科学）这种变不是一般的"变成"，而是一种人生价值的提升，生命境界的飞跃，四个"变成"概括了居里夫人奋斗的一生及不朽的成就。这样的生命是美丽的。带着我们的敬佩之情来齐读这段话。学生齐读。

（四）感受居里夫人淡泊名利的人格魅力

老师：在居里夫人的身上，还有一样更震撼人心的美，你们找出来了吗？

学生：我找到的是第5自然段："居里夫人的美名……当玩具。"通过课下查找资料我知道人的一生能得一次诺贝尔奖就很不容易，居里夫人却得了两次诺贝尔奖，还有那么多的荣誉。每一项荣誉都是居里夫人用全部的青春、信念和生命换来的。她却视名利如粪土，一心只想着科学研究，埋头工作直到67岁离开人世。这种在名誉面前的淡泊就是一种美丽。（老师板书淡泊名利）

居里夫人获得了哪些荣誉？这一串数字说明什么？面对这10项巨额奖金，你会怎样？面对着107个头衔，你又会怎样呢？居里夫人是怎样做的？

老师：难怪爱因斯坦说："在所有的世界著名人物中，玛丽·居里是唯一没有被盛名宠坏的人。"对居里夫人来说，人活着不是为了追求名利，而是为了对人类有所贡献！所以作者说，"玛丽·居里几乎在完成这项伟大自然发现的同时，也完成了对人生意义的发现"。我想这就是居里夫人对人生意义的深刻理解，学到这里，我想同学们对于人生的意义也有了自己的理解，人生的意义不在于什么，而在于什么，拿出纸和笔把你们的想法写下来。

淡泊名利又是一种美。

学生写。

老师：我们来交流交流，让我们分享你的体会。

三、感悟课题

老师：学完课文，我们被这份美丽深深感动，让我们齐读课题。

学生：跨越百年的美丽。

老师：我想你们一定有更深入的理解。你想说些什么？

学生自由说。

老师：这样的美丽将激励一代又一代的人、一代又一代的科学家前行在科学的道路上，这样的美丽不仅仅是跨越百年的，还是……

学生接：跨越千年的美丽。

学生接：跨越万年的美丽。

学生接：是永恒的美丽。（老师板书永恒）

> 课堂上学生情绪激昂，人物精神感人肺腑，学到此时，学生收获的是什么？

四、展示舞台（任选一项展示）

1.阅读课后的《阅读连接》，写写读后感受。

2.继续搜集科学家的故事或名言，读给家长和同学听。

3.仿照居里夫人的外表描写，写一段人物外貌描写。

4.摘抄你最感动的语段，背一背。

板书设计

18、跨越百年的美丽

坚定执着

献身科学　　　　　　永恒

淡泊名利

> 　　一讲后，我们反复研讨，语文课究竟让孩子们学什么？语文味在哪里？居里夫人的美丽定格在学生的心中，人物形象高大的同时，我们应该清醒地认识到：语文课是学习语言文字运用的，语文学科的最终目标是全面提高学生的语文素养。在本节课，"语文"有多少呢？我们又进行了第二讲。

《跨越百年的美丽》教学实录（二讲）

实验教师 佟丹

一、引入"美丽"

老师：同学们，上节课我们认识了一个美丽的女子，她是谁呀？这节课我们将再次走近居里夫人，走近她那跨越百年的美丽。

> 细小的变化，体现由读到写。

学生：齐读课题、再读强调美丽。

复习导入

多媒体出示

1.我会写（听写词语）

侵蚀 诞生 乏力 头衔 隐退 卓有成效

同桌纠错并改正。

2.我善思

{ 伦琴 贝克勒尔
{ 玛丽·居里 皮埃尔·居里

{ 人工放射性 天然放射性
{ 放射性元素 镭

读词语并说说两组词语的关系。

老师：我们都有一双能发现美的眼睛，一颗感受美的心灵，那么，你能在文中找出玛丽·居里的美丽都表现在哪里吗？

老师：下面，请同学们默读课文。看一看课题中的"美丽"表现在哪些方面？请同学们在课文中找到相关的语句，读一读，想一想，并在能够触动你心扉的句子上做批注。小组交流。

1.学生读课文，做批注。（自主探究）

2.小组交流。（预设）

3.展示汇报。

老师：同学们这样认真地阅读和交流，一定是被玛丽·居里的美丽打动了。在你心中，玛丽·居里的美丽表现在哪些方面呢？

二、 解读"美丽"

（一）感受居里夫人容貌的美丽

学生汇报。

老师：这就是居里夫人的画像。（出示居里夫人美丽的画像）看着这幅画像，你觉得可以用什么最贴切的词语来形容她？

（美丽、漂亮、年轻、端庄大方……）

老师：是的，居里夫人的容貌是美丽的。这种美丽潜藏着聪颖和智慧。你能不能读出她的美丽？指名读。

<u>作者不愧是名作家，能抓住玛丽·居里身上最有特点的衣着、脸庞、神情和大眼睛，寥寥几笔就给我们勾画出了玛丽·居里的外表美。</u>

（板书：外貌美）（板书：抓特点）

同学们，让我们把玛丽·居里美丽自信的形象定格在脑海中吧！齐读。

（突出了写法，体会人物形象时，关注写法。）

老师：与外表美比起来，其实玛丽·居里身上还具有更加动人的美，那是——（板书：内在美），你们找到了吗？

（二）感受居里夫人执着的科学精神

学生：请大家随我看第三段：尽管这都还是偶然的发现……别人摘叶她问根。我从这段话感受到居里夫人有一种勇于探究的精神。

老师：你很会读文，我们看这段话，贝壳是指什么，别人怎么做的？居里夫人呢？也就是在与别人的对比中，我们发现了居里夫人的（　　　　　），这就她与众不同的精神美。

（板书：对比）

"为了提炼纯净的镭，居里夫妇搞到一吨可能含镭的工业废渣。他们在院子里支起了一口大锅，一锅一锅地进行冶炼，然后再送到化验室溶解、沉淀、分析。"

学生：从这段话里可以知道居里夫人从事科学研究的条件是非常艰苦的，他们提炼镭的工具只是"一口大锅"。一吨矿渣需要一锅一锅地进行冶炼，说明实验过程很辛苦。

老师："一吨"矿渣你们知道有多少吗？

这么多的矿渣需要一锅一锅地进行冶炼，确实很辛苦。

学生：老师我有补充，从这段话中的"可能"还知道，当时不仅工作条件非常艰苦，而且实验能不能成功还很难说。居里夫人的工作有可能成功，但也有可能他们的心血全都白费了。从这里我感受到科学研究的艰辛。

老师：说得有道理。我们估算一下，一锅矿渣如果20公斤左右的话，那么居里夫人就要整整冶炼50锅的矿渣。可见他们工作是多么艰辛。你能读出他们的艰辛吗？

学生读。

老师：谁能像刚才同学那样既找到相关语句，又能说出自己的理解。

学生读。

学生：让我感动的是这句话："玛丽终日在烟熏火燎中搅拌着锅里的矿渣。她衣裙上，双手上，留下了溶液的点点烧痕。"这句话说明他们工作不但辛苦，而且还常常有被烧伤的危险。

老师：是啊，他们每天都在忙碌，多么辛苦呀！展开你们想象的翅膀，想象一下居里夫人在烟熏火燎的工作室工作会是什么样子。

抓关键词句体会人物形象，也是学习用词。

学生：在烟熏火燎的工作室，居里夫人被烟雾熏得睁不开眼，喘不过气来。她的眼泪顺着眼角流下来，咳嗽声也不断从实验室传来。

学生：在烟熏火燎的工作室，居里夫人拿着一个跟自己身高差不多的棍子在努力地搅拌着锅里的矿渣，她累得腰酸背痛、浑身乏力。她多想坐下来休息一会，可是不行呀，还有很多矿渣等着她去搅拌。她只能继续干下去。

老师：透过这烟熏火燎，透过这点点伤痕你看到了一个怎样的居里夫人？让我们把居里夫人提炼镭的艰辛记在心里吧！齐读

玛丽·居里夫妇提炼出镭了吗？

老师：谁接着说？

学生：令我感动的是"终于，经过三年又九个月，他们从成吨的矿渣中提炼出了0.1克镭。" "三年又九个月"说明居里夫妇为了能提炼出纯净的镭用了很长时间。

学生："终于"说明他们饱受了很多艰辛才得以成功。

老师：说得真好。这种成功的确来之不易。"0.1克"大概是多少呢？

学生自由说。

老师：同学们请注意我们的笔尖。它比我们的笔尖还要小。三大卡车才装得下的"一吨矿渣"和只有"笔尖大小"的0.1克镭的悬殊对比，你们感受到了什么？

学生：没有对科学事业的坚定信念和执着追求是很难做到的。

（老师板书：坚定执着）

老师：你能读出居里夫人的坚定与执着吗？你能读出这种对比的悬殊吗？

学生读。

老师：正如书上所说的，"这点美丽的淡蓝色的荧光，融入了一个女子美丽的生命和不屈的信念。"我想这份坚定、刚毅已经深深打动了你，谁能读一读整个第三段，读出你的感动以及你对居里夫人的敬佩。

同学们，从刚才你们精彩的发言和朗读中，老师真切地感受到你们对居里夫妇的敬佩之情。同时老师还佩服一个人，你们知道他是谁吗？——梁衡。

你们能猜一猜老师为什么佩服他吗？——因为梁衡不仅有一双发现美的眼睛，更重要的是他很善于把美表达出来，让一代又一代的后人从中受到感染和熏陶。

我们高年级的同学，读书时，两只眼睛，要看不同的地方，一只眼读课文写了什么，另一只眼读课文是怎么写出来的，有什么秘诀和奥秘，这才是完整的读书。考考你的"另一只眼"。

默读第3自然段，感受写法：梁衡是怎样把居里夫人这种坚定执着的精神凸显出来的呢？

学生汇报：选最能表现人物这一特点的事，即：1.选好典型事例（居里夫人提炼镭的过程）。2.突出重点（特写镜头：出示小视频）。3.把事情写具体（对比，如：人物之间、数字的悬殊对比，人物动作、表情、语言等描写要灵活运用）。

由词句到段篇写法品读。

板书：<u>典型事例、突出重点（特写）、把事情写具体（对比、描写）。</u>

老师：现在老师开始崇拜你们了，你们都有一双睿智的眼睛，当然你们同样有一颗感受美的心，那我们接着感受，居里夫人的美丽还表现在哪儿？

（三）感受居里夫人为科学奉献终身的精神

老师：这份坚毅的美丽早已融入了居里夫人的生命，这样的美，美得有力量。你还从哪些句子感受到这份美丽？

学生："在工作卓有成效的同时，镭射线也在无声地侵蚀着她的肌体。她美丽健康的容貌在悄悄地隐退，逐渐变得眼花耳鸣，浑身乏力。"

的确，镭是一把双刃剑，它在为人类做出巨大贡献的同时，也悄悄的侵蚀了居里夫人的身体，居里夫人由于长期从事镭的研究，晚年的她百病缠身，最后得了白血病，而导致居里夫人死亡的元凶就是镭。而这对于镭射线专家的她知不知道呢？她当然非常清楚，但她又是怎么做的呢？（多媒体出示：什么也不管，只是默默……她一如既往地工作。）她不管什么？她只管什么？

埋头工作到67岁离开人世离开心爱的实验室，这是怎样的一个居里夫人呀？

老师追问：由此可看出，她身上何止是坚定、执着、顽强的精神，这分明是一种为科学献身的精神。

学生：虽然居里夫人美丽健康的容颜在悄悄地隐退，但是居里夫人用自己的美丽和健康换来了科学实验的巨大成功，换来了对人类的巨大贡献。正是这种牺牲精神使得居里夫人取得了别人无法得到的成功。这种美丽比外表的美丽更持久，更能经受时间的考验。你们找到描写她巨大贡献的句子了吗？

（屏幕出示：她从一个——里程碑）

教师引读：是啊，这样的居里夫人真的很让我们感动。她执着地前行在科学的道路上，因为她开创了放射学这门新学科，所以，她从一个漂亮的小姑娘，一个端庄坚毅的女学者，变成——（科学教科书里的新名词"放射线"）

因为她提炼出了镭，所以人们把放射性强度的单位命名为居里，所以她变成——（物理学的一个新的计量单位"居里"）

因为她在科学道路上不断探索，取得了一项项科学成就，所以她变成——（一条条科学定律）；因为她终身献身科学，所以她变成了——（科学史上一块永远的里程碑）

老师：这样的居里夫人怎能不让我们感动？

老师再引导读：这句话中的四个"变成"是什么句式？

学生：排比句。

老师：它让你更强烈地体会到了什么？

学生：它让我强烈地感受到了居里夫人那种为科学而献身的崇高精神。

老师：说得真好。（老师板书：献身科学）这种"变成"不是一般的变成，而是一种人生价值的提升，生命境界的飞跃，四个"变成"概括了居里夫人奋斗的一生及不朽的成就。这样的生命是美丽的。带着我们的敬佩之情来齐读这段话。学生齐读。

> 读悟结合，整体推进，排比句子的表达效果印在了孩子们的脑海中。

（四）感受居里夫人淡泊名利的人格魅力

老师：在居里夫人的身上，还有一样更震撼人心的美，你们找出来了吗？

学生：我找到的是第5自然段："居里夫人的美名……当玩具。"通过课下查找资料我知道人的一生能得一次诺贝尔奖就很不容易，居里夫人却得了两次诺贝尔奖，还有那么多的荣誉。每一项荣誉都是居里夫人用全部的青春、信念和生命换来的。她却视名利如粪土，一心只想着科学研究，埋头工作直到67岁离开人世。这种在名誉面前的淡泊就是一种美丽。（老师板书淡泊名利）

居里夫人获得了哪些荣誉？这一串数字说明了什么？面对这10项巨额奖金，你会怎样？面对着107个头衔，你又会怎样呢？居里夫人是怎样做的？

老师：难怪爱因斯坦说："在所有的世界著名人物中，玛丽·居里是唯一没有被盛名宠坏的人。"对居里夫人来说，人活着不是为了追求名利，而是为了对人类有所贡献！所以作者说，"玛丽·居里几乎在完成这项伟大自然发现的同时，也完成了对人生意义的发现"。

我想这就是居里夫人对人生意义的深刻理解。学到这里，我想同学们对于人生的意义也有了自己的理解，人生的意义不在于什么，而在于什么，拿出纸和笔把你们的想法写下来。

学生写。

老师：我们来交流交流，让我们分享你的体会。

三、感悟课题

老师：学完课文，我们被这份美丽深深感动，让我们齐读课题。

学生：跨越百年的美丽。

老师：我想你们一定有更深入的理解。你们想说些什么呢？

学生自由说。

老师：这样的美丽将激励一代又一代的人、一代又一代的科学家前行在科学的道路上，这样的美丽不仅仅是跨越百年的，还是……

学生接：跨越千年的美丽。

学生接：跨越万年的美丽。

学生接：是永恒的美丽。（老师板书永恒）

四、当堂迁移：请同学们说说你们学习这篇文章的收获或感受

1. 内容方面（学生谈独特感受）。

2. 写法方面（学生汇报，老师总结引导）。

学生：人物外貌描写抓人物与众不同之处进行描写，不必面面俱到。

学生：表现人物精神品质或说明一个道理（围绕中心选好事、突出重点、把事写具体……）。

五、展示舞台（任选一项展示）

1. 仿照居里夫人的外貌描写，写一段人物外貌描写。

2. 小马虎惹出大乱子。

老师引导说一说：

说一说写什么。

打算怎样写。

预设：小马虎惹出大乱子怎么写？

学生：（1）选典型事例（学习中、生活中的马虎的事例有没有？）

学生：学习和生活中粗心大意、丢三落四的事，如：数学中点错了小数点，与 100 分失之交臂，与爸爸的奖励擦肩而过；语文中一个错字，闹出了大笑话，使你在同学们和老师面前丢尽了面子……

> 学生尝试运用。

生活中：忘记关水龙头、忘记关煤气灶、把钥匙落到家里或学校……

（2）小马虎和大乱子重点写什么（马虎的经过和惹出大乱子的心情）

板书设计

18、跨越百年的美丽——永恒

外表美	抓特点
坚定执着	典型事例
内在美　献身科学	突出重点　（特写镜头）
淡泊名利	事情写具体（对比、描写）

> 教师的板书变得丰富起来，二讲体现了读写并重，以品读写法为契机，感受人物的精神，语文味十足，但是我们觉得还有不足，小学六年级学生，自主合作阅读已经形成，教师应该抛出一个牵一发而动全身的问题放手教给学生，自主或合作完成。教学方式要充分发挥学生的主体地位，我们又进行了第三讲。

《跨越百年的美丽》教学实录（三讲）

实验教师　佟丹

一、引入"美丽"（略）

二、解读"美丽"（略）

（一）感受居里夫人容貌的美丽

（二）感受居里夫人执着的科学精神（略）

老师：正如书上所说的，"这点美丽的淡蓝色的荧光，融入了一个女子美丽的生命和不屈的信念。"我想这份坚定、刚毅已经深深打动了你，谁能读一读整个第 3 自然段？读出你的感动以及你对居里夫人的敬佩。

同学们，从刚才你们精彩的发言和朗读中，老师真切地感受到你们对居里夫妇的敬佩之情。老师和你们一样敬佩她，不过，老师还佩服一个人，你们知道他是谁吗？——梁衡。

你们能猜一猜老师为什么佩服他吗？——因为梁衡不仅有一双发现美的眼睛，更重要的是他还善于把美表达出来，让一代又一代的后人从中受到感染和熏陶。我们高年级的同学，读书时，两只眼睛，要看不同地方，一只眼读课文写了什么，另一只眼读课文是怎么写出来的，有什么秘诀和奥秘，这才是完整的读书。考考你的"另一只眼"。

> 自学提示内容发生着根本变化，随之下面的教师的指向行为也发生着变化。

出示自学提示：

<u>默读第 3 自然段，感受写法：梁衡是怎样把居里夫人这种坚定执着的精神凸显出来的呢？</u>

老师引导学生：

1. 选最能表现人物这一特点的事。

2. 把事选好，表现人物的什么特点，就紧紧围绕这一中心选事（居里夫人提炼镭的过程）。

3. 突出重点（对于居里夫人来说，一生与镭结下了不解之缘，提炼镭的艰辛最能突出她坚定执着的品质）。

4. 把事情写具体（对比，如：人物之间、数字的悬殊对比，人物动作、表情、语言等描写要灵活运用）。

板书：把事选好、突出重点（根据汇报情况而定）

（三）感受居里夫人为科学奉献终身的精神

老师：现在老师开始崇拜你们了，你们都有一双睿智的眼睛，不但能发现美，还能探寻出表达美的方法。那我们接着看看作者梁衡还写了哪些事情，他又在表达什么呢？

学生："在工作卓有成效的同时，镭射线也在无声地侵蚀着她的肌体。她美丽健康的容貌在悄悄地隐退，逐渐变得眼花耳鸣，浑身乏力。"

老师：的确，镭是一把双刃剑，它在为人类做出巨大贡献的同时，也悄悄地侵蚀了居里夫人的身体。居里夫人由于长期从事镭的研究，晚年的她百病缠身，最后得了白血病，而导致居里夫人死亡的元凶就是镭。而这对于镭射线专家的她知不知道呢？她当然非常清楚，但她是怎么做的呢？（多媒体出示：什么也不管，只是默默……她一如既往地工作。）她不管什么？她只管什么？

埋头工作到67岁离开人世，离开心爱的实验室，这是怎样的一个居里夫人呀？

（板书：献身科学）

老师：居里夫人用自己的美丽和健康换来了科学实验的巨大成功，换来了对人类的巨大贡献。正是这种牺牲精神使得居里夫人取得了别人无法得到的成功。你们找到描写她巨大贡献的句子了吗？

（屏幕出示：她从一个——里程碑）

教师引读：是啊，这样的居里夫人真的很让我们感动。她执着地前行在科学的道路上，因为她开创了放射学这门新学科，所以，她从一个漂亮的小姑娘，一个端庄坚毅的女学者，变成——（科学教科书里的新名词"放射线"）

因为她提炼出了镭，所以人们把放射性强度的单位命名为居里，所以她变成——（物理学的一个新的计量单位"居里"）

因为她在科学道路上不断探索，取得了一项项科学成就，所以她变成——（一条条科学定律）；因为她终身献身科学，所以她变成了——（科学史上一块永远的里程碑）

老师：这样的居里夫人怎能不让我们感动？多么值得我们赞美呀！

老师再引导读：这句话中的四个"变成"是什么句式？

学生：排比句。

老师：排比句的作用是什么？

学生：抒发强烈的情感。

老师：说得真好。作家梁衡运用排比的句式，不仅仅在写居里夫人的巨大贡献，更在抒发自己对这样的居里夫人的

> 人物的精神是怎样写出来的？学生被人物的科学精神所感染的同时了解了通过具体事例写人物的方法，体会修辞手法的表达效果。

强烈的赞美之情。这四个"变成"一项比一项层次高，我们朗读时一句要比一句感情更强烈。带着我们的敬佩和赞美之情来齐读这段话。

学生齐读。

（四）感受居里夫人淡泊名利的人格魅力。

老师：在居里夫人的身上，还有一样更震撼人心的美，你是从哪件事发现的？

学生：我找到的是第5自然段："居里夫人的美名……当玩具。"通过课下查找资料，我知道人的一生能得一次诺贝尔奖就很不容易，居里夫人却得了两次诺贝尔奖，还有那么多的荣誉。每一项荣誉都是居里夫人用全部的青春、信念和生命换来的。她却视名利如粪土，一心只想着科学研究，埋头工作到67岁离开人世。这种在名誉面前的淡泊就是一种美丽。

（老师板书淡泊名利）

老师：居里夫人获得了哪些荣誉？这一串数字说明了什么？面对这10项巨额奖金，你会怎样？面对着107个头衔，你又会怎样呢？居里夫人是怎样做的？

老师：难怪爱因斯坦说："在所有的世界著名人物中，玛丽·居里是唯一没有被盛名宠坏的人。"对居里夫人来说，人活着不是为了追求名利，而是为了对人类有所贡献！所以作者说，"玛丽·居里几乎在完成这项伟大自然发现的同时，也完成了对人生意义的发现"。

老师：我想这就是居里夫人对人生意义的深刻理解，学到这里，我想同学们对于人生的意义也有了自己的理解，人生的意义不在于什么，而在于什么呢？

老师：我们来交流交流，让我们分享你的体会。

三、感悟课题

老师：课文学到这儿，我们被这份美丽深深感动，让我们齐读课题。

学生：跨越百年的美丽。

老师：我想现在你们对课题中的美丽一定有更深入的理解。你们想说些什么？

学生自由说。

老师：是呀，随着岁月的流逝，居里夫人的美貌、健康，甚至生命都渐渐隐退了，可是，她那坚定执着的性格之美，献身科学的生命之美和淡泊名利的人格之美，不仅仅是跨越百年的，还是……

学生接：跨越千年的美丽。

学生接：跨越万年的美丽。

学生接：是永恒的美丽。（老师板书：永恒）

四、当堂迁移

老师：同学们体会得真深刻呀！对于这节课的学习，老师必须为你们点赞！这节课，你们不仅用聪明智慧发现了居里夫人的魅力所在，还领悟了本文的写作手法，也是本单元的写作手法，用具体事实表现人物的特点或说明道理。但是老师要强调两点：

1. 围绕中心选典型事例。

2. 突出重点。如果用多件事表现一个人的特点或说明一个道理，要注意做到详略得当。如：今天学的这篇课文，居里夫人一生做的事很多，能表现她这些精神的事例也很多，但作者为什么偏偏选提炼镭这件事详细写？（板书：典型事例、重点突出）

学生：居里夫人一生都在研究镭，发现镭……

老师：说得太好了！那做起来又是什么样呢？老师希望你们能学以致用，不知同学们敢不敢接受挑战？

老师：我出的挑战题目是《小马虎惹出大乱子》

老师引导说一说：

（1）说一说围绕这个主题我们要选哪些事。

（2）怎样写才能具体地说明这个道理？

预设：

学生：选典型事例（学习中、生活中的马虎的事例）。

学生：学习和生活中粗心大意、丢三落四的事，如：数学中点错了小数点，与 100 分失之交臂，与爸爸的奖励擦肩而过；语文中一个错字，闹出了大笑话，使你在同学们和老师面前丢尽了面子；生活中忘记关水龙头、忘记关煤气灶、把钥匙落到家里或学校……

小马虎和大乱子重点写什么？（马虎的经过和惹出大乱子的心情）

板书设计

18、跨越百年的美丽

坚定执着

献身科学　　永恒

淡泊名利

典型事例　　写法

重点突出

> 第三讲中，我们不仅关注了学生品读表达方法，学习运用方法，还关注了学生自主学习合作学习，丰富了学生的学习经历。一课三练的研究让实验教师有了很大的进步。

"一课三练"实践后，我发现实验教师从理念的认识上有着明显提高，三节课不同的教学思路，学生的认知水平、能力培养、学习兴趣都有明显的不同，课堂的语文味逐渐变浓，因此有了实验教师的感慨。

从"教课文"走向"教语文"

——《跨越百年的美丽》教学札记

大兴中心小学　佟丹

2016 年 5 月 10 日，这是我教学生涯中最难忘的一天，在旗进修校王学荣主任的指导下，我把自己在 4 月 29 日全旗课堂等级评估时执教的《跨越百年的美丽》一课进行了精心的修改后，在"全旗小学语文课程阅读与写作教学的公开课"进行了展示。课后，王主任又借这一课例给我们进行了语文课上如何由"教课文"向"教语文"转变的专题讲座。聆听了王主任的讲座，回顾自己再次执教《跨越百年的美丽》的经过，我激动万分，因为我在这个过程中的收获与自身专业能力的提高是别人无法感知的。可以说这次经历，对于正在语文教学路途上摸索前进的我来说，无疑也是醍醐灌顶，收获颇多。

我不会忘记，4 月 29 日到 5 月 10 日，历时 10 多天，王学荣主任通过电话和 QQ 视频耐心地评析了我执教的《跨越百年的美丽》一课，指导我在授课的过程中应该体现语文的价值："教者不忘语文教学的普通价值：品词析句，积累语言；凸显语文的核心价值：突出专题，获取新法；牢记语文教学的终极价值：迁移运用，练习表达。"帮助我在进行教学设计时要落实一课三练：第一层次：基础落实，涉及基础知识和基本技能的训练，让学生落实基础，巩固课堂学习效果，练好基本功，为进一步深入学习打下基础。第二层次：能力提高。着眼于提高学生品词析句的能力，写法迁移的能力，采用多角度全方位的方法将知识融会贯通，很好地消化吸收。第三层次：拓展应用。根据小学高年级学生的现有水平，将所学课本知识进一步迁移拓展，体现发展性，进一步提升学生的思维能力和自主学习的能力。她叮嘱我说："如果我们能把课文作为写作的突破口，及时地把写作训练有机地揉进阅读教学，就能进一步发挥课文的'典型'优势，使学生学以致用，举一反三，实现读写结合。"于是，在王主任的指导和帮助下，我把原来教学设计进行了再次设计：

目标一："认读 14 个生字新词"改为"会写 14 个生字新词"。

目标二："能联系上下文理解文中含义深刻的句子，体会居里夫人为科学献身的精神"改为"能联系上下文理解文中含义深刻的句子，体会居里夫人为科学献身的精神的同时，感悟本课的写作方法。"

1. 复习导入中指名读生字词改为听写词语，夯实基础。

2. 品读感悟环节把单纯感悟居里夫人的美丽的环节，精心设计为在感受居里夫人的外表美和内在美的同时，感受梁衡表达美的方法。如：

——在高段教学中，引导学生读书时，一方面关注课文写了什么，另一方面关注课文是怎么写出来的，品读语言秘诀和奥秘。

——品读作家梁衡运用排比的句式，不仅仅在写居里夫人的巨大贡献，更在抒发自己对这样的居里夫人的强烈的赞美之情。这四个"变成"一项比一项层次高，引导学生朗读时一句要比一句感情更强烈。带着敬佩和赞美之情齐读这段话。

修改后的教学设计主要设计了以下几个环节：

1. 检查预习，整体感知

2. 自主学习，感受美丽

3. 合作探究，品读感悟

4. 集体交流，点拨写法

5. 迁移应用，拓展延伸

6. 课堂练笔，读写结合

回顾整节课，我感觉以下几个地方还比较满意：

一、目标明确，重点突出

这个单元的重点是体会科学家的"科学精神"，本课的重点是读懂居里夫人的事迹，领悟课题"跨越百年的美丽"的含义。更重要的是，作者通过具体事例表现人物的写法在品读中渗透。基于此，我选择了课后思考题"想一想，课题中的美丽表现在课文中的哪些方面"这一核心问题，引领学生预习、品读、感悟。深入理解之后我又回归课题：说说你对跨越百年的美丽新的理解。让学生体会到这份美丽是永恒的。

二、学习方法潜移渗透

我在课堂中非常重视学生学习方法的习得。俗话说："授人以鱼，不如授人以渔。"在教学中不断地引导学生学习，培养学生良好的学习习惯和思维方法。例如：在指导学生感悟、朗读文章时，我告诉学生要"抓关键词"；在体会如何学习作者描写人物的方法时，我要学生学会"体现特点"。除此之外，还指导学生及时把自己的阅读感悟写在语文书上。我想：这些好的学习习惯和方法，将会让学生终生受益的。

三、 通过朗读深刻感悟

在品读文章时，我展开了扎实有效的朗读训练。例如：体会由四个"变成"组成的排比句，我通过引读，学生接读，以及外部显现的声音的渐强，让学生体会排比句内在的逻辑关系，从而体现出科学道路之艰辛，也体会到了居里夫人执着追求的科学精神。这些朗读训练不是为了训练而训练，而是为了更好地体现居里夫人的高尚品质而服务的。

四、读写结合，注重文章表达方法和写作方法的指导

我根据高年级的阅读要求，紧扣本单元教学目标：把握文章的主要内容，学习用具体事实说明道理的写作方法。尤其是当堂迁移环节的设计更是将课文推向了高潮。我的追问让学生初步理解了人生命存

在的意义，进而理解了本课题的内涵，这种美丽岂止百年、千年、万年，而是永恒，将价值导向又上升到了对学生自身价值的思考，真正落实了情感态度与价值观这一目标。我随机对写法进行点拨，进行练笔，培养了学生的写作能力，张赵男等同学当堂朗读了自己的小习作，实现了阅读习作的有机结合。

当然本课的教学也有很多遗憾，比如，课上回答问题的同学不多，学生交流过后教师还缺少必要的梳理，我的评价性语言也不够丰富……今后，我将会继续以培养学生自主学习能力为主，把阅读和习作有机结合，大胆放手，给孩子自由成长的空间，真正实现"教课文"向"教语文"的美丽转身。

2.直击核心、研究落实"语言文字运用"

"一课三练"实践后，总结实践的过程与结果，更加证明"读写的核心"就是《义务教育语文课程标准》（2011版）提到的"学会运用语言文字"，解决"学会运用语言文字"的具体内容离不开成体系的语文教学实践。因此，**课内落实"学会运用语言文字"是关键。**

翻开《义务教育语文课程标准》（2011版）有这样一段话："语文课程是一门学习语言文字运用的综合性、实践性课程。义务教育阶段的语文课程，应使学生初步学会运用祖国语言文字进行交流沟通，吸收古今中外优秀文化，提高思想文化修养，促进自身精神成长。工具性与人文性的统一，是语文课程的基本特点。"可见其重要。课内读写是整合教学的基础，其核心内容就是抓住课内一切进行初步的**"学习运用语言文字"**，怎样理解**"学习运用语言文字"**？怎样在课内有效地落实**"学习运用语言文字"**？

怎样理解"学习语言文字运用"呢？

从字面上看：理解可分三个层面的解释，一个是"学习语言文字"；一个是"学习运用语言文字"；一个是"运用语言文字"。

从意义上划分："学习语言文字运用"——学习语言文字、运用语言文字，它离不开语文实践活动——听说读写。"学习"是"听、读"。从不会认字去听到会认字读起，从儿童能和大人交流开始，听大人讲民间故事、童话、神话，观看影视、动画到认字、读浅显的读物等文学作品。"运用"语言文字要经历从不会说话——能说话——会说话——能写话——会写话。课程标准里提到的"学习语言文字运用"，是小学生学会语言并运用语言表达。"语言文字运用"主要指口头语言表达和书面语言表达。"运用"一是能正确、规范地运用语言文字；二是能有方法、有创意地运用语言文字。其实，从一年级小学生开始，学生从学习第一个拼音字母的时候就已经开始学习语言文字运用，学生在与老师学生之间的互动中，就进行着语言交流，学习并运用着语言。

从课标的前言上理解： "语言文字运用，包括生活、工作和学习中的听说读写以及文学活动。"课标解读中这样说明："学生要学习的是，如何通过语言文字准确、熟练地从别人的语言材料中获取信息，如何运用语言文字恰当地表达自己的想法进行交流沟通。"放眼望去修订版课程标准关于**"学习运用语言文字"**的描述随处可见，显然通过语言获得信息，运用语言进行表达，这说明阅读与习作就是一个整体。因此也引领着我们的课堂发生着变化。

面对全国小学语文教育研究方向： 全国小学语文教育研究会专业委员会理事陈先云在 2014 年全国青年教师阅读教学大赛上总结《小学语文教学的突破与变革》，对当前小学语文教学给予了方向性的阐述，他说："实现小学语文教学的变革，需要克服对教科书的过分依赖，突破'以阅读教学为中心'的瓶颈。以创新教学内容作为变革的突破口，教什么比怎么教更重要。创新教学内容要跳出传统的识字、精读、略读、口语交际、习作、综合性学习等课型思维。**语文教学内容的丰富性、综合性可以带动和促进教学方式、学习方式的变革。内容、目标、能力、特点**是阅读系列和表达系列课关注的四大要素。" 可见全国当前语文教学的走势是从单一的阅读教学走向全语文教学；阅读教学从单篇研究转变到单元整合研究；由原来的单纯的课文教学研究，发展到口语交际课、习作课、群文阅读课、整本书阅读课、绘本阅读、非连续文本阅读、综合实践各种类型课例的研究，可以说应有尽有。

上海师范大学语文教育专家吴忠豪教授对于语文教育的主要问题也进行了描述：语文教育的主要问题主要存在于课程层面。课程问题——阅读与表达严重失衡，课程内容——随意、无序、经验化，教学形态：基于教师感悟的文本分析。他提出了课程改革的四个方向：从"教课文"——"教语文"；从"非本体"——"本体"；从"理解语言"——"运用语言"；从"分析内容"——"学到方法"。

两位专家对全国层面的语文教育分析给予我深刻的启发。

剖析中寻求做法：我们在追求达成目标的过程中，就是想要寻找更加丰富的教学内容。面对于我们翁牛特旗本土研究，我们一边研究一边摸索，如果把单元整合、阅读整合看成是宏观的框架，那么小学语文教学走到现如今就应进入细节，走向核心的内容。进入读写整合，就是进入最核心的提升品质的阶段。我们必须对教学效果、教学过程进行研究分析，才算从源头入手。

通过对课堂教学的观察，教学成绩的分析，整个语文教学效果上看，我们语文老师困惑的教学问题有：①学生有书不愿意读；②学生书读了很多，作文不会写；③学生背了很多，作文用不上；④语文教师教得费力，学生不愿意学；⑤作业、作文、日记……学生成绩提高很慢。

是什么造成学生这些现象呢？寻根问源还是教师的问题最多：①教师心中目标意识不强，长期目标迷茫，只见树木不见森林，短期目标弱化，课时目标粗化，还有许多教师为了省事，手握教材配赠的教师用书，教参设定目标即是目标，没有根据学情细化课时目标；②教师即使设置目标，目标多为重人文轻语文；③教师设定的语文目标只是课文与课文之间的衔接，没有语文能力与语文能力的接力，不利于学生知识、能力的形成，教师的教学形不成体系；④教师的解读教材浅尝辄止，浮于表面，不是教语文而是教课文。目标定位或高或低，语言训练点、能力培养点抓不准；⑤为了应试，少数教师的课堂要么是繁琐的分析代替了学生的读书实践，要么是蜻蜓点水面面俱到，结果只能是面面不到。

如何改变这些现象，实现省时高效的课堂教学？语言学家吕叔湘先生曾说："语文课当语文课来教，又怎么个教法呢？我想这也很简单，三个字：少而精。少讲。讲的要击中要害，学生哪个地方不懂，不太理解，就给他讲一下，点一下。学生懂的呢，就不讲。"基于这些思考，我觉得"阅读与习作"整体教学的关键点所在是落实"**学习运用语言文字**"。

怎样有效地落实"学习运用语言文字"?

首先,落实"学会运用语言文字"突出读写的首要任务是目标确立。

教育专家们对教学目标的认识都有描述,布鲁姆指出:"有效的学习始于准确地知道达到的目标是什么。"目标是课堂教学的核心和灵魂,是语文教学的出发点和落脚点。教学目标的设计与制定,决定着教学内容的安排、教学方法的选择、教学评价的实施、指导和制约着整个教学活动,对保证课堂教学的有效开展至关重要。小学语文专家崔峦先生强调,只有不折不扣地达成年段目标,体现阶段性,才能环环相扣,螺旋上升,最终实现小学阶段的各项目标,教学目标是师生通过教学活动预期达到的结果或标准,是对学习者通过教学以后将能做什么的一种明确的、具体的表述。它主要描述学习者通过学习后预期产生的行为变化,具有导向、调控、反馈、检测等功能。教学目标决定着教学的方向、策略和行为。教学目标要体现准、实。

课程标准对三、四年级学段目标里阅读教学有所描述,仍然以人教版课程标准实验教科书为例,如果细化阅读目标,三年级上册和四年级上册两个学期的教学目标都有"学习联系上下文,借助字典、词典和生活积累,理解词句的意思;体会课文中关键词句在表情达意方面的作用。""学段目标"是进行系列教学的方向,在制定"课时教学目标"时就有了抓手。

如三年级上册第八单元第一课《掌声》,课文讲了一个因患有小儿麻痹症而抑郁的小姑娘英子,在新老师不知情的情况下被迫走上讲台为同学们讲故事。同学们在英子最艰难的时候给予了热烈的掌声,这掌声使英子充满自信,也从此成长起来。从课文内容上看,这是体现人间真情的主题,教给孩子们学会爱周边的人。从三年级的训练主题上看,联系上下文体会词语含义,体会关键词句表情达意的作用,是阅读重点。课文里英子"**忧郁**"的前后变化,体会好"**忧郁**"一词,"**掌声**"给予英子的支撑就找到了。因此,阅读课时目标可以制定:联系上下文抓关键词"**犹豫**""**忧郁**",体会英子在"**掌声**"前后的变化,体会掌声给英子带来的勇气。课堂上学生通过阅读英子**"早早地来""最后一个走""默默地坐在一角"**感受英子**"抑郁"**的心情，因为抑郁，所以走向讲台时才**"犹豫"**着，表现得那么不自信，同学的两次掌声后的**"不再忧郁"**恰恰表现了向有困难的人伸出援助之手是对他人的爱。

但是，往往有些课堂课时目标人文大于语文，还以《掌声》为例，多数教师课堂上围绕两次掌声，大做文章，把人文的关怀无限放大，学生语言文字内化目标淡化，失去了语文课堂最根本的目标。

在研究中，我们不断地学习汲取经验，在网络上一位老师的目标设计引起了我们的思考：

《称赞》是小学二年级的一篇课文，教学目标是：学习生字新词、有感情地朗读课文，主要懂得称赞能增强别人的自信。但通篇读懂课文后这位老师觉得"懂得称赞能增强别人的自信"，不是语文课程内容，而是思想品德课的课程内容。教学这篇课文当然应该让学生"懂得称赞别人"这个道理，但作为语文课的主要目标显然不合适。那么这篇文章的目标怎么定？通过和其他老师讨论，最后把教学目标定为"学习如何得体地称赞别人"。

结果教师设计了这样一些教学环节：

1. 刺猬和小獾是怎么相互称赞的，大家读一读。刺猬说：你真能干，小板凳做得一个比一个好，小獾说："我从来没有看到过这么好的苹果。"

2. 互换刺猬和小獾称赞的话。如果刺猬说"我从来没有见过这么好的板凳"你觉得合适吗？不合适，为什么？因为他的小板凳做得很粗糙，他做得虽然很认真，但是他做得不好，他自己差不多都要泄气了，所以刺猬说这样的假话，就会带有讽刺的味道，所以是不合适的。

3. 如果把刺猬的话改成"你真能干，小板凳做得真好"合适吗？也不合适。一个比一个好，并不是说他做得很好，只是后面一个比前面一个强，所以刺猬这样称赞也不合适。

4. 小结：我们称赞别人要恰如其分，否则的话，就给人一种虚伪的感觉，或者表现迎合别人、奉承别人，这是不妥当的。

接下来如何称赞别人，让学生去实践。

教师设计了让几位同学朗读刺猬和小獾的对话，然后要求学生来称赞这几位同学，思考对朗读好的同学该怎么称赞，朗读不怎么好的同学该怎么称赞，评价谁称赞得最合适。

这是一种语言交际规则的教学，"学习如何得体地称赞别人"肯定要比"理解称赞的意义"更加符合语文课的教学任务。语文课程内容的开发，要瞄准语言知识、语文方法的教学和语文能力的培养。

显然，设计好教学目标是教会学生学习语文的首要任务。

《草原》的教学目标——两个老师设计不同

目标1：

1. 认识4个、会写14个生字。能正确读写"地毯、渲染、勾勒、低吟、襟飘带舞"等12个词语。

2. 理解课文并有感情地朗读，能背诵第1、2自然段。

3. 感受内蒙古大草原美好的风光及风土人情，体会蒙汉两族人民之间的深情厚谊，激发了解西部的兴趣。

目标2：

1. 认识4个、会写14个生字，能正确读写本课12个词语。

2. 学习揣摩优美词句、尝试运用动词表达情意，并在此过程中感受草原美好的风光、体会蒙汉两族人民之间的深厚情谊，学会主动感悟和通过动词体会情感的方法。

目标1：指向的是学习《草原》一文的思想内容，着力点放在了学习课文知识上，将学习课文当作了阅读教学的终极目标（当前的通病）。

目标2：着力点放在了学习"语言文字运用"上（今后的方向）。

其次，落实"学会运用语言文字"，突出读写落脚在真实上。

光理解不等于会运用，当堂练习教学落到实处，语文教学的难点不在"理解"，而在"会运用"。教课文，是把课文内容当作教学的主要目标。而教语文，是以课文为"例子"，指导学生掌握语文知识、学会语文学习方法，尤其是"学习语言文字运用"，学会表达。

课标指出："写作是运用语言文字进行表达和交流的重要方式，是认识世界、认识自我、创造性表述的过程。写作能力是语文素养的综合体现。"

叶圣陶说："国文是语文学科，国文教学的重心在于语言文字。虽然国文教学富有'教育意义'，但这不是它的'专任'。国文教学自有它独当其任的任，那就是阅读与习作的训练。"

有一位资深语文研究员也说："阅读是吸收和输入，也是为表达倾吐和输出服务的。阅读是学会表达、获取语言运用方法的重要一环。学生在阅读过程中，在阅读积累的基础上，主要精力聚焦在语言文字运用上，才能更好地学会学习、学会表达"。

引导学生有效阅读的过程就是教学过程，教师对于教材的品读，恰当地圈定语言训练点、能力培养点，抓住一切机会，对于培养学生的学习语言文字运用尤为重要。

实验教师张立芹老师教的《老人与海鸥》这一课是一个有代表性的范例。

1. 基础复习巩固，回味人鸥真情

老师：上节课我们走进老人与海鸥的生活中，深深地被老人爱海鸥，海鸥送老人这一个真实的故事感动了，这节课的学习，老师敢说，它带给我们的不仅仅是感动，更是震撼。同学们，请打开课本，认真关注老人去世后到底发生了什么意想不到的事。

（课件出示）默读课文第15~17自然段，想一想安放老人遗像的地方发生了什么意想不到的事情。画出你意想不到的海鸥的举动，并想想从这些语句中你体会到什么，在你感受最深的地方做上批注。

老师：最让你意想不到的是什么？

学生：一群海鸥突然飞来，围着老人的遗像翻飞盘旋，连声鸣叫。叫声和姿势与平时大不一样，像是发生了什么大事。（出示句子）

老师：从这句话中你读懂了什么？

学生：海鸥当时焦急、惊讶的心情。

老师：今天的海鸥举动很反常，你是抓住哪些词来体会的？

学生：突然，翻飞盘旋，连声鸣叫。

老师：带着你的感受读读这一句。

老师：这一句是对海鸥的什么描写？

学生：动作描写。

老师：如果此时你就是其中的一只海鸥，你想说些什么？

学生1：老爷爷呀，您几十年如一日地喂养着我们，您就像亲人一样照顾着我们，这浓浓的爱，我们永远也忘不了。

学生2：老爷爷，我想您！

学生3：老爷爷，您怎么了，我饿了，您怎么没给我带好吃的来呀？

老师：这是一只懂得感激的海鸥。

学生：爷爷啊，您为我们付出了这么多，还陪伴我们度过了十多年的岁月，我爱你！

学生：啊，老爷爷，您十多年来如一日地陪伴着我们，您今天为什么一动不动呢？您说一句话好吗？

老师：你还找到什么句子？

学生：海鸥们急速扇动翅膀，轮流飞到老人遗像前的空中，像是前来瞻仰遗容的亲属。（出示句子）

老师：从这句话中你读懂了什么呢？

学生：海鸥也像人一样，有着和人一样的情感。

老师：瞻仰是什么意思？你从这个词体会到什么？

学生1：瞻仰是怀着严肃而崇敬的心情看。

学生2：我体会到海鸥对老人的敬仰，对老人的爱。

老师：你还找到了什么意想不到的举动呢？

学生：过了一会儿，海鸥纷纷落地，竟在老人遗像前站成两行。它们肃立不动，像是为老人守灵的白翼天使。（出示句子）

老师：假如你是其中的一只海鸥，你想对老人说些什么？

学生：老人啊，您怎么了，您怎么一动不动了，你慈祥的笑容在哪里？

学生2：多么可亲的老人，您像我的爷爷一样疼爱我，如今您是怎么了？我心里好难受呀！

老师：还找到了哪一句？

学生：海鸥们像炸了营似的朝遗像扑过来。它们大声鸣叫着，翅膀扑得那样近，我们好不容易才从这片飞动的白色旋涡中脱出身来。（出示句子）

老师：从这句话中你读懂了什么？

学生：我读懂了海鸥心里很着急，不想让我们带走老人的遗像。

老师：你是抓住哪个词体会到的？

学生：扑。

老师："扑"字能否换成"飞"字，为什么？

学生1："扑"字写出了海鸥心里很着急、悲痛、无奈。

学生2：没有"扑"字就体现不出海鸥焦急、悲痛的心情。

学生3："扑"字更拼命，更突出海鸥的着急，用力去阻拦。

老师：旋涡是什么意思？这里指什么？写出了什么？

学生1：旋涡是水流旋转时形成的螺旋形。写出了海鸥数量多。

学生2：写出了海鸥这惊人之举，它们是多么舍不得离开老人。

老师1：假如你是独脚、公主，你会说些什么？

学生1：爷爷，爷爷，我是独脚，请您不要离开我。

学生2：你们不能把我老爷爷带走，让我再看一眼吧！我们不想离开他。

学生3：我会大声鸣叫，你们不要带他走，让他永远待在我们身边。

老师：千言万语就是想留住老人的遗像，因为它们知道从今以后再也听不到老人的声音，看不到老人的身影。文章不是无情物，字字句句总关情。我们一起来朗读这些句子。

师生合作朗读。

2. 悟法——回归整体，感悟写法

老师：请同学们快速浏览全文，想想文章为什么会写得这么生动感人，是抓住什么来写的。

学生1：抓住老人与海鸥的最精彩片段。

学生2：抓住老人与海鸥的动作、语言、外貌描写。

3. 运用——读写迁移，小练笔

老师：课文的第18自然段是什么？

学生：是省略号。

老师：原来文章可以这样写，省去了什么呢？展开你的想象，试着通过海鸥的动作描写再表现海鸥的依依不舍。

学生：工作人员把老人的遗像轻轻地移开准备移走，海鸥们好像知道了什么，一下子腾空飞了起来，所有的翅膀在空中上下扇动着，像翻滚的白色浪花，一边飞舞一边鸣叫着，好像是在呼唤着老人，请求他留下来……

学生：工作人员正要移走老人的遗像，海鸥们像炸了锅似的鸣叫起来，有几只海鸥落在遗像的上方张着嘴大声叫着，工作人员用尽办法也挥之不去，它们与工作人员对峙着，一刻也不肯离开，生怕工作人员带走它们的亲人……

学生：望着放在汽车上渐渐远去的老人的遗像，折腾得有些疲倦的海鸥们在空中飞啊飞啊……叫啊叫啊……那鸣叫的声音寄托着无限的哀思，那飞舞的翅膀化作天边的云……

……

老师：大家写出的都是感人的一幕幕，但为什么作者用简单的省略号表达？

学生：让人回味，写不完道不尽，不忍心写了。

学生：此时，这个省略号是无声胜有声。这个省略号似乎化作了美好回忆的画面，两行热泪……

老师：现在请你们模仿这课的写法写一写你们与动物之间的故事，撷取其中最精彩或最温馨的一个片段来写。

学生写，老师巡视。

4. 布置作业，延伸课外

（1）阅读课本第 168 页选读课文《军犬黑子》，与本课对比在内容和写法上的异同。

（2）搜集并阅读人和动物之间的真情故事，积累生动感人的句段。

（3）选读一篇最打动你的描写人和动物之间深厚感情的文章，写一篇读后感。

不难看出语文教学是通过语言实践来培养学生掌握和运用语言的特殊活动。学生语言运用等语文能力的形成，主要靠语言实践。教学过程应该经历了"阅读理解—领悟方法—尝试运用—独立运用"。依此经常练习，就能逐步掌握"语言文字运用"的奥秘，形成"语言运用"

的表达技能。

"运用"语言文字：一是能正确、规范地运用，二是能有方法、有创意地运用。

教学中创设语言运用情境，尝试运用。理解内容—领悟表达方法—再创境激趣—尝试运用。通过尝试运用，实现在学习语言文字运用的过程中得言又得意的目的，同时又通过尝试运用，加深对文章内容和情感的深入理解、体验和感悟，体现了"工具性与人文性统一"的语文课程特点。教学中领悟语言表达方法，一篇课文会有多种写作方法，我们在引导学生阅读课文时，引领学生认真揣摩作者的写作方法，**体会作者是如何遣词造句、布局谋篇的，又是如何表达真情实感的，从中感悟出值得学习和借鉴的写作方法**，教学中落实学生学习语言表达的方法。

要引导学生学会语言文字运用，首先应引领学生通过阅读理解，领悟和挖掘出语言表达的方法，再重点训练语言运用能力，然后进行方法迁移运用，学生可逐步学会表达。只有坚持学习阅读和运用语言同步走，并着力于语言文字运用，久而久之，方能驾驭文字。我们也是一边琢磨一边学习先进的做法，特级教师管建刚老师的一节案例引起了我的思考。

管建刚老师在《水》的课堂中有这样的一个片段：

老师：多音字，大家都读准了。课文读得怎么样？请你找一个能代表你们班朗读水平的女生。

（找了女生，女生读第一节。）

老师：读得真好，就该这么读。一起读，看大家的齐读水平。

（学生齐读）

老师：有一句话，你们读得特别好："水，成了村子里最珍贵的东西"。

（找一学生读，学生注意了逗号。老师读，没有逗号的停顿。）

引起学生注意体会水的珍贵。

老师：有逗号、没逗号，基本意思一样，那么不一样在哪里？

学生：不一样，有了逗号，突出了"水"，"水"的珍贵。

老师：吹牛，你读给我听听看。

（学生读，"水"重音，停顿。）

老师：是不一样，你不是吹牛。——同学们，10公里，走要2个多小时。一个来回要多久？

学生：4个多小时。

老师：挑一担水回家，光走，大约要4个半小时。并且，还要排队啊。

学生：排队1小时，那就是5个半小时。

> 学生真正体会到水的珍贵，解读之细致。

老师：去的时候，挑空的水桶，忽略不计。回来，肩上一担水，好几十斤啊。5个半小时，能到吗？

学生：到不了，至少要6个小时。

老师：怕6个小时也走不到家。缺水到如此程度，于是，作者说——"水，成了村子里最珍贵的东西"。

一个逗号竟然有这么多内容涵盖在里面。①阅读读什么？②学生通过阅读学什么？③这一片段，教给了孩子们怎样读书，怎样思考。④怎样用标点？怎样表达感情？读与写浑然一体。管老师能做到这一点，来自于老师解读文本的功力。显然，引导一线教师提高解读透文本功力势在必行。

再次，落实"学会运用语言文字"，突出读写的关键以及教师的解读力。

"问渠那得清如许，为有源头活水来"，解读文本，破解语言表达的艺术密码正是学习语言运用的源头活水。**想让学生学到，教师必先得到**。管老师一个"逗号"的教学能做到读写浑然一体，它来自于管老师解读文本的功力。我觉得解读透文本，才能用文本，才能解决用教材教，才能落实教什么的内容。想让学生学到，教师必先得到，怎样解读，有没有方法呢？这又是我思考并实践的内容。

先从解读教材上看；一篇文章会有很多语言表达的方法，教师要依据课文表达的突出特色和学生学情进行认真的筛选，选出最适合学生学习的语言表达方法。然后在课堂教学中积极引导学生破解课文语言表达的艺术密码，引领学生总结、领悟语言表达的独特方法。

还以管老师的课例片段为例。

老师：大家都预习了吧？

学生：嗯。

老师：考考你们，预习得怎样。第一问，文中村子的人，吃水要去一个地方挑水，这个地方离村子多远？

学生：10公里。

老师：一个人一小时走4.5公里，10公里大概要走多长时间？

学生：大概要走2个多小时。

老师：第二问，对村子里的人们来讲，什么样的日子，像过节一样美好？

学生：下雨天。

老师：第三问，大热天，"我们"四兄弟渴死了。母亲没有用"渴"，而用了另一字，什么字？

学生：饿。

> 课文中描述村中人取水只是一句话："记得那时候我们一个村子的人吃水，都要到10公里之外的一处泉眼里去挑，经常要排上一个小时的长队，才可以挑上一担回家。"但是管老师引领学生算了一笔账，挑水的地方离村子10公里，一个人1小时走4.5公里，10公里大概要走2个多小时；去了要回，来回要4个多小时。挑一担水回家，光走，大约要4个半小时，并且，还要排队啊。排队一小时，那就是5个半小时。去的时候，挑空的水桶，忽略不计；回来，肩上一担水，好几十斤啊。5个半小时，能到吗？到不了，至少要6个小时。

怕6个小时也走不到家。缺水到如此程度。只一句话的课文，管

老师能解读得合情合理，这样深刻，学生在他的引领下怎能不理解"水，成了村子里最珍贵的东西"。显然教师引领学生走向文本，首先教师自身要具备解读文本的功力。

一直以来，我坚持对教师尤其是对实验教师进行解读文本的培训，我总结出解读文本的方法策略：

1. 文本解读前明晰整体目标、学段目标。

2. 解读整本教材所处地位。

3. 解读单元导读。

4. 解读园地综合内容。

5. 解读文本课后习题。

6. 解读课文插图相关标示。

7. 解读文本相应的信息。

8. 文本细读。(作者、文本内人物、教材编写者)

9. 不可忽略的一点是解读文本从学生视角去读。

教师解读文本需要细心，需要与作者对话，与文本内容、文本里的人物对话，还要从学生的视角与文本交流，这样才能合理地圈定语言训练点，设定能力培养点。

例如：一年级课文《小小竹排画中游》，孩子们的认知就以为竹排就是在画中游。针对低段学生的特点，能把抽象的词句变成直观形象的便于学生理解的语言，教师就需要深入地解读文本。老版课程标准实验教科书一年级上册《我多想去看看》课文是这样的：

> 我多想去看看
> "妈妈告诉我，
> 沿着弯弯的小路，
> 能走出大山，
> 遥远的北京城，
> 有一座天安门，
> 广场上升旗仪式非常壮观。
> 我对妈妈说。

我多想去看看，

我多想去看看。"

课文里"**壮观**"一词成人解释应该是"雄奇伟观的事物或风景——景象雄伟。"汉司马相如《封禅文》曰："故圣王不替，而修礼地祇，谒款天神，勒功中岳，以章至尊，舒盛德，发号荣，受厚福，以浸黎元，皇皇哉,此天下之壮观,王者之卒业,不可贬也。"北魏郦道元《水经注·济水》："葰丘陵之逦迤，亚五岳之嵯峨，言壮观也。"宋蔡條《铁围山丛谈》卷四："上元五夜，马行南北几十里，夹道药肆，盖多国医，咸巨富，声伎非常，烧灯尤壮观。"

然而，这些内容只有教师心知肚明。对于小学生尤其是一年级学生而言很抽象，抽出单个词语学习不是好办法，不符合学生的认知规律，化解这类抽象词语有效利用课文的插图会起到很好的效果。因此，我在课堂上，让学生观察插图，引领学生们看图并发现图上有很多人，朝着一个方向看，想着一个事情，都那么认真，那么专注，还有国旗班的战士们，整齐的服装，整齐的姿势面向国旗，人们没有说话，做的是一件事，这么多人都在屏着气息观看升旗，这样的场面就是"**壮观**"。学生看看、说说、读读，感受这么美丽的壮观的景象，自然体会到小作者为何由衷地感叹"我多想去看看"。学生与作者的心拉近了，"**壮观**"一词由抽象转为直观，为学生有效地运用打下了基础。

人教出版社新课程标准实验教科书二年级上册《从现在开始》一课是一篇童话，故事讲了狮子大王要选"**万兽之王**"，让动物们轮流当。猫头鹰第一个上任。"他想到自己成了'**万兽之王**'，神气极了，立即下令：'**从现在开始……**'""**神气**"一词的理解就需要借助于插图来完成。作为教师首先想到，用这个童话故事教给孩子们什么，这个童话故事可以教给孩子们什么，选定内容过程中解读文本，解读学生的认知，然后去思考教学策略。

仅以低段为例，我在解读文本时注意以下几点：

①细读文本，通过想象还原文本。

想象还原情景能全身心地与文本接触，读透文本，也就是叶圣陶说的"潜心会文""切己体察""虚心涵咏"。《我为你骄傲》中这样描写小男孩和伙伴们忘我地投石子玩耍："我们看着石头像子弹一样射出，又像流星一样从天而降，觉得很开心，很有趣。"在解读文本时，我努力地想象当时的情景：一个小男孩投完后看到好玩的情形，大家都纷纷效仿，石子纷纷射向房顶，又纷纷像流星一样落下，石子投上落下的声音，快速滑下的样子，贪玩的孩子们的淘气样，一股脑地浮现在我的头脑中；这样，在指导学生进入人物内心有感情地朗读时才能点拨到位；再如"我们听到玻璃破碎的声音，就像兔子一样飞快地逃走了。"这一句话，解读时我想：当时的小伙伴们一定是吓坏了，什么都不顾了，生怕被追上，甚至我都感到了他们的心都快蹦出来的惶恐，有了这样的解读，就会引导学生读出当时的情形了。

②细读文本，捕捉重点语句想开去。

实现读者与作品中人物的近距离接触，也就不是浅尝辄止地读。还以这课为例，小男孩因为贪玩闯了祸，因为闯了祸而害怕，因为知错而内疚自责，从而决心补偿过错，作者写他卖报纸攒钱补过的过程没有细写，但有一句话值得细细思考："三个星期过去了，我已经攒了7美元。"读到这句时我想了很多：三个星期是多少天？一张报纸多少钱？得卖多少张报纸才赚够7美元？小男孩上学怎么办？风雨天或生病了……怎么办？当看到小伙伴手中的漂亮玩具想买不能买怎么办？等等的不确定因素和诱惑，小男孩是怎样应对呢？这些想法让我深入地了解了小男孩，成了他的知心朋友，小男孩的形象逐渐变得高大清晰起来了。

③细读文本，发掘空白从而读厚文本。

本课中的空白处很多，给了我们很大的思考空间，如：小男孩在便条上对老奶奶说了什么？老奶奶看到便条会怎么想呢？老奶奶说"我为你骄傲"是什么意思？……这些解读到位才能更好地明确教学目标，进行教学设计。

④细读文本，从学生的视角来审视文本。

就本课而言，体会小男孩的心理变化过程是难点，理解老奶奶的"我为你骄傲"是疑点。学生对小男孩的心理变化很难注意到，他们可能注意到一些词语，比如"不自在"，可能浅显地体会到诚实或者知错就改，想不到深层的"敢于承担责任"这一做人最值得称道的品质。如果学生上课前想到这些，就会为以学定教，顺学而导做好准备。

我们梳理了解读文本细节还有很多。如，解读人物内心，解读句式表达，解读提示语的用法，解读标点的使用策略，解读故事的顺序……

提高教师解读功力不能只见树木不见森林，作为教研员的我，在对教师进行培训过程中引导教师放开视野，涉猎大语文的深度与广度。引领教师们观看无字绘本之书，观看好的视频资料，引领教师们有思想地去做语文教育工作。绘本故事《流浪狗之歌》引起了老师们的关注，尝试进行绘本教学有了兴趣，正在进行语言文字训练。

学生的作品：

流浪狗之歌

杜家地小学　　刘妍

我是一条流浪狗。我永远也忘不了那一天：我正和主人坐在温暖的面包车里美美地吃着早餐。忽然，心情不佳的主人一把把我抱起，无情地从车子里扔了出去。"啪！"我在地上打了几个滚，尖利的石头把我划伤，我只好眼睁睁地看着主人绝尘而去……

从此，我就在大街上游荡着，我无辜地在街上流浪，天真的眼睛变得暗淡无光。我无力地行走在街上，路边烤鸭店的香味诱人，迎面走来一个吃着棉花糖牵着妈妈手的小女孩，想起我从未见过的妈妈，想起曾经我把他们视若父母到最后却把我赶出家门的主人。世界这么大，可是没有一块属于我。每当想起家里的红饭碗，我实在想不明白：为什么，我到底做错了什么？为什么？为什么主人要把我抛弃？"汪，汪，汪……"我悲伤地呜咽着。我只好每天向别人讨饭，可是，换来的并不是丰盛的食物，而是狠狠的咒骂。有一个男人还朝我用力地踢了一脚，顿时，鲜血从身体里涌出。雨水"哗啦啦"地落着，我受到同类的欺负，受到人类的嘲笑，我的双眼被雨水覆盖了，我悲伤地哭着，把自己所有的委屈，所有的愤怒，所有的悲伤都一一倾吐出来……

我每天只能靠剩菜和剩饭为食，可我每天都在马路上静静地等待着，期盼着主人的到来。每次看见一辆车子，我都会忘记以前的痛苦和悲伤！啊，我是多么地想念我的主人。于是，我立刻飞快地扑上去，想看看这是不是自己的主人。我狂奔着，大吼着，但是每次我都是失望地看着车子而去！我又会重复以前的悲痛：啊，主人，我哪里做错了？为何抛弃我？有一次，我就要追上一辆车了，我高兴得要命，但是司机毫不留情地一巴掌把我打得个晕头转向，锋利的石头把我绊倒在地上，啊！我真是不明白，人类竟是那么的冷酷，那么的无情……

真是功夫不负有心人，终于有一天，我瞪大眼睛在马路上看到主人的车子，我快活地叫唤着："汪汪汪！汪汪汪！"于是我立刻迈起大步，疯狂地跑了起来，只听见耳边呼呼的风声。我急切地呼唤着主人，可是车子仍然在飞驰着……我从美丽的朝霞追到了灿烂的晚霞，向北边追了一天的路，可主人仍然没有回心转意接纳我……随着一阵急刹声，主人的车子和对面的车子相撞了，我顿时呆若木鸡，"主人，呜……不要离开我，呜……"不一会儿，两辆救护车来了，我急忙飞奔而去，只看到几辆洁白的车子和混乱、慌张的人群。我悲痛地离开了那条血淋淋的马路，永远地离开了自己那个亲爱的主人。我真正地从一只忠诚老实的狗变成了一只无家可归的流浪狗……

"为什么，为什么，我害了我自己亲爱的主人啊，我怎么可能！汪汪汪，呜呜呜……"我仰天长吼。从此，我以剩菜和剩饭为食，每天看着朝阳上升，直到夕阳下山，每天睡觉时我的眼里都噙着泪花自责：我再也见不到那因我而死的主人了。每当我看到别人吃那香喷喷的骨头，我自己暗暗悲伤。上天，为什么我的命运那么悲惨……我静静地蹲在那里，没有一个人来同情、安慰我。一天，两天，三天，一个月……我找到希望了，终于有一个贫穷的小男孩收养了我，从此，我在男孩家住下了，体会到了家的温暖，感到这个世界还是光明的……但是，我仍然想着以前那个把我养大的主人。主人，等着我，你在天堂里等着我吧，我以后在天堂里一定会找到你的……

从次，落实"学习语言文字运用"突出读写需解放思想。

《义务教育语文课程标准》（2011 版）指出："语文课程是一门学习语言文字运用的综合性、实践性课程。义务教育阶段的语文课程，应使学生初步学会运用祖国语言文字进行交流沟通，吸收古今中外优秀文化，提高思想文化修养，促进自身精神成长。工具性与人文性的统一，是语文课程的基本特点。"显然，落实"学习语言文字运用"不可透过一两节课例认识窄化成为纯粹地学习语文知识；或者是淡化理解内容的过程单纯地进行表达训练，更不是简单的语文教学中的"读写结合"。

2011 年修订版"课标"在"前言"部分有这样一段表述："语言文字是人类最重要的交际工具和信息载体，是人类文化的重要组成部分。语言文字的运用包括生活、工作和学习中的听说读写活动以及文学活动，存在于人类生活的各个领域。"由此看来，"学习语言文字运用"存在于语文教学的各个环节和听说读写活动的各个方面，应拓展到语文学习的各个领域，关键是要始终围绕与关注"学习语言文字运用"这一核心任务，瞄准并突出"学习语言文字运用"这一目标。

比如，教学过程指导学生复述课文是在落实这一目标；课上朗读与背诵，丰富学生语言的积累是在落实这一目标；引导学生学习生字新词，理解字词大意也是在落实这一目标；阅读教学中用心品味语言文字、感悟语言的表达效果以及语感的体验是落实这一目标；作文教学中对教师教会如何习作或欣赏佳作，并能对习作进行简单的评价或修改等也是对这一目标的落实；口语交际中要求学生语言准确，声音洪亮，表达清晰有条理，语气情感要得体；综合性学习活动中，教师的评价和同学之间的互评以及学生对语言文字的了解与运用等等同样都是在落实"学习语言文字运用"这一目标……

最后，落实"学习语言文字运用"的重点是成体系地训练。

有时，我们的想法束缚了我们的行为。其实，我们的课堂关注的无非是教学与质量的衔接，我们想寻求一个通过课堂教学服务于我们的考试质量的办法或策略，如果我们的教学成体系、有规律、有方向，课堂应该是开放而有活力的课堂，一定不是死气沉沉的应试课堂。**因此，课内读写策略成体系地进行。势在必行。**

（三）整合读写策略——分学段落实

1. 低段读写体现学生特点

我们知道，低段的学生直观形象思维占主导地位，课内进行语文教学低段渗透读写需做到以下几点：

（1）在朗读中整合读写

低段教学可以说读占"鳌"头，它离不开引导学生朗读，有感情地朗读。在引导朗读中学生由读音不准到读音准；由读得不通不顺，到读通读顺；由读得不熟到读熟；由没有感情到有感情地读，通过一系列的学习朗读过程，学生识字、学词、学句理解句子意思，达到熟读成诵。例如：二年级《我为你骄傲》一课一段朗读指导，我是这样做的。

我从文本入手，用儿童般的语言点拨、激励学生，使学生与所学知识产生共鸣，学生会产生学习兴趣。课堂上教师的机智，恰到好处的点拨，创设情境地引领学生读悟，都能促使学生更快地深入感受文本的内涵。提高课堂的实效性。在指导读句子"我们听到玻璃破碎的声音，就像兔子一样飞快地逃走了"时，点拨语言不同，产生的效果就不一样。

一位教师是这样指导的，请看课堂实录1：

老师：孩子们，我们读读这句话。这是个什么句子？

学生：比喻句。

老师：是把谁比成谁了？

学生：把小男孩比成兔子了。

老师：你能说一句这样的话吗？什么像什么。

我是这样做的，请看课堂实录2：

老师：孩子们，我们读读这句话，

学生读。

老师：明明是小男孩们在跑，怎么说是兔子呢？

学生：那是在打比方。

老师：那怎么是兔子，不是别的动物？

学生：因为兔子跑得快。

老师：兔子为什么跑那么快？

学生：被猎人追赶的。

学生：被老虎追的。

老师：看来兔子现在很……

学生：害怕

学生：很心慌。

老师：噢，也就是说小男孩现在……

学生：害怕得像兔子一样。

老师：读读吧，不要光在心里害怕，要让我们听出你害怕得不得了。

一学生读后。

老师：孩子们，听出害怕了吗？

老师：要想读好就要边读边想画面，把自己想成是小男孩就读好了，试试吧。

学生练读，再指读。

老师：真正地读好了，你以后也就会写比喻句了。

老师：我们也来练习练习说说这样的句子吧……

　　显然，课堂实录 1 只是单纯的句子训练。课堂实录 2 教师的语言来自学生的心声，"明明是……"这不就是学生在问吗？接下来的师生互动对话，就是学生与自己的伙伴在对话。短短的一段对话，进行了四个方面的训练，第一是比喻句子的训练，教师看似无意，实是有意地引导孩子弄明白怎样比喻更确切；第二是句子情感的体会自然深入，学生轻松地体会到小男孩惶恐的心理；第三是渗透了有感情朗读的方法，如教师的"要想读好边读边想象画面……就读好了"；第四是学生读悟结合，不是为了读而读的指导读。既指导了读，又进行了感悟，男孩极度惶恐的心态自然体现，学生练习说比喻句水到渠成。

教师和学生投入的精力和时间少，而学生的收获却很多，体现了指导的有效，实现了课堂的实效。教师的引导、点拨是真实的，是来自学生内心的，也是和文本交融的。这样的训练是朴实的、扎实的、真实的。这样的儿童语言是学生喜欢的。

《纸船和风筝》一课片段实录：

指导朗读第2、5自然段：

小熊拿起纸船一看，乐坏了。纸船里放着一个松果，松果上挂着一张纸条，上面写着："祝你快乐！"

老师：孩子们读这句话，再看看图，小熊乐坏了是什么样子的？

学生：小熊张着大大的嘴巴，挥着手抬着脚。

学生：眯着眼，眼眉都弯了。

老师：是啊，小熊乐坏了，请同学们再读读让老师听出你乐坏了。

再指导读"祝你幸福"……

松鼠一把抓住风筝的线一看，也乐坏了。风筝上挂着一个草莓，风筝的翅膀上写着："祝你幸福！"

老师：孩子们再读这句话，再看看图，松鼠乐坏了是什么样子的？

学生：松鼠嘴巴张得大大的。

学生：尾巴翘得高高的。

学生：眼睛笑弯了。

老师：是啊，松鼠也乐坏了，小松鼠们不要在心里乐，再让老师们听听你乐坏了。

老师：两个好朋友就这样互相关心互相祝福着。

老师：引读，小熊祝你快乐！小松鼠祝你幸福！

学生：祝你快乐！祝你幸福！

老师：我们也是好朋友，我们也该……

学生：互相祝福。

老师：老师祝同学们快乐！

学生：祝老师幸福！

老师：看，收到祝福、送出祝福都是快乐的、幸福的！我们感受到了快乐幸福，还要会写这几个字呢，现在跟老师学写字吧！

指导书写："祝、幸、福"

这段实录就是通过指导有感情朗读中训练了学生说写，训练不留痕迹。

（2）理解记忆中整合读写

低段的孩子形象记忆占主导地位，抽象思维没有形成，低段的课文，低幼儿童读物都是朗朗上口便于学生读背的极好教材，我们以《秋天的图画》为例，课文很短，语言色彩明艳，真像一幅秋天的图画。

如："梨树挂起金黄的灯笼，苹果露出红红的脸颊，稻海翻起金色的波浪，高粱举起燃烧的火把。"

这样的句子就是美丽的画面，学生爱读。可是，作为二年级学生，如果不是农村孩子，很难理解这里的"灯笼"指的是金黄色的"梨"，很难想象"稻海"那金色的"波浪"，"高粱"是什么样，"火把"又是什么样，哪些地方相像。这些都是难点，让孩子记忆这些美美的句子，需要在读中理解，记忆才会长久。

理解这些词句需要图片或影视做辅助，借助于辅助内容让学生理解各词语的含义。

我的片段实录：

老师：孩子们都来读读这句话，自己读好后给同桌读一读，请同桌评一评。

学生读句子，同桌互读互评。

老师：谁能给大家读一读。

学生读、互评，读正确，读流利。

老师：想知道这句话的意思吗？来，让我们看看这几幅图，你一定有所发现。

（同时出示四幅图片：红红的高粱地、结满梨子的树、成熟的被风吹翻的稻海、硕果累累的苹果树）

学生：我发现了梨树上的黄梨。

学生：我发现了苹果树上的苹果。

学生：我发现了稻田，还有红高粱。

……

老师：好啊！真能干，那再读这句话，你一定知道很多了。别着急，读完后把你知道的内容跟同桌说说。

学生：自读、互说。

老师：把你知道的分享给大家吧！

学生：梨树上的灯笼就是黄梨。

学生：稻海被风一吹就像海浪。

学生：高粱红红的像人举着的火把。

……

老师：还真懂了，了不起呀！

老师：不过老师还想让大家读一读，这次要注意带点的词语。

"梨树挂起金黄的灯笼，苹果露出红红的脸颊，稻海翻起金色的波浪，高粱举起燃烧的火把。"

老师：老师把带点的词语换了位置你觉得可以吗？为什么？

"梨树**挂起**金黄的灯笼，苹果**露出**红红的脸颊，稻海**翻起**金色的波浪，高粱**举起**燃烧的火把。"

学生自读，互相交流。

学生：梨子的把儿是在上面的，所以它要挂在那里。

学生：高粱的把儿在下面，像人举起一样，应该是"举起"。

学生：苹果多，都挨着，叶子遮住脸。

学生：……

老师：看来这句话你们一定背诵下来了，谁来背一下？

学生背诵。

老师：我们试试看选择一个带点的词说句话吧！

……

以上实录，不难看出，老师借助于图片让学生通过直观形象对抽象的、陌生的词语进行了理解，学生在反复读、比较中由易到难理解了句子的意思，把抽象的动词变得浅显起来，学生记忆水到渠成，不仅如此，学生积累了词汇，还尝试运用。

（3）在观察中整合读写

低段学生思维特点决定了选择教学方法要符合他们的年段特点，也决定了低段儿童的读物多数配有插图，为学生读懂内容做辅助。学生通过观察图片获得信息，领会词句含义，教师善于运用书中的插图引导学生观察，是引导学生学词学句极好的办法。

《从现在开始》一文，狮子选"万兽之王"时，让所有的动物轮流做一回"万兽之王"，然后再确定人选，第一个上场的是猫头鹰。课文里配有插图：只见猫头鹰鼓着腮、瞪着眼、挺着胸、昂着头、翅膀使劲地伸着，好像向前扇啊扇啊的，这就是"神气"的样子。

课文的句子这样描述的：

"第一个上任的是猫头鹰。他想到自己成了"万兽之王"，神气极了，立刻下令……"

指导学生读到这一句时，为了体会"神气"一词教师就让学生观察图片，观察猫头鹰的神情动作。让孩子们观察一下猫头鹰的眼睛、腮、胸脯、翅膀、嘴巴，它在干什么。

说"神气"的样子，就是人物神情的描写。

学学它的样子，体会这就是"神气"。

读出"神气"的样子。

再用"神气"说句子，现实生活中你见过谁这样神气过，你有过这样的情况吗？

整个观察和读文的过程就是读写整合的过程，学生通过图片上的信息理解了词语的意思，并进行了内化，学生积累了词语并尝试了练习。

（4）在想象中整合读写

"想象力比知识更重要"，"想象是人在脑子中凭借记忆所提供的材料进行加工，从而产生新的形象的心理过程。也就是人们将过去经验中已形成的一些暂时联系进行新的结合。它是人类特有的对客观世界的一种反映形式。它能突破时间和空间的束缚，达到'思接千载''神通万里'的境域。"低段培养学生边读边想象画面，需要一个过程，但它是很好的读书方法，在低段引导学生通过想象理解语言文字是学生内化语言的极好办法。正确的引导很重要。

二年级下册《雷雨》一文写了雷雨前、雷雨中、雷雨后的景色，引导学生一边读一边想象景色是理解语句的好方法。如："满天的乌云。黑沉沉地压下来"。引导学生体会那"满天乌云"是什么样子的，联系生活说说，"黑沉沉"又是什么样子，想象一下，你的心情怎么样，把你的感受读出来，学生积累词句记忆长久储存。

2. 中段读写关注学生思维

（1）抓关键词中整合读写

《义务教育语文课程标准》指出，中年级段的学生在阅读部分应达到能联系上下文，理解词句的意思，体会课文中关键词句表达情意的作用。能借助字典、词典和生活积累，理解生词的意义。在写作部分是"乐于书面表达，增强习作的自信心，愿意与他人分享习作的快乐。尝试在习作中运用自己平时积累的语言材料，特别是有新鲜感的词句。"通常情况下，一篇课文的一个或几个关键词能够串联全篇的主要内容，体现一篇文章的中心概念。所以，学会抓关键词是帮助学生深入理解文本的有效途径和重要方法。抓关键词理解课文是阅读教学的重点，理解关键词的"关键"也是习作教学的重点。抓关键词是学生学习读写的关键所在。

中年级在阅读中培养学生乐于书面表达是重点也是难点，抓关键词是读写关键。在确定单元训练主题时结合文本表达方法和写作特点有意往抓关键词的训练方面靠拢。人教社课程标准实验教科书三年级上册第八单元，以人文爱他人为主题的四篇课文（《掌声》《一次成功的试验》《给予树》《好汉查理》）就可以学习抓关键词语为训练主题。在阐述确立课时目标时曾以《掌声》一课为例，《掌声》里的关键词从"忧郁"到"不再忧郁"，把同学们的掌声带给英子的变化一下子表现了出来，学生理解了"忧郁"的含义，对英子上台演讲时的"犹豫"进行了理解，体会了词语表情达意方面的作用，学生用"犹豫""忧郁"词语时准确无误。同样，《一次成功的试验》一个"不假思索"关键词语的理解，小女孩关爱他人的可爱形象跃然纸上；《给予树》里的"沉默不语"一词把金吉娅因给给予树的小女孩买了礼物，却没有给亲人们买像样的礼物而难过时的善良仁爱凸显出来，突出了中心。接下来在其他的单元训练里延续抓关键词句体会中心思想。当然，还要借助于文本让学生体会关键词的作用，同时引导学生联系上下文把握词语的含义，再将词语回归到具体的语言环境中去领会、感悟，以此达到理解课文内容，体会思想情感的目标。

中段学生抓关键词，说起来容易，但学生真正学会去找关键词需要一个过程，因此教学时，了解学情，精心设计很重要，使学生通过某个词语能够体会出词语表情达意的作用，首先帮助学生会寻找重点词语，我们根据不同类型的文章对学生进行不同的训练，让学生发现或寻找到相关的重点词语。鼓励学生自己找重点词语，教师加以点评，学生逐步理解哪些是关键词，哪些不是。逐步培养学生借助关键词语来揣摩语句或段落的主要思想，领会文章表达的情感。实验教师张淑丽执教的《纪昌学射》在赤峰市素养大赛中获得一等奖，以下是我们的设计。

教学目标：

1. 正确读写本课生词。

2. 有感情地朗读课文。联系有关语句，感受人物的心理。

3. 通过学习课文，使学生懂得学会本领都要从练好基本功开始。

教学重点：整体把握课文主要内容，结合重点词句，体会人物的心理，理解寓言的寓意。

教学流程：

一、导入新课，齐读课题

注意"纪"（jǐ）的读音。

二、整体读文，完成学习单（一）

学习单（一）

1. 我会看拼音写词语。

　qī　　　　cì　　　　bǎng　　　　chāng

（　）子　针（　）　（　）住　纪（　）学射

bǎi fā bǎi zhòng

（　　　　　）

2. 我会梳理文章主要内容。

《纪昌学射》讲述了_____拜飞卫为师学习_____，飞卫告诉他先要下功夫练_____，一是_____；二是_____。纪昌一一照做。等练好了眼力，飞卫才开始教他_____。后来，纪昌成了百发百中的射箭能手。

3. 知道了每一段讲了什么，然后把每一段的内容连起来，就是课文的主要内容。

三、浏览课文，梳理疑问

飞卫为什么不先教纪昌学射，而先让他练习眼力？

四、品读、感悟第 2 自然段

1. 学生自主学习，画出感受深的句子，做批注。

2. 全班交流汇报。

引导学生通过对重点词句的理解，感受人物的心理，指导有感情地朗读。体会纪昌练眼力时的认真、刻苦、有毅力。

（1）飞卫的要求。

（2）纪昌是怎样练习的。

抓住"躺""睁大""注视"几个词语，体会纪昌练习的刻苦、认真。

（3）练习的结果。

通过"两年以后"一语，体会纪昌的持之以恒。读出夸张的语气。

五、总结学法

紧扣词语　展开想象　读出情感

六、结合学法提示，自主学习第 3 自然段

1. 学生自主学习。

2. 小组交流。

3. 全班汇报。

抓住"聚精会神"等词语体会纪昌的恒心和毅力。

七、总结全文，阐明寓意

1. 解决疑问，体会纪昌学射成功的原因。

练习眼力和学习射箭有什么关系？（练习眼力是学射的基本功）

2. 点拨提升，阐明本文的寓意。

你明白了什么道理？指定学生说。

小结：不论学习什么技艺，都要从学习这门技艺的基本功入手，还要认真、刻苦、持之以恒。

八、拓展延伸，阅读链接（学习单二）

1. 导读：纪昌正是因为凭借自己的认真、刻苦和持之以恒，加上飞卫这位名师的指点，练就了扎实的基本功，最后成了百发百中的射箭能手。（板书"百发百中"）

我们知道纪昌的老师飞卫有着百步开外能射穿杨柳叶片的本领，而纪昌更是"青出于蓝胜于蓝"，他的射箭本领到底有多神呢？读完"纪昌贯虱"这个故事你就知道了。

2. 学生完成学习单（二）。

学法提示：

认真读第 2 自然段，飞卫是怎样说的，纪昌又是怎样做的？联系上下文，抓住重点词句，体会人物的心理，并说出你的理由。

纪昌贯虱

纪昌用竹篾做弓，蚕丝当弦，绣花针为箭，看准虱子射过去，发现针穿透了虱子的身体，而绑虱子的头发丝却没有断。

注："竹篾"是指成条的薄竹片，在本文指非常细小的竹丝。

3. 学生汇报自己的感受。

九、作业

1. 练习复述故事。

2. 推荐学生读《列子·汤问》中的其他寓言故事。

板书设计：

29、纪昌学射

专心、决心、恒心

百发百中

张老师的这节《纪昌学射》就是抓住了纪昌学习时刻苦练习的动作神情的关键词语——"躺""睁大""注视""聚精会神"，来体会纪昌的成功在于苦练基本功，才有了后来的射箭能手。

（2）积累语言中整合读写

叶圣陶先生曾经说过："阅读是吸收，写作是倾吐，倾吐是否完全符合法度，显然与吸收有密切的关系。"阅读教学中读写结合，不仅可以提高学生的阅读兴趣，还有助于提升学生的写作水平。在阅读教学中捕捉写的训练点，从而提高学生的语言运用能力。

有一种说法是"厚积言有物"。没有丰富的词语积累就言之无物，也就写不出生动有文采的习作来。因此积累语言中整合读写，是很好的契机。实验教师杨娜在阅读教学中进行了语言积累与运用的训练。

教学片段：

老师：火烧云的颜色变化不仅快，而且还很——

学生：（齐答）多。（板书：多）

老师：那么都有哪些颜色呀？

学生：半灰半百合色、半紫半黄，还有金灿灿、红通通。

学生：梨黄、葡萄灰、茄子紫。

老师："梨黄""葡萄灰""茄子紫"这三种颜色，能不能分别用"像（　　　）一样的（　　　）色。"这句话描述一下？

学生："梨黄"，像梨一样的黄色。

学生："葡萄灰"就是像葡萄一样的灰色。

学生："茄子紫"，像茄子一样的紫色。

老师天空中还有哪些颜色？

学生：还有些说也说不出、见也没见过的颜色。

老师：你们看，这些颜色多漂亮啊！（课件展示火烧云颜色变化的录像。）

老师：那么就让我们展开丰富的想象，试着说说这些说也说不出、见也没见过的颜色吧！（用"葡萄灰""梨黄""茄子紫"这种带比喻的形式来说。）

学生：苹果绿、桃红。

学生：玫瑰红、石榴红。

学生：杏黄、秋叶黄。

学生：黄瓜绿、草莓红。

学生：橘黄、橄榄绿。

学生：枣红、香蕉黄。

老师：这么多的颜色在天空中交织在一起，多美呀！能不能用一个恰当的词语概括出火烧云颜色变化多呢？

学生：五颜六色。

老师：概括得好！

学生：五彩缤纷。

学生：绚丽多彩。

学生：色彩斑斓。

学生：五光十色。

老师：真会用词。读一读，比一比，看谁能读出对火烧云的赞美之情？（学生自由朗读第 3 自然段）（指名两位同学有感情地朗读）

老师：感情很充沛。根据段落结构，再试着背一背。（课件出示第 3 自然段的段落结构）（学生自由背）

老师：谁愿意带着感情给大家背一背？（全班同学举手）既然这么多的同学都愿意背，那么我们一起来背诵一下这一段话。（学生有感情地齐背第 3 自然段）

新课标突出强调了语言积累，淡化了对课文的理性认识。词句教学，要求重视积累的运用，重视在阅读和表达的实践中理解词句的意思，掌握丰富的词汇。为此让学生理解"葡萄灰""梨黄""茄子紫"这种比喻的构词方式，指导学生用这种带比喻的形式来说话。在运用中活记活用。教师在指导学生"熟读背诵"，这是因为语言必须通过背诵才能积累，儿童时期是记忆力最佳时期，多读多积累为儿童今后的学习奠定基础，让学生有感情地熟读并背诵，这些精美的语句烂熟于心，可为学生今后语言的发展打下坚实的基础。

（3）品方法、学结构整合读写

中段的学生学习重点是段的认识以及理解含义深刻的词句。学生初学作文，在表达事情经过时，要么顺序颠倒，要么表达不具体，那么对范文的利用至关重要。人教版实验教科书小学语文三年级、四年级教科书里的课文对于训练中段学生的素材很多，我们充分解读后发现了一些规律性的可供学生在阅读时借鉴、学以致用的段的形式。在教学中让学生了解一些常见的段式结构，引导学生组句成段入门悟道。三、四年级的课文构段大致有五种形式：并列式，总分式，因果式，方位式，承接式。课内教学过程中，依据课文构段的特点随机培养学生读写，建立读写思维，从而训练学生的构段能力，有效提高学生的读写能力。

并列式段落结构的读写练习。句子之间是并列关系的段落，句子与句子之间不分主次，它们巧妙地组合在一起，往往集中表达了一个意思。最为典型的课例是三年级上册《美丽的小兴安岭》一文，课文介绍了小兴安岭的春夏秋冬四个季节中景色不同，每一个季节描述构段方式是一样的，分别抓住不同季节的突出特点进行组句并列成段。春天的段落里分别写了春天的树木、积雪、小溪、小鹿，夏天的段落写了树木、早雾、阳光、草地，秋天的树木、果实、药材，冬天的雪花、北风、动物等。阅读这样的课文时，我们采取以一段为例子反复引导学生朗读的方法。在体会语句意思的同时，品读作者抓写景色特点、语言特色、构段特点，学生充分阅读后自主合作交流，对比阅读两三个季节的段落，进一步加强对这类构段的表达的体会。在此基础上引导学生观察校园一角。教给学生观察事物的方法，让学生对事物有一定的感性认识。学生有了感性认识，才能转为准确的表达。这时可以让学生以《校园的一角》为题写一段话。段落练习讲评时，我们还找来与之相关的景物描写的文段让学生们品读，比较《富饶的西沙群岛》中描写海底的鱼的两个段落，进行体会学习方法修改自评习作。

总分式段落结构的读写练习，大体分为三种形式：总—分，分—总，总—分—总。这是写人叙事、写景状物的课文中常见的段式。《富饶的西沙群岛》一文每一段都是围绕一个意思写的，每一段又有不同的构段形式，第6自然段共四句话，很明显的总分构段形式，是学生学习模仿的好素材。因此，我们引导学生认真读这段体会，这一段写了西沙群岛的什么？怎么写具体的？这样学生一下子体会到：总写西沙群岛是鸟的天下。分别从鸟多、鸟蛋多、鸟粪多三个方面具体分述。

学生先找总起句，再说说课文其他三句是怎样具体分述的。当堂练习这种构段。

学生练笔题目：校园的柳树真美

同学学习认真

他是劳动能手

……

学生按顺序观察把柳树杆、枝、叶的形象具体写出来。小组讲评，全班讲评。

因果式段落结构的读写练习。句子之间是因果关系的段落大体分为两种形式：一种是为了突出结果，先交代原因，后交代结果；一种是为了强调原因，先交代结果，后交代原因。《富饶的西沙群岛》第2自然段就是先交代结果，后交代原因的。在介绍海水五光十色、瑰丽无比时，先介绍了海水的色彩然后再介绍产生色彩的原因，写得很有层次。课堂上引导学生理解"五光十色"时与"五颜六色"进行比较，联系句子意思体会"瑰丽无比"的同时，让学生们试着用"因为""所以"重新组段，感受构段特点。《科利亚的木匣》的第3自然段，"科利亚干吗把这些东西埋起来呢？"首句用"干吗"提出问题（即结果），第二句用"原来"进行解说，引导学生反复阅读进行练习。

中段学生体会构段围绕一个意思表达，按照一定顺序表达，还以《科利亚的木匣》一文为例，第1、2自然段科利亚埋木匣的过程就是按事情先后顺序表达的，在读到这一部分时，我让学生用"先、然后、再后、最后……"的句式把埋木匣的过程表述一遍，学生练习说的过程中学习了有序表达，这样的例子很多。《花钟》一文第1自然段也是有序表达、按照花开的时间顺序描述的，学生通过填空成句的形式，对句段的构成有了练习。

（4）尝试运用中整合读写

福建师范大学潘新和教授认为："在语文教学的整体系统中，言语表现才是矛盾的主要方面，是语文教学的终极目标，只有指向言语表现，指向写，以表现、以写为本位，才能打好全面的言语基础，才能达成言语教育的应用性。"（新作文《中学作文教学研究》）。让语文写作本体回归语文表现与存在。"由于写的教学最能体现语文教育'表现''发展''存在'的目的和功能……因而,一个完整的写的教育系统,必然涵盖了读的教学内容。"既然如此,阅读中学方法,加强写的练习十分必要。

人教版小学语文第五册第三单元以秋天为专题,由四篇课文组成。《古诗两首》《风筝》《秋天的雨》《听听,秋的声音》。课文从多角度描写秋天,有的表达了在秋天里人们对家乡、对亲人的怀念;有的记叙了孩子们在秋天里活动的欢乐;有的描写了秋天美好的景色。教材里处处洋溢着浓浓的秋意,那秋天的山、秋天的雨,秋天的色彩、秋天的声音,都会使人们心中产生不同于对其他季节的感受。

读懂并积累语言是第一步。本组课文抓住了秋天的特点,将秋天的特色描写出来,教学中引导学生读懂课文,一边读一边想象,充分利用生活积累,体会秋天的风采,感受秋天的美好,是本组教学的一个重点。课文的语言生动优美,适于朗读积累的训练,要引导学生有感情地朗读,读出秋天的韵味,读出秋天的美好,在理解、朗读、背诵中积累语言;引导学生"用手中的笔,描绘我们心中的秋天",教学过程中,教师要有意识地引导学生观察秋天,描写秋天,绘制秋天的图画。

由于三年级是学生作文起步阶段,学生对写作文的技巧方法还没有经验,写秋景的习作,相对于写人写事来说比较难。指导学生写作有一定困难。因此在习作前要布置学生做好充分的准备。显然积累文中关于秋天的词句用在自己作文里对于三年级学生来说就是一个很好的训练契机,仿照本组课文写法,灵活运用平时积累的好词好句,描写美丽的秋景、生动的活动场面。同时感受秋天的美好,加深对秋天的喜爱之情。

学会观察,善于运用词句为学生支招。三年级的学生好奇心强,喜爱观察,但却缺乏观察能力,不会观察。这就需要老师的有效引导。于是课前可选择图片或带领学生实地观察,引导学生认真观察,然后用一个词或一句话描述喜欢的图画,让学生初步从中感知秋天,训练细心观察并正确表达的能力。运用自己积累的有关秋天的精彩词句,也可以放低要求画一画眼中的秋天,让学生进一步感受秋天的美丽。

学生虽然敢说、想说，但由于一些客观原因，并不一定能把想说的说出来，也不一定能有顺序地说出来，更不一定能把它写下来。怎样使学生能有条理地把自己想说的话说好呢？可交流课前自己画的秋天图画，训练学生学习观察方法，让学生分组练习，班级展示交流，互相评价补充。由于有了口头的训练基础，再引导学生将自己积累的好词佳句运用到自己的讲述和习作中去。

（5）通过仿写提炼读写

模仿是小孩子的天性。教育家克鲁普斯卡娅说："模仿对于儿童正如独立创造对于成人那样同等重要。"挖掘教材里一篇篇文质兼美的课文作为习作资源，引导学生进行仿写，既能深化学生对课文的理解，又能锻炼书面表达能力。

还比如我们学习《桂林山水》这篇文章，里面描写桂林的山奇、秀、险的句子非常优美，在有感情背诵后，我问大家，你能模仿课文的写法写一段话吗？同学们露出为难的神情。我说，老师已经写了一段话，我来给大家读一下。听我这样一说，大家都精神了。我说："春天来了，百花盛开，我走进花园被眼前的景色深深陶醉了。公园里的花真多啊，一眼望去，满园姹紫嫣红，犹如花的海洋；公园里的花真美啊，白的似雪，黄的如金，红的像霞；公园里的花真香啊，引来了成群的蜜蜂和蝴蝶，它们在花丛间翩翩起舞，不忍离去。"刚读完，有几个同学就笑起来了，我问："笑什么？"他们就说："老师是仿写的。仿得还真像。"我说："其实模仿也是一种写作方法，你也可以模仿我的样子写啊！"这样一来，同学们信心十足，跃跃欲试，结果，有写了爸爸画的油画真不错，从在纸上确定一张油画的素描线稿，然后同比例放大到油画布上，之后再在有色的画底上用浅色颜料塑造出完整充分的素描关系，干透后再在上面进行透明罩染；有写了天气真热，从路边的小树抽出新的枝条在微风中无精打采地舞蹈、街上的行人有气无力地慢行。

如《花钟》一文运用拟人的修辞手法，形象、生动地描述了几种花开放的时间。于是就请学生插上想象的翅膀，模仿着作者运用拟人的写作方法描写田里的庄稼。结果有的学生这样写："微风拂过，谷子有礼貌地弯下了腰，欢迎人们的到来。"有的学生写道："玉米太兴奋了，特意穿了一件金装，咧嘴笑着，露出满口金灿灿的牙。"还有的学生写道："绿豆也实在太高兴了，竟然笑破了肚皮。"就这样，一句句优美的句子如雨后春笋般冒出来。

又如《滴水穿石的启示》是一篇议论文，先以一种自然现象引出观点，再通过几个具体事例，正反两方面证明观点，最后得出结论。教师可在指导学生朗读感悟的基础上以《_____的启示》等为题，进行全方位仿写训练。

（6）引导观察中渗透读写

"对于任何事物，必须观察准确、透彻才好下笔。"（鲁迅语）教材中的范文文质兼美，图文并茂，里面有很多观察的方法值得学习模仿。如：静态与动态的观察描写，神态、动作、心理、语言烘托的描写等。课例《爬山虎的脚》就渗透了动静结合的观察方法的指导。在一次习作课上，习作要求写一种植物。实验教师张艳辉便带领全班学生，走出课堂，来到学校附近的公园，指导学生先从整体上观察、欣赏植物的色彩、姿态：没有风吹时是什么样子，一阵风吹过后又是什么样子的。风吹来时，自己有什么感觉，同时闻一闻花的气味。然后按顺序观察"茎、叶、花"等方面。学生们回来后把自己看到的情况写了下来。有的写《迎春花》，还有的写了《满天飞》。学生的作品真的是多姿多彩。

如：实验校乌丹三小学生课下日记

虎皮令箭

今天，我观察了虎皮令箭，它是一盆盆景。它长在一个乳白色的花盆里。

从远处看，它的叶子像许多把剑似的直冲云天，叶子像虎皮上的斑纹，只不过它的颜色不是深黄和浅黄，而是深绿和浅绿。它的叶子笔直向上，简直就像是在马路上的警察，穿着绿色的警服，精神抖擞地在那儿站着。还像许多把绿色的宝剑，倒立在花盆里。

走近一看，虎皮令箭是有根的，但是没有枝杈。我摸了摸它，它的叶面非常光滑，摸上去还有点硬，弯了一个大弯都不断，不像别的花一样，一弯就枝折花落了，它叶子的形状有的高，有的矮，有的宽，有的窄。高的像关羽用的那把刀一样高，矮的就只有30厘米左右，宽的有大约10厘米，窄的只比别的花的叶子宽一点点。我又尝了一小块它的叶子，发现它的叶子有一点儿苦，但是苦中还带着那么一点儿涩。

我想虎皮令箭的意思应该是它的斑纹像虎皮的斑纹，它的形状像一把把倒立的剑。它很坚强，有的时候一周才想起来给它浇一浇水，想不起来就不浇水，叔叔还经常往花盆里扔烟头，花盆很小，土也没有多少了，但它仍然生长得非常健壮。看到虎皮令箭，让我想起了那些守卫边疆的解放军叔叔，他们远离亲人，过着清苦的生活，还很少有机会能和家人通话。因为在遥远的边疆、高原和家人通话非常不方便，但是他们仍然克服困难，守护在边疆。这些祖国的卫士，他们用坚强的意志，守卫着祖国的平安。他们就像虎皮令箭一样，不在乎主人的冷漠，兴致盎然地展示着自己的美，让它的主人生活得更加美好。

可爱的杨柳

我欣赏过不畏风雪的梅花，羡慕过四季常青的松树，嗅过芬芳扑鼻的菊花，但我最喜欢婀娜多姿的柳树。

春天，当一场清新的雨过后，染红了桃花、滋润了庄稼、唤醒了青蛙。而当牛毛般春雨绿了河边的杨柳，此时又一个小精灵就要复苏了。雨落在杨柳的枝叶上，顺着一丝丝若隐若现的纹理，轻快地向下飞奔而去。细细听，"淅沥沥、淅沥沥……"这歌声好似贝多芬第九交响曲中那充满激情的韵律！

夏天，烈日当头，人们热得大汗淋漓，这时，他们想起了一个避暑胜地——杨柳之下。它弓着腰，伸开自己弯曲的手臂，供人们乘凉。它有西湖荷花的清新，有避暑山庄的美名。然而人们只为了一时的美观，就让杨柳搬迁移家，这时的人们怎么就不考虑一下它的感受呢？是什么让人类不懂得回报？

秋天，杨柳披上了镶金袈裟，闪闪动人。远远望去，一排排"金柳"成了金碧辉煌的墙壁，行走于此，真称得上是一场视觉盛宴。我正在遐想着，一片柳叶悄然落在我的脚面上。我拾起来一看，啊，还有点绿色呢,不由暗暗猜道:它一定是看到姐妹们纷纷落下,自己也想要到地面上玩耍,忍不住跳下枝头的吧!

冬天,认真地听,树枝被冻得吱吱作响;细细地看,杨柳身披雪白的羽毛;用心地嗅,比往日多些清新香气;轻轻地摸,感觉那树根微微发抖。

我爱你——杨柳!

(7)通过改写加强读写

改写这种练笔方式由于是建立在读通文本、领会大意、感悟文章主旨的基础上,一般是运用原来课文的内容写话,由于文体发生了变化或者段落结构重新编排,语句组织也要做相应调整。变换文体改写的方式很多,最常见的有古诗改写,特别是一些具有童趣的情景诗,以及现代诗与记叙文、童话等文体的互换。

如教学古诗《小儿垂钓》描写了一个农村孩子在河边专心致志地钓鱼的情景,从他巧妙地应对路人问路的过程中,可以看出,他是个活泼、机智的孩子。通过课文的学习,使学生从农村小孩活泼、机智的行动中,体会到大自然中的生活情趣。要求学生结合插图展开合理的想象,把古诗所描绘的景象改写成一个故事。通过编写故事的练笔设计,检验学生对诗句的理解,同时培养学生的想象能力,有利于提高学生的写作能力。古诗《乞巧》《嫦娥》可以改写成神话故事。《一个村庄的故事》可用第一人称改写成《我的眼泪在飞》,感受痛失亲人朋友的沉痛心情。古诗《咏柳》《饮湖上初晴后雨》可以改写成景物描写片段。

实验教师张艳辉老师的做法收到了很好的效果,她善于引导学生抓住契机训练读写,以下是她学生的作品。

学生改写作品:

古诗《饮湖上初晴后雨》改写。

初夏的早晨,金色的太阳冉冉升起,在太阳映照下,西湖呈现翠绿般的颜色,微风吹过波光粼粼。

苏轼坐在游船上一边观赏美丽的西湖,一边饮酒,一阵风吹过,送来一股绿树的清香,那千丝万缕的柳梢轻轻抚摸着碧波,划出一圈圈动人的涟漪，一切变得那么瑰丽，那么让人心醉……多美的西湖啊！它不像大海一样惊涛骇浪，变化莫测，也不像江河般川流不息源远流长，她像一位饱读诗书的姑娘、优雅、恬静、秀美，它就像天生丽质的绝代美女西施，不管淡妆还是艳抹都十分美丽。苏轼边欣赏边饮酒，《饮湖上初晴后雨》这首诗呼之欲出：

水光潋滟晴方好，山色空蒙雨亦奇。若把西湖比西子，淡妆浓抹总相宜。

（8）文本补白丰富读写

教材中有许多文章的结尾处言虽尽而意无穷，这时可让学生展开想象的翅膀，延伸情节，培养创造性思维。续写就是一种不但能够表达个体情感，还能与文本作者产生共鸣的有效方式。展开想象和联想，进行创造性的续写既能培养想象能力，又能把想象的结果用语言形式表达出来，从而丰富了语言。但要注意想象要有根据，要合情合理，课文里所写的人物心理活动、对话或故事情节、场面，在讲读教学中都应启发学生想象，进行补充，再进行续写。

如《巨人的花园》一课末尾有这样一句："从那以后，巨人的花园又成了孩子们的乐园。孩子们站在巨人的脚下，爬上巨人的肩膀，尽情地玩耍。巨人生活在漂亮的花园和孩子们中间，感到无比的幸福。"文章到此收笔会引发读者无限的联想，这时我引导学生想象：巨人的花园里又春意盎然，充满了欢声笑语，它又成了孩子们的乐园。（出示画面）瞧，他们相处得多和谐，玩得多开心哪！请大家以"欢乐的花园"为题目，尽量运用本课积累的语句以及平时积累的好词佳句来介绍，让读者看过之后也想去巨人的花园。这一练笔发挥了学生无限的想象力，不仅使学生对课文有了更深层次的理解，还为学生运用语言又搭建了一个平台。

"句中有眼人谁识，弦上无声我独知。"有时候，作者会在凸显文章中心的地方留有空白。而目光敏锐的老师，可以抓住这个"空白"，精心融入写作训练，激发学生的思考和想象，扩写文本内容，使学生对课文的主旨得到更深刻的认识，甚至达到"情""文"一体，和谐共生。教师在教学中要借助教材中的内容，巧妙地指导学生推测、构思，以小练笔的形式在这些"空白"处加以补充。如《燕子专列》一文中，"一天下来，她一个人就救护了十几只燕子。"她是怎样救护的呢？课文没有具体描写。这个空白点为学生提供了良好的练笔空间。教师可以做如下引导：小贝蒂在哪里寻找燕子？她会遇到哪些困难？她会怎样救护燕子？会想些什么？同学们纷纷开动脑筋，展开想象，动笔写作。在练笔的过程中，学生结合生活经历进行想象，融自己的感受于文中，对文中未展现的情景进行再度的创作，把善良的小贝蒂刻画得栩栩如生。

还比如在教学《詹天佑》一课时，课文里有一句话："消息一传出来，全国都轰动了，大家说这一回咱们可争了一口气。"其中"轰动"一词比较概括和抽象，我们可以这样引导："轰动"是一种什么样的场面？如果你置身于这一场面之中，能具体描述出"轰动"的情景吗？学生这样描述：消息一传出来，顿时，大街上彩旗飞扬，歌声震天，人们奔走相告，欢呼雀跃……

又如在教学《地震中的父与子》一文中父亲抱着"不论发生什么，我总会跟你在一起"这个坚定的信念，在废墟中他挖了那么久，历尽艰辛，终于救出了儿子。学生通过品读很容易就感受到父爱的伟大，而儿子的伟大，学生的感觉并不那么强烈。因父亲的伟大作者是"浓墨描绘"的，而相对来说，儿子的伟大作者是"轻描淡写"的。教学时，引导学生根据父亲在废墟上"挖"的情节，想象儿子在废墟下"等"的具体画面进行练笔训练，如：儿子会想些什么？会和同学们说些什么？会做些什么呢？来感悟儿子的伟大之处。

3. 高段整合读写体现大语文观

高段整合读写策略也在重复着低中段的做法。但是，进入高段后搜集信息处理信息中提升读写是很好的策略。孔子曰："学而时习之。"就是告诉我们学习要遵循规律，对所学知识做到及时反思、及时整理，对知识才能得到巩固与提升。根据学生实际情况引领学生发现信息、收集信息、整理信息，通过各种学习活动对学生进行循序渐进的指导，进行活动中梳理、活动后的总结、课堂总结及章节性的总结，逐步让学生养成良好的整理习惯。

搜集处理信息离不开学生大量的语文实践。全国著名教师、全国教材审查委员会委员袁瑢老师说："阅读教学能使学生掌握、理解文章内容，发展学生的观察力、思维力和想象力，培养学生的阅读能力和表达能力。课外阅读和作文是学生独立运用知识的过程，因此，这几方面的教学活动要有机地结合起来，形成一个统一的整体。"**学生进入高段教科书已经更难满足学生学习语文的需要了**。这也说明阅读与习作二者要相互依存，相互促进，相辅相成，切不可各自独立，相互割裂。尤其是进入高段更讲究方法和策略。

（1）读写的信息处理尽在各种生活、活动中——生活化。

学生进入高段读写的视野更加广阔，学生的"阅读"课内外形成一体，真正融入了生活，"习作"也浸在"阅读"中。回顾高段的语文学习经历，学生一个学年的学校生活就要参与学校组织的各项活动：不可缺少的"六一儿童节"、"艺术节"、"体育节"、"读书节"、"国庆节"、祭奠烈士的"清明节"、尊师重教的"教师节""春游""秋游"……除了学校组织的节日以外，还有"端午节"、"中秋节"、"春节""母亲节""父亲节"……如果再加上学生参与的上级主管部门组织的各种学科活动，更是举不胜举。仅按学生在校时间计算，学生一个学年在校时间只有 9 个月，光学校组织的活动，平均一个月就有一次大型活动。如果再加上其他活动，平均每两到三周就有一次活动，高段的学生又是这些大型活动的主力军。借助于学校活动进行语文学科的读写整合真是很好的契机。怎样让学生在活动中提高读写能力呢？实践中，我们尽量鼓励一线教师做教育的有心人，善于借力发挥学科最大优势，完善学科任务。

首先，活动前科学预设活动内容。以"六一儿童节"活动为例：一般情况下学校以班为单位进行节目评选，每班准备一个质量高的节目。节目内容以反映"六一"儿童节欢乐为题材，主题健康活泼、积极向上，形式丰富多样。如独唱（奏）、小组唱、大合唱、舞蹈、相声、小品、课本剧、诗朗诵、快板等。这是培养学生语文能力的很好时机，语文教师抓住这样的机会引导帮助学生设计综合性学习课。确定主题后，发动学生自由结组搜集相关的经典故事、诗歌、散文等排演课本剧、诗朗诵等；学习与主题有关的歌曲、舞蹈、乐器演奏；鼓励学生敢于创编节目，争取学生个个有事做，全员参与，选择内容时可以鼓励学生先用教材的内容。

其次，活动中的指导督促很重要。学生自由结组进行准备过程中，会出现虎头蛇尾，半途而废现象，这就需要教师随时询问、发现、指导、帮助调整，鼓励学生把活动进行到底。这一过程中给予学生自主学习的机会，他们走向社会、走向社区、进入网络，学习的内容丰富起来，交流互动中学生学习着语文，他们需要备稿、背台词、解析节目角色特点，他们既要做好自己的角色，又是其他角色，导演、评委……学生们的视野打开了，学生们的能力得到了锻炼。

最后，活动展示不可忽略，无论学生展示的结果怎样，只要是学生参与活动，活动的效果就是肯定的。活动中的小趣事层出不穷，学生有了生活自然有了观察内容，有了习作素材，学生写的"米"有了，习作的"炊"才会有内容，交流活动顺延下来。习作讲评、习作展示、习作交流等顺理成章。

乌丹实验小学、梧桐花中心小学把古诗文诵读与学生课间操有机结合在一起，学生随着优美的音乐伴着节奏做着韵律操，口中背诵古诗几十首，在生活中学语文。

（2）读写的信息蕴含在各学科教学中——跨学科

语文教师应该做教学中的有心人，善于观察学生的学习生活，关注其他学科的教学内容，教学动向有利于引导学生学习语文，思考跨学科整合的思路是今后的必然。语文教师都有过这样的苦恼，给学生留语文作业时没有适合的内容，要么留给学生"今天的作业写一篇日记"，随意性大，学生心中无素材，没有养成观察习惯，不知道写什么好，没内容写；要么就是规定内容的命题日记，学生的思路又受到限制，出现这种现象的原因是教师不善于观察学生的学习生活，结合语文学科，善于把其他学科的内容整合进来效果会更好。这里仅以小学的《品德与社会》为例:《品德与社会》课为小学生学习语文提供了很好的素材。翻开《品德与社会》教科书，我们惊喜地看到里面的内容正是我们语文所需的，只是学科关注的目标不同而已。四年级下册第一单元"一方水土养一方人"包含了三个方面的内容："我的家乡在哪里""家乡的美景家乡的人""浓浓的乡土情"。教材从"看地图找家乡"引导学生画家乡，了解家乡的占地面积、自然环境、风土人情、引人入胜的风光、家乡的名人、文化风采、老街老屋、各种美食佳肴……学生增长了很多知识，通过活动天地做小导游，介绍自己家乡的一切。我们知道《品德与社会》课的目标指向的是了解家乡、热爱家乡、为家乡做贡献。而我们语文学科利用这里的资源训练学生的语言，听、读、说、写家乡的景、人、情、事……学生的读写空间扩大起来，学生眼界扩展开来，语文教师借助于这些资源引导学生读写是很好的源头活水。

（3）唤起读写兴趣，加强语言积累，激发读写欲望——重方法

兴趣的培养，不能靠空洞的说教或强硬的逼迫，应该是循序渐进的引导和潜移默化的影响。我觉得，培养学生读写兴趣，最有效的方法是讲故事。喜欢听故事是孩子的天性，尤其是在繁重的课业负担下，在枯燥乏味的学习压力下，听到意动神摇、兴趣盎然的故事对学生来说，那就是干渴时的清泉，饥饿时的美味，其渴求程度不言而喻。试想：如果让故事伴随着孩子成长，让他们同孙悟空一起去大闹天宫，张扬个性；让他们走进《草房子》，展现童年的画卷，回顾温馨而多彩的生活，那将是多么幸福的事啊！孩子在有趣的故事中，感知世界、明白道理，提高心灵的亮度与纯度，这将是多么成功的教育啊！如果教师在讲故事时能声情并茂，惟妙惟肖，那么这好听的故事又何止是清泉与美味，那简直就是"网络游戏"或"精神鸦片"，让学生如醉如痴，欲罢不能。此时，火候已到，教师告诉学生，这些故事，老师都是从书中获得的，只要你们喜欢读书，书中有趣的故事太多太多了，继而，向学生推荐几本好书，你想，他们能不去读吗？读书的兴趣还用刻意培养吗？教师如果利用阅读课和学生一起阅读，做出表率和榜样，教师还愁学生对读书不感兴趣吗？

在兴趣的基础上，引导学生有效阅读，读书不能只看热闹，应该加强积累，积累语言，积累写作方法，积累谋篇的技巧。让学生明白：这些好故事，也是人创造出来的。如果，我们掌握了写作技巧，将来，也可以写出类似的或更好的故事来，也让别人去阅读，去享受。那时，我们也许会成为铁笔圣手或是文坛巨匠。教师在激励的同时，指导学生把书中优美句段，自己的认识、收获等及时整理、记录下来。这样，就将阅读自然过渡到写作上来，在读中悟写，在写中促读，读写结合，相得益彰。

在指导学生读写时，教师要特别强调文本学习的重要性，凡是语文教材中选编的课文，都是名家经典之作，虽不能说是篇篇精粹，字字珠玑，却是我们阅读和写作的典范，每篇课文都渗透着提高阅读能力的有效方法，蕴藏着作者运用语言的高度技巧，值得仔细推敲，用心揣摩。比如：在学习《金色的脚印》一文时，就重点引导学生在阅读中尝试探寻有效的写作方法。《金色的脚印》讲述了人与动物之间的传奇故事：正太郎家的佣人从山里捉回一只小狐狸，小狐狸的爸爸和妈妈想尽办法要救小狐狸出去，它们冒着生命危险，住在正太郎家的地板下面照顾小狐狸，并和十分同情小狐狸，偷偷给老狐狸喂食的正太郎建立了亲密的关系。后来，小狐狸被送给邻居，正太郎为要回小狐狸不慎掉下悬崖，两只老狐狸救护了严寒中昏迷的正太郎。最后，正太郎要回了小狐狸，和爸爸一起把它放回山里，狐狸一家终于团聚了。本文语言优美，描写生动，字里行间充满人与动物间的挚爱深情，故事本身就能激发学生的阅读兴趣，学生自然读得用心，读得投入。在学生熟读课文的基础上，重点引导从小狐狸、老狐狸、正太郎、作者及读者等不同角度理解文本内容，交流各自读文感受和独特认识。

在阅读、思考、交流中，培养学生发现问题、解决问题的思维能力，语言表达能力，情感认知能力，等等，这些阅读所应负载的能力均得到有效的训练和培养。此时，教师因势利导，依文靠本，随机点拨，"金色的脚印"在文中有什么特别的含义？课文为什么用"金色的脚印"为题，你觉得这个题目恰当吗？继而，教师引导学生明确"金色"一词用来形容十分珍贵、有意义或值得纪念的东西，狐狸一家能得到人们的关心而全家团聚，回到密林中，这是最美好、最有意义的事，因而用"金色的脚印"来赞美这件事。同时"金色"也代表着永恒，就本文来说，"金色"既是对狐狸一家生死相依永恒亲情的体现，也是人类与动物间友善、和谐这种永恒关系的呼吁。因此，这个题目不但恰当，而且还很巧妙，这也是文章在写法上的一大亮点，看似荒诞、离奇，实则新颖别致、超凡脱俗。看到这个题目，自然会激发我们强烈的阅读热情，题目和内容完美契合，引人深思，也为我们在习作中如何拟好题目带来极大启示，教师抓住这一契机，趁热打铁，按这种拟题方式，我们可以拟定哪些类似题目，学生思考后纷纷发言：倔强的蜘蛛、多情的窗花、高贵的施舍、不朽的感冒、伟大的失误、神圣的跪拜、可怕的幸福等等。教师因势利导，乘兴追击：如果我们以这种思维和情趣审视周围的万事万物，那么生活中的田园村舍，草木花果，飞鸟游鱼，明月清风，在我们笔下，将会诞生多少多情而有趣的好故事，让人回味无穷，令人情怀激荡。进而，引导学生根据各自拟定的题目把相应的故事情节相互交流，整理记录下来。这样，自然将阅读迁移到写作上来，实现阅读与写作的有效融合。

教师灵活运用教材，善于挖掘习作资源，我们发现：课文情节生动，有不少的地方都给我们留下无限遐想的空间。可以依据文章内容选择一两方面来进行小练笔。如：正太郎是怎样从悬崖上摔下去的？老狐狸又是怎样救护他的？正太郎的家人对他照顾及营救小狐狸持什么态度？正太郎与小狐狸一家人分别时有怎样的感人场面？狐狸一家回到密林以后会发生什么事情，等等。这些问题学生会很感兴趣，教师可以引导学生展开想象的翅膀，尽情发挥，创造性地对文本内容进行拓展，这也不失为一个很好的习作机会，也会真正实现阅读、感悟、拓展、习作这一综合性立体式的语文学习目标。

引导学生在阅读中用心揣摩、感悟文章写法，并扎实地进行写作实践，在语文课堂教学中系统规范地进行阅读与写作能力的培养，始终秉承"得法于课内，得益于课外"的教学原则，课上学习方法，明确技巧，课下大量阅读，积累丰富的写作素材和创作灵感，这样，才能真正做到"胸藏万汇凭吞吐，笔有千钧任翕张"，这既是对阅读与写作关系的最好诠释，也是切实提高学生的语文综合素养的积极策略。

（4）读经典开拓读写途径——重运用

语文教学中，教师们觉得难度最大，也是无章可循、无法可依的就是习作教学。其原因就是没有有效地把阅读与习作融为一体。教师感觉难，学生感觉就更难了。往往布置了一篇日记，当收上来批改时，让人大失所望，有的同学是抄的，有的是胡编的，有的是自己写的，但内容不过百字，寥寥数语，令人心寒。六年级的学生，按常理已经具备了一定的写作能力，写一篇日记易如反掌，可大多数学生表现出如此状态，让人唏嘘。平心静想，我们的学生，尤其是农村住宿的学生，一周五天在校，没有图书馆，没有微机室，有的连本课外书都没有，整天在教室、操场、宿舍间周而复始地往来，就像鲁迅说的"只看见院子里高墙上的四角的天空"。没有素材，缺少创作的源泉，"巧妇难为无米之炊"，怎能过分难为孩子呢？

如何为学生提供丰富、有效的写作素材，让学生对读写充满期待呢？优秀的读物作为读写内容是不错的选择。实践中，我们放手让实验教师发挥自主性，真的收获很大。

实验教师赵春东老师是这样指导学生写日记的：

如：《平凡的世界》这部小说是第三届茅盾文学奖获奖作品，是一部优秀丛书，特别是小说中的人物、场景、情节都和农村的生活息息相关，读来自然、亲切，容易理解，给学生写日记带来很大帮助。

首先给学生声明：改变写日记的方式和要求——读小说写日记，不读时不用写，读一章后，以一章的内容作为当天日记的素材；①日记的内容可以复述所读小说中令你感动的故事情节；②可以对小说中的人物、事件进行评论；③可以联系生活，结合实际，谈谈感受和认识；④可以依据小说的内容进行续写等等，形式多样，不拘一格。在读之前，做了必要的准备：首先，明确读小说的目的，并将目的写在日记本第一页上：①加强语言积累，提高语言组织及表达能力，培养良好的语感。②明确如何进行人、事、景、物的生动描写和巧妙融合。③为我们写作提供必要素材，为交流读书感受提供必要内容。然后，对三条目的逐一进行解释，做到心中有数，并且，要求在听小说写日记时认真体会、落实。接着，开始朗读第一章，教师读得很投入，学生听得很专注，读完后，引导学生完成日记。

再次检查时，发现日记内容及质量和以前截然不同，不但空洞无物的情形不再出现了，更让人欣慰的是：有很多同学居然根据小说的内容做了评论、拓展，常常有令人耳目一新的观点和议论出现。学生的潜能真的不可低估，就看教师如何引导和挖掘了。

现在，读小说写日记已经成为一种习惯，小说不但成为课堂教学中必要的课程资源，也成为了学生课上学习的一种期待，当我拿着《平凡的世界》走上讲台时，学生的笑脸特别灿烂，就连"老师好"的问候语都喊得异常响亮！

回顾"日记改革"历程，学生不光是兴趣的变化，更重要的是日记及习作既有量的提升又有质的飞跃。记得，在 2013 年，我接了一个语文成绩全镇倒数第一的班级，不光是学生的习作水平一塌糊涂，更糟糕的是，有好几个学生居然把自己的名字都写错了，可见其基础和素质如何。开学初，我就指导学生读了《平凡的世界》这部小说，并提出了相关要求，明确了达成的目标。在师生共读中，大家分享了一个个感人的故事，激发了学生语文学习的兴趣，获得了丰富的语文学习资源；在相互交流和有针对性的习作训练中无形地提高了学生的语感能力、表达能力和习作水平。一年后，期末统考时，这个班的语文学科成绩跃居全镇第一。

常言说："半部《论语》治天下。"意思是：政治家懂得半部《论语》就可具备治国、修身、平天下的宏韬大略。对于教师来说，指导得法，训练有方，一本小说也能力挽狂澜！

高段经典读写策略分享：

①经典赏读、经典段落摘抄（摘后记、摘后评、摘后仿、摘后连）。

②学生互做读书检测题签（如：题签上填写书名、作者、主人公的题目，关注故事梗概、重要情节的题目，关注典型细节的题目，理解感悟重要语段的题目和书中人物对话的题目）。

③读后感、读书卡片、批注书、诗词书法、古诗配画、读书故事、读书日志……

④读说写生活日记（观察、记事、随笔、记录、调查……）。

⑤读说写影视作品（详细讲述影视作品、书写影视作品、说写感受、模仿表演……）。

⑥读写中我们尝试着进行以下几个方面的整合：

经典作品赏读与语文教学整合；

经典作品赏读与学校活动、班级活动整合；

经典作品赏读与单项考查整合；

经典作品赏读展示与壁报布置整合。

如：实验教师设计的经典作品阅读卡

姓名：

我认真回顾了从_____年_____月_____日到_____年_____月_____日期间的文学作品情况，发现自己一共背诵了_____首古诗，朗读了篇美文，背诵了_____个片段，阅读了_____本好书（合计_____字左右）。读书时间一学期累计_____小时，摘抄_____篇，出读书检测题签_____张，还有其他经典诵读的作品，如_____，最重要的是，我的阅读考级已经通过_____星级了，哈哈，我的收获还真不少！

读写整合目标达成表

级别	星级	考级评价内容		
		诗词背诵	美文赏读	名著阅读
一级	一星	15首	朗读美文10篇；背诵精彩段落5个。	阅读量1.5万字，必读书2本；经典诵读摘抄5篇；读书检测题签2张；班级读书会表现为"良"。
	二星	30首	朗读美文20篇；背诵精彩段落10个。	阅读量3万字，必读书4本；经典诵读摘抄10篇；读书检测题签4张；班级读书会表现为"优"。
	三星	35首	朗读美文25篇；背诵精彩段落12个。	阅读量4万字，必读书5本；经典诵读摘抄12篇；读书检测题签5张；班级读书会表现为"优＋"。

（5）品学范例，掌握技巧，提升品质——重整体

当学生有了浓厚的读书兴趣，养成了自主阅读、主动积累语言的习惯后，写作已不再是一种负担或恐惧，而是一种需要或渴求。随着词汇的增多，语感能力的加强，思维能力、认识水平的不断提高，此时，教师应该有计划地对学生的写作能力进行科学训练，真正做到学以致用，让学生读写的素养同步跟进，稳步提升。

实验教师赵春东对于读写能力的培养描述很有趣："学生阅读与写作能力的培养，通俗直白一点讲，如同过日子'攒钱'。阅读就是我们白手起家一点一点地积累财富，当财富累积到一定数量时，我们就应该考虑'投资'的问题，力求科学理财，有效投资，让财富升值到最大化。"其实，科学"理财""有效投资"的过程，即是阅读与习作交互的过程。阅读的过程中积累了语言，学习并运用写作方法。阅读时教师的关键作用就是引导学生指向习作方法的读，点拨技巧，让学生练习习作，并会习作。

以关于"亲情"类读写为例：

作为语文教师，可能对学生写关于"母爱"或"妈妈"的作文都不陌生，我们教材中关于亲情主题的课文也很多。但让学生写关于亲情的文章，能写好的，写得精彩的并不多见，大多数学生会写：在家时，妈妈不让我们干家务，不让我们干农活，对我们的生活照顾得无微不至，好吃的、好穿的都留给我们。在校时，妈妈多次到校来看我们，送钱送物，嘘寒问暖。尤其是在我们生病时，母亲更是担心、着急，日夜守在床边。有时，顶风冒雨、艰难跋涉背我们去医院。这都是正面的事例，积极的、幸福的。看，如果都这样写，千篇一律，千人一面，陈陈相因，毫无新意。实验教师改变了一下思维方式，反弹琵琶。看，有没有妈妈对我们唠叨、指责或打骂中隐藏着深沉、厚重的爱的事例呢？只要认真去想，不但有，还有很多。为了便于同学们构思，开启良好的写作思路，随即给学生举几个例子，以求抛砖引玉。

一个事例是一篇经典名篇的内容：题目是《收藏亲情》。作者说：小时候，一次不小心打碎了家里的一只碗，母亲当时非常生气，抬手就打，那裹挟着风声骤然而至的巴掌打得我晕头转向。我对母亲的痛

打很不理解。20多年来，每当想起这件事就耿耿于怀，特别不满；直到20年后的一个偶然机会，再次见到那些碎瓷片，母亲竟如数家珍地收藏着。自己非常奇怪，再三追问，母亲终于说出了那个藏在心里20多年的秘密：上辈人有个迷信的说法，小时候打破一只碗，将来人生就会多一道坎。母亲当年打我之狠就是希望我长点记性，不要再打碎碗了。母亲不希望我人生有坎，只希望我一生平安。20多年来没说出这个秘密，是担心说出来就不灵了，至此，我才幡然醒悟，百感交集。母亲很伟大，宁可一个人承受那么多年的委屈，也没说出那个秘密。母亲珍藏的不仅仅是瓷片，而是足以让人温暖一生的亲情。这篇文章中的打就是爱，打得越狠，爱得越深。这样的构思是不是很新颖，这样的事例是不是很感人？

另一篇是一个毕业的同学的习作：题目是《珍贵的唠叨》。他说：平时在家，妈妈天天唠叨我，抱怨我，说我懒，说我馋，说我任性，说我不懂事。还总爱问学习成绩，尤其是在考试不理想时，更是刨根问底，久问不厌，真是哪壶不开提哪壶。我认为妈妈对自己一点儿也不好，直到有一天，由于生计，父母外出，去很远的南方打工，自己就得去奶奶家了。刚开始还很高兴，没人管了，终于自由了，可是没几天，就觉得不对劲儿了，很想妈妈。特别是几天后，妈妈打来电话，询问我怎么样，穿什么衣服，吃什么饭，有什么困难，并再三叮嘱自己照顾好自己。天冷时，穿上妈妈亲手织的那件毛衣。妈妈说她很想家，更想我！那时，我已经泣不成声了，想念妈妈的感情难以控制。当时觉得以前妈妈的唠叨、指责是多么美好而温馨的回忆啊！那些唠叨中，寄托着母亲多少殷切的期望和真挚的关怀。我在结尾处写道：请天下的儿女珍惜妈妈的唠叨吧，那是人世间深厚而永恒的关爱！

还有一个令人震撼的事例：题目是《超越世界冠军的百米速跑》。有一位年轻的妈妈等自己四岁的女儿睡熟后到楼下的市场买菜，回来时，在楼下的不远处碰到个熟人，和她闲聊。正在说话期间，忽然听到女儿在喊"妈妈"。抬头一看，这位母亲吓得魂飞魄散，女儿在六楼的阳台上已经把双腿跨出窗外，随即下落，在这千钧一发之际，母亲扔下菜篮，拼命奔跑去救女儿，跑到楼下伸出双臂正好接住跌落下来的女儿。有人测算过，母亲在女儿跌落的时间内所跑的那段距离的速度比百米速跑的世界冠军的速度还快！大家知道：世界冠军那是在挑战生命的极限，而这位母亲竟然超越了世界冠军，是什么力量所致？大家心照不宣：这是母爱的力量所创造的奇迹！

当然了，关于类似新颖、感人的母爱佳作还有很多：像唐山地震中一位母亲用鲜血救活女儿的事例；还有一位母亲偷了生产队的粮食卖掉给儿子治病的故事。我们还可以拓展一下，拓展到动物身上，那事例就更多了：如母狼的泪水，藏羚羊的跪拜，锅中的鳝鱼，这些都是我们熟知的。下面，请同学们打开记忆的闸门，仔细搜寻和捕捉你生活中类似的事例，根据刚才的提示新颖构思，完成关于"妈妈"的习作。教师趁机提示：先自己想一想，有没有类似的事例：妈妈骂你、打你、错怪你或是疼爱你的很另类、很超常、很特别的方式等等，只要想，一定能想到。因为每个人的成长都是一个传奇，每个人的生活经历都会有一个个感人的故事。

教师给学生提供以上事例的目的在于：让学生明确，在习作中，构思很重要。构思时，要打破常规，转变思维；新颖选材，灵活变通；切不可人云亦云，步人后尘。这样，才能写出"人人心中皆有，个个笔底全无"的优秀习作来。学生学会了写作方法，掌握了写作技巧，习作自然会得心应手，作文也必然会出新出彩，引人入胜。学生的习作水平提高了，自然会带动阅读量的大幅度增加，因为没有大量的阅读，习作就会成为无源之水，无本之木，又何谈出彩呢？

（6）树立大观念，拓展读写空间

语文学习和生活密切相关，生活的舞台有多广阔，语文学习的空间就有多大。阅读不是仅限于文章、图书，大自然中的春花秋月、凉风冬雪、悬泉飞瀑、红果绿叶；生活中的真善美丑、酸甜苦辣、恩怨爱憎、风土人情也是阅读内容。这些"无字之书，无墨之文"有时比文字更真实可感、鲜活生动，学生如能体物缘情，用心领会是比文本教材更有效的阅读材料。特别是高段学生只要有了这种意识，具备了如此的思维，生活中的每一种事物都有可能触发学生的阅读欲望，并有独特的阅读理解，继而会产生表达的需求，学生把自己的阅读体验，真实感受记录下来，这就是生活中原汁原味原生态的读写。

在学习了《山中访友》一文后，学生被文中优美的语言，如诗如画的情景所感染，所陶醉。教师就势引导学生：生活中，并不缺少这样的景物，只是缺少发现美的眼睛和心灵，只要我们认真观察，用心感受，以文中作者的情趣和思维审视我们的生活，你会发现：在我们的身边处处皆有美景，时时让人心动。菜园里的黄瓜和辣椒，果园里的李子和葡萄，庭院中的小鸡与花猫，天空中的白云与飞鸟，都成了学生挚爱的亲朋密友，有聊不尽的"情话"，有说不完的赞美。这是多么惬意的事啊！

在读完《童趣》这篇课外文章后，引导学生回顾我们的童年生活，你会有哪些深刻的记忆？虽然我们已步入少年，可童年是人生的入口处，生命的起锚港，童年，一本色彩斑斓的人生画卷，一部百读不厌的心灵里程的日记。岁月的童年是易逝的，然而，心灵的童年却是永存的。只要我们打开记忆的闸门，童年的往事会如涨潮的海水，奔涌而来。经过一番引导后，学生兴致大增，各自写下了自己的童年往事。

有的写道：每到春回大地，百草回芽之时，我们就到河边去玩耍，在刚刚复苏的大地上寻找青草嫩芽，一边拔"芽"，一边口中念念有词："青草拔芽，老牛喝茶。"拔了一大把草芽，用玻璃片切碎作为"饺子馅"，然后用泥片做皮包"饺子"，邀请小伙伴来"做客"，欢声笑语中享用这特别的"美味佳肴"，这是多么快活的生活啊！

有的学生写道：寒假里，我在家里喂羊。一天，心血来潮，给一只吃奶的羊羔戴上了自己的棉帽，当时只是感觉好玩，搞一点儿恶作剧，没想到却捅了"娄子"。这只戴了帽子的羊羔跑着去找妈妈，这下可吓坏了院子里的羊，一群羊瞬间没命地狂奔起来，羊羔在后面跑，一大群羊在前面发了疯似的跑，院子里桶滚盆翻，鸡飞狗叫，还有两只羊把腿插进木头做的围栏里，不能动弹。这时，"我"也乱了方寸，惊慌不已，赶紧找来爸爸帮忙。爸爸抓住了那只"肇事"的羊羔，摘下帽子，这场闹剧才算结束。后来发现，不能动弹的那两只羊腿都夹断了，为此，爸爸罚我放了两个星期的羊。现在回忆起当时温驯的羊竟疯狂成那个样子，就忍不住捧腹大笑。

生活是丰富而多彩的，生活是美好而多情的，只要教师科学开发，有效利用"生活"这本教材，你会发现学生的学习兴趣、学习效果、以至学习意义会大大超出我们的意料。"生活"对于语文学习，就如"太阳"对于地球及人类，会提供取之不尽，用之不竭，永远是天然、绿色的学习"资源"。

四 整合训练——体系归类

叶圣陶先生曾说过："教师当然须教，而尤宜致力于'导'。"课文只是个例子，如何运用好这个例子，实现用教材教，需要教师对课文进行合理的取舍。对课文的取舍不是仅限某一篇上，而是需要通览一册书、一个级段的、联系上下级段、甚至是整个小学级段的教材进行梳理整合，取其精华部分，按照学生的年龄特点、认知水平合理地安排内容，为学生读写做铺垫。"整合单元"为语文教学赢得了读写时间，"整合阅读"为学生大量阅读拓展了空间，"整合读写"为语文教学提升了品质，"整合训练"在整合读写的过程中进行了整合归类，让训练更加主题化、体系化。因篇幅有限仅举例简述如下：

（一）关于标点的阅读及使用

1. 在朗读训练中认识标点

以人教版课标教材为例：人教版课标教材一、二年级课文多以脍炙人口的儿童诗歌、童话、故事等文体呈现，篇幅短小精悍，便于低段学生学习，课堂上随着对课文的阅读，学生随机认识了逗号、句号、问号、叹号，随机认识了自然段。低段对标点的使用体现在朗读中，比如读出问句的语气，读出感叹的语气，"把你高兴的语气读出来"，"你再赞美地读一次"，朗读中语句的节奏、停顿，均是在训练标点的使用。

2. 抄写过程中书写标点

人教版课标教材三年级上册第二单元有《灰雀》《小摄影师》《奇怪的大石头》《我不能失信》几篇课文，是训练学生学习使用冒号、双引号的，这几个标点正符合三年级学生的认知水平，是人物对话描写的极好教材。这几篇课文从人文主题上看都是写名人轶事的，让学生从名人平凡的小事中体会其不平凡之处，从课文呈现的形式上看都有其共同点，都是通过人物的对话来表现人物形象。三年级学生喜欢读人物对话，也喜欢模仿对话，此时通过朗读对话体会情感，感悟表达的效果还不够，更需要进一步加强学生对标点的认知及使用，怎么办呢？抄写相关的对话句段，初步记忆标点的使用，是很好的办法。

例如：《小摄影师》一文在读对话后所进行的标点训练。

老师：孩子们，你们这么爱读他们的对话，发现他们的对话里有哪些标点了吗？

学生：有冒号、引号、逗号、句号……

老师：是啊，标点用正确，我们才会爱读，我们也学学这些标点吧，（出示第一次对话的语句）抄写一遍，注意书写工整、正确啊！

（学生抄写后交流抄写速度，抄写质量）

老师：你们抄写得很好，现在我们试着听写一下，有没有信心？

老师读句子学生默写后交流，对照、校对、修改。

老师：第一次对话是这样的，那第二次呢？对话形式不一样了，还是老师念，你们写，我们看有什么不一样。

学生默写后交流发现不同点。同样方法，梳理归纳冒号、引号、逗号、句号的不同用法。学生经过这样的训练，对于标点符号的使用有了初步认知，为后面的自主运用打下基础。

3. 创设情境，运用标点

抄写标点，默写标点，是学生初步学习运用标点的基础训练，让学生自主运用，是教师教学的理想，创设情境，运用标点是我们研究过程中的第二个策略。还以《小摄影师》这一课为例：

学生认识了引号、冒号、逗号、句号的不同形式下的不同用法后，教师创设对话情境，训练学生现场写对话。师生对话的情境随处可见，比如课中的师生对话、生生对话，课前的师生交流，课下的师生讨论，都是练习标点的机会。

创设情境训练冒号、引号、逗号、句号：

老师（高兴地）：孩子们，上节课我们学习了《小摄影师》一文，课下你对高尔基的了解又有多少？我们说说吧。

学生：听妈妈说高尔基是个大作家。

学生：高尔基的童年生活很悲惨。

学生：我想读高尔基的书，不知道该去哪里买。

学生：新华书店里有高尔基的《童年》，我妈都给我买了（该生神情有些得意）。

老师：大家说得真好，高尔基不仅爱读书，还能把他的童年故事记录下来，学习语文不仅要爱读书，会读书，还要练习写。刚才我们的对话说了什么，怎么说的，大家都记住了吧？我们把这段对话写下来吧，试着正确运用冒号、引号。

（学生练习写对话，老师巡回指导。）

学生作品略。

4. 自主修改，正确使用

学习需要一个过程，而多数语文教师教学时会犯一个共同的错误，对于一项技能或一个训练点的训练一时心血来潮，想起来时一阵热情，课文变了，内容变了，训练的线路跟着也断了。所以学生的学习没有延续性，浅尝辄止，提升学生质量只是空谈。学会修改，正确使用是学习标点的最终极目标，学生在互改互评中对于标点的正确使用有了更深入的认识。在创设情境后，学生的当堂练习随即呈现，同桌互评修改，小组内互评修改，全班典型案例互评修改，三两个来回后学生真的会用了，标点使用整合训练在不同级段都可依据可利用的教材进行。

（二）"提示语的用法"读写训练

有人物对话就有提示语呈现，不同的情境提示语表现的形式是不一样的。有的对话有提示语，有的对话没有提示语，有的对话提示语发生着变化。加不加提示语，加上什么样的提示语，需要在课内品读课文时体会发现，练习使用提示语离不开对课文的品读。人教版课程标准实验教科书五年级下册《草船借箭》一文第1段诸葛亮与周瑜的对话如下：

周瑜看到诸葛亮挺有才干，心里很妒忌。

有一天,周瑜请诸葛亮商议军事,说:"我们就要跟曹军交战。水上交战,用什么兵器最好?"诸葛亮说:"用弓箭最好。"周瑜说:"对,先生跟我想的一样。现在军中缺箭,想请先生负责赶造十万支。这是公事,希望先生不要推却。"诸葛亮说:"都督委托,当然照办。不知道这十万支箭什么时候用?"周瑜问:"十天造得好吗?"诸葛亮说:"既然就要交战,十天造好,必然误了大事。"周瑜问:"先生预计几天可以造好?"诸葛亮说:"只要三天。"周瑜说:"军情紧急,可不能开玩笑。"诸葛亮说:"怎么敢跟都督开玩笑?我愿意立下军令状,三天造不好,甘受惩罚。"周瑜很高兴,叫诸葛亮当面立下军令状,又摆了酒席招待他。诸葛亮说:"今天来不及了。从明天起,到第三天,请派五百个军士到江边来搬箭。"诸葛亮喝了几杯酒就走了。

《草船借箭》一文是五年级下册第五组中国古典名著专题的第二篇课文,教科书编写者意在通过这个单元的学习,让高段的学生们读名著,体会中国古代语言文化。上面这一段话由对话组成,周瑜与诸葛亮的对话共有六个来回,每一次对话没有提示语,没有人物面部表情,人物心态高深莫测,可学生读起来感觉不够生动。作家罗贯中为什么这样写呢?显然需要领悟《三国演义》整本书的创作意图。《三国演义》中的诸葛亮、周瑜在那个特殊时期都各为其主,为了各自所在军阀的利益、名望,他们的所作所为非常谨慎,周瑜在劝说诸葛亮倒吴不成的情况下,觉得诸葛亮是吴国的劲敌,不杀之必有后患,设计杀诸葛亮,诸葛亮明知道周瑜之心,但为了蜀国利益必须周旋、迎战。在两国合力抗曹的大局面前,两首要人物交锋慎重加慎重,怎肯露出丁点儿破绽,交谈时人物对话自然不露声色。这才是罗贯中的用意,不写提示语表现人物内心。

五年级上册第六单元围绕父母之爱为专题的《地震中的父与子》一文,在描写父亲在大地震中救助自己儿子时前后的语言是有变化的:

有些人上来拉住这位父亲,说:"太晚了,没有希望了。"这位父亲**双眼直直地**看着这些好心人,问道:"谁愿意帮助我?"没人给他肯定的回答,他便埋头接着挖。

救火队长挡住他:"太危险了,随时可能发生大爆炸,请你离开。"

这位父亲问："你是不是来帮助我？"

警察走过来："你很难过，我能理解，可这样做，对你自己、对他人都有危险，马上回家吧。"

"你是不是来帮助我？"

这段话的提示语是有变化的，开始父亲"**双眼直直地**"看着这些好心人，祈求好心人帮助他救儿子，那时父亲心中存有希望，以为人们会和他一样相信儿子活着。当救火队长挡住他时，只剩下一个"问"字，到连个"问"字也没有，表现了父亲一心只想救儿子的急切心理，一直到"什么也不说埋头挖了起来"。提示语的变化体现父亲焦急、心痛、焦虑各种情感，这些情感交织在一起，那就是对儿子的爱。

《"诺曼底"遇难记》这段话没有提示语：

"洛克机械师在哪儿？"

"船长叫我吗？"

"炉子怎么样了？"

"被海水淹了。"

"火呢？"

"灭了。"

"机器怎样？"

"停了。"

在船即将沉下去的瞬间里，多说一个字、多做一个动作都会打破那紧张的气氛，没有提示语的表达突出了当时的紧张。

对于提示语的专项读写训练策略我们采取的是读写合一，教师要通览所有学段教材，提炼可用的素材统筹使用。经过几轮实验研究，效果很好。

首先，借助对典型文段的品读认识提示语，以《金色的鱼钩》片段实录为例。

老师：让我们读读这部分，看看老班长是一个怎样的人呢？

出示阅读提示：

读课文第19自然段，画出作者描写老班长动作、神态、语言的句子，透过这些句子的描写，你觉得老班长是一个怎样的人？

学生自学

深入读文

学生：我从"他抹了抹嘴……"看出他不想让人担心。

老师：老师想问一下，这是对老班长什么的描写？

学生：是对动作神态和语言的描写。

老师：具体是哪个动作？

学生：抹。

老师：神态呢？

学生：回味。

老师：通过老班长的动作神态你体会到了什么？

学生：体会到了老班长不想让人替他担心的心理。

学生：不想让他们担心，掩饰自己并不是比他们先吃。

学生：老班长对三个小战士花了很多心思，他不想让这三个小战士担心，让他们认为是自己吃过鱼了。

老师：那你们认为老班长是个什么样的人呢？

学生：他是一个无私奉献、舍己为人的人。

老师：的确，他真是一个用心良苦、舍己为人的老班长啊！

（学生读出体会。）

老师：如果老师把老班长的动作和神态的词语去掉，你们再读一读第二句话，会有什么感受？

学生读后：我觉得要是去掉了，好像不真实，小梁就不会相信老班长吃鱼了。

学生：如果没有动作、神态描写，就表现不出老班长对同志的关怀和怕他们担心的心情。

老师：也就是说如果去掉这些就无法读出老班长舍己为人的语气。

（学生再读，读得很好。）

老师：你们看，通过对老班长神态动作的描写就能让我们感受到人物的内心，让我们带着这种情感再读一遍这句话。

学生读：他抹了抹嘴好像回味似的说："吃过了。我一起锅就吃，比你们还先吃呢！"

【怎样读书？教师在这里教给了学生读书方法，抓住人物的动作神情体会人物的内心，表现人物的精神，这里又渗透着写法学习，同时通过比较让孩子懂得提示语的表达效果，为下面认识提示语，学习提示语做好了铺垫。】

老师：还从哪里感受到老班长舍己为人的精神？
学生：学生汇报动作描写的段落。
学生：从老班长"支吾"中感受到老班长舍己为人的精神。
老师："支吾"是什么描写？
学生：语言描写、语气描写。
老师：通过"支吾"这个词你还体会到什么？
学生：老班长很紧张，怕小梁知道他没吃鱼，担心他。
老师：那你读读这句话，读出这种感情。
（学生读。）
老师：孩子，你读懂了老班长的内心，让我们再读读这句话。
学生齐读：老班长猛抬起头，看见我目不转睛地看着手里的搪瓷碗，就支吾着说："我早已吃过了。看到碗里还没吃干净，扔了怪可惜的……"
老师：你看，通过对老班长的神态动作语言的品读，让我们走进了老班长的内心，体会到了他舍己为人的精神。其实，像这样描写人的语言环境中，描写人物动作、神态、语气的词语或句子就称之为提示语，抓住人物的提示语可以体会其内心，从而读好人物的语言，这是一种很好的学习方法。

【提示语的教学在一步步深入品读中浮出水面，提示语的重要在于，像这样在描写人的语言环境中，描写人物动作、神态、语气的词语或句子就称之为提示语，抓住这些提示语可以体会人物的内心，为学生进一步学习打下基础。】

再打开课本找出这样的句子，都来体会一下这种学习方法吧。

学生分角色读，其他学生倾听是不是读出了老班长是怎样的人。

……

进一步学习提示语的写法。

找出提示语，体会提示语的位置不同，标点就不同。

还有什么发现？学习标点。

长句子提示语放在中间，体会提示语的写法。

老师总结：提示语的位置不同，标点也不同。提示语在前用冒号，提示语在中间……提示语在后

老师：这篇文章是通过人物对话表现人物品质的，我们今后写文章抓好人物的语言，写好人物对话的提示语，那文章会更加生动。其实，这种写法也是许多作家的最爱，赶快把书翻到《桥》，看看是不是这样的？

老师：再读老汉的语言描写，体会一下又发现了什么，提示语可以加上动作、修饰词等，语气词发生着变化，什么情况下，把"说"变成了"喊""吼"？

学生：特殊情况下就应该把"说"变成"喊""吼"。

老师：还用哪些词代替"说"呢？——喝、叫、问……不同语言环境，用不同的词表达效果更好。

链接《红岩》片段，体会作者是如何通过人物对话表现人物的。

【怎样运用提示语学习标点的使用变化，顺接《桥》这篇课文的提示语用法，进一步体会在不同的语言环境中运用不同的提示语效果会更好，学生对提示语的了解会更清晰。学生又重温了《桥》，还引入课下读《红岩》，语文味十足。】

其次，学写提示语是写好人物的关键，实验教师王桂秋老师的《学写提示语》经过几次研究值得借鉴，片段实录如下：

老师：同学们，我来自桥头总校，名字叫王桂秋，欢迎我吗？

学生：欢迎。

老师：拱手，谢谢！谢谢！

这节习作课就由我来上，同学们，虽然我们刚刚见面，虽然我们只有几句话的交流，但是老师发现我们乌丹三小（五）年五班的同学真是热情，王老师把刚才的对话写下来了，你们想看看吗？

出示对话

王老师写得怎么样呢？你能用上节课学到的人物对话提示语的写法对老师的习作进行点评吗？

老师：我们再重温一下人物对话提示语的写法。

出示提示语的写法提示

【再现情境的同时，直接出现范文，回顾提示语的表现形式，把读与写有效地融合在一起，训练有实效。】

学生点评老师的习作

老师：第一个回答问题的是天才。

学生：我觉得老师写得好，"笑容满面"这个词用得好，不加这个词，就没意思了，这说明加提示语是非常重要的。

老师边圈出句子边说：你是针对第一句提示语进行点评，你抓住了"笑容满面"一词，透过"笑容满面"这个词让我们看到了王老师是一个慈祥的老师，这样写习作表达就有了主题，同学们再想一下，你能把"笑容满面"换成一个意思相近的词吗？

学生：眉开眼笑。

学生：面带微笑。

学生：满面春风。

学生：笑容可掬……

老师：如果我们把习作比成一座高楼的话，那么词语就是搭建这座高楼的砖了。所以希望你们下去多读书，多积累词语。接着点评。

学生：从"异口同声"看出同学们对老师欢迎，也看出同学们十分喜欢上这节课。

老师：你通过"异口同声"看出了同学们的热情。这句话还可以抓住一个关键词——

学生：喊！

老师：上午我们学到人物对话提示语，针对不同的语言环境，可以用不同词语来代表"说"。透过这"异口同声"和"喊"字，正体现了你们的热情，所以老师说："乌丹三小五年级（五）班的同学真热情啊！"老师就是抓住这两个词感受到的，但是，如果我们把"异口同声"去掉，把"喊"换成"说"，你们还能体会出这种热情吗？

老师：还有一句提示语谁来评价？

学生：我从"拱手道谢"体会出王老师对我们的热情很开心，很有礼貌。

老师：老师让你用提示语的写法来点评，这句提示语抓住了王老师的什么描写？

学生：动作、神态。

老师：也就是说，你们通过王老师的动作神态体会出王老师是一个尊重学生的人，点评得非常到位。

老师：我们只是抓住了人物的动作神态，上节课我们学到了人物对话提示语的写法，仅此而已吗？看老师的习作整体点评一下。

学生：这篇文章一共有三个提示语，其中第一个提示语在前，用冒号表示；第二个提示语在后，用句号表示；第三个提示语在中间，用逗号表示。

老师：他真是有一双慧眼，老师在提示语的运用上做到了灵活。还有没有新发现？

学生：老师把提示语进行了分段，让我们看得更清楚，更舒服。

老师：有同感吗？对，人物对话要分段，这样看起来清晰，读起来有味儿。再看，老师的这篇习作有几处波浪线？老师画波浪线的地方就意味着写得好，那大家看一共有几处？

老师：同学们记住，一篇习作有了三个好句子就有了文采。

【教师在引导学生评价短文提示语的运用中，深化了学生对提示语的学习，从认识逐步到抓住人物的动作、神情，一个"说"字也表

现了那么多的内容：长句子分写、提示语的表达目的、训练语文能力时关注了表达人物的情感效果，这就是我要的研究效果——"阅读"是为了什么？】

老师：通过刚才的对话训练，相信你们对人物对话提示语有了更深刻、更清晰的认识了，接下来我们就带着这些知识，来听一段录音。记住，我们进行的是有思考的倾听，同学们告诉老师，什么是有思考的倾听？

学生：带着问题听。

老师：带着什么问题呢？看大屏幕。

出示：听一听，这段话有几个人？想一想，他们是在什么地方，什么情况下说这段话的？你们能根据场所和事情的起因不同想象一下人物的表情、神态、动作吗？

老师：记住问题，同学们，会听就是会学习。

放录音：（一男孩声）"别着急！我来背你吧！"

"不不不，那怎么能行呢？"

"别担心，我的力气大着呢！"

"不行！不行！"

"别推辞了，快趴到我的背上来吧！"

"多好的孩子啊！"

老师：把你听到的说给你的同桌听吧。

（学生互说。）

老师：通过听录音的对话以及与同桌的交流，相信你现在想一吐为快了。（出示录音里的语句）你有收获吗？

学生：这段话里有三个人。

老师：你听出了这段话里的人物，我们怎样称呼这三个人呢？

学生：这三个人是小孩、老爷爷、阿姨。

学生：小孩、爸爸、老奶奶。

老师：你们听的人物不一样，但是你们想得都合理。除了人物还听出了什么？

学生：我还听出了小男孩是个尊老爱幼的孩子，他能背着大人走。

老师：你把对话的主题都听出来了，小男孩是个助人为乐的好孩子，还有其他的收获吗？

学生：我听出了是在什么地方什么情况下说出这段话的。我觉得是一位老爷爷一不小心崴到了脚，这时一个小男孩走过来说，"我来背您吧"，那位老爷爷一再推辞，男孩一再坚持，一个阿姨走了过来，称赞那个孩子道："多好的孩子啊！"。

老师：同学们，这位同学不但听出了人物，还听出了事情发生的地点、起因，谁还有不同的观点？

学生：……

老师：（梳理地点、起因）你们不但会倾听，还要会想象。谁能选其中的一位人物的语言，合理地想象出说这句话时的表情动作神态呢？抓住其中一个人的语言。

学生：我想选那个孩子，我选"我可以背您吗？"神态是很轻松的、表情是高兴的。

老师：是吗？你能把当时的神态表情动作用语言表达出来吗？

（学生沉默）

老师：你就把这句话加上动作神情写出来。

学生：（做了个拍胸脯的动作）"您还是别推辞了……"

老师：这个男生做了个动作是拍了胸脯说。（大家说）

老师：既有动作描写又有神态描写。

（学生练说，越说越好！）

老师：这个同学加了两个提示语，前面是自信地说，后面是拍拍胸脯说，那你想把提示语的位置放在哪儿呢？再来说一遍。

学生："别担心，我的力气大着呢！"这个小男孩一脸自信地拍着胸脯对这位老爷爷说。

老师：再说一遍，其他同学认真听，他就是你的语言范例。

（学生练说，顺便梳理提示语的位置。）

老师：你的想象合理，老师一会儿给你一个机会，你不但会倾听还会想象，写好这段对话的关键是什么？

学生：提示语、神态表情，动作。

老师：提示语包含人物的神态、表情、动作，写好人物对话关键是提示语，现在我们来读一读提示语歌。

老师：其实，生活中感人的事很多，看课文第四单元的习作要求，学会读书，关注文字，关注插图。

老师：录音中的故事和课文里的习作要求就像两把钥匙，相信你的脑海里一定有很多感人的事迹，请你运用人物对话，提示语的写法扩写录音的这段话，也可以写你看到的、亲身经历的或听到的，把事情写清楚，打开作文本一起喊出我们的目标。

（读描写人物对话的方法）

学生展示：那弯弯曲曲的小路上颤颤巍巍地走来一位拄着拐杖的老爷爷，突然，拐杖断了，老爷爷倒在了地上。

老师：老师认为这句话交代了事情的起因和地点，但老师认为，老爷爷倒在地上后面可以用省略号，能引起人们的回味和遐想，我们写文章不是什么都要写出来。

【我们老师和学生读了很多文章，学习了很多课文，到底该学什么，教什么比怎么教更重要。在课文中，教师该怎样选择内容，目标是什么，这个才是最重要的，这也是我一直在思考的，"习作"需要"阅读"给予它什么？】

学生：一位路过的男孩一脸担心地跑过来，"别着急！我来背您吧！"

老师：这句提示语老师认为写得好，（边说边画上了曲线）这是对小男孩神态和动作的描写，透过"担心"和"跑"让我们看出了小男孩有一颗什么样的心？善良的心。

学生："不不不，那怎么行啊？"老爷爷为难地说。

老师：这句提示语老师认为他写得好，原因是他把提示语搬家了，搬到了哪里了？

学生：后面。

老师：改变了原来提示语只写在前面的单一写法，这一点好，第二点，它具有动作描写，还有神态描写，真实地再现了当时人物的动作表情。

学生："别担心，我的力气大着呢。"男孩拍拍胸脯扶起了老爷爷。

老师：这句提示语同样有动作，同样放在后面，还有连续的动作描写，这样就把提示语写长了。

……

【**教师创设情境悉心指导学生学写提示语，从学着用提示语到用好提示语之间，让学生逐步清晰如何用提示语表现人物的精神品质，学生一试身手，实践练习，反复品读修正，收获很大。**】

（三）人物外貌的描写指导

写人记事类课文涉及人物的外貌描写，只是作者表现风格和作品的表达需要不同才会有不同的呈现。人物的外貌该不该写，该写什么，是根据文章的主题需要而定的，可是学生的作文里往往只要是有人物出现，不管有没有用，都喜欢把人物的外貌写进去，更为严重的是写外貌时还会眉毛胡子一把抓，一大段的外貌描写占据了一篇作文的大半个江山。分析其原因：一方面是学生为了凑字数，另一方面是学生不会有选择地抓住特点写，或者是不清楚写外貌的目的是什么。追根到课堂上，阅读课文时老师们往往忽略引导学生细细品味人物外貌描写的表达方法及效果。因此在整合训练中指导学生读写时我们应做到以下几点：

（1）结合主题，体会外貌学写法

鲁迅的《少年闰土》里，月光下的少年淳朴而又结实。"他正在厨房里，紫色的圆脸，头戴一顶小毡帽，颈上套一个明晃晃的银项圈，这可见他的父亲十分爱他，怕他死去，所以在神佛面前许下心愿，用圈子将他套住了。他见人很怕羞，只是不怕我，没有旁人的时候，便和我说话，于是不到半日，我们便熟识了。"鲁迅只是寥寥几笔写了闰土的圆脸、小毡帽、银项圈，其他的五官没有涉及，动作神情写了他怕羞，针对五年级学生引导阅读时，让学生体会，作者为什么只写了这几点外貌，这样写有什么好处，让学生通过全篇阅读体会抓特点写是为了突出主题，突出人物个性特点。体会外貌描写的表达效果，然后进行当堂练笔。

《红楼梦》里《凤辣子初见林黛玉》一节对王熙凤的外貌描写传神又苛刻，一个见风使舵、能说会道、显示摆阔的王熙凤形象跃然纸上。

这个人打扮与众姑娘不同，彩绣辉煌，恍若神妃仙子：头上戴着金丝八宝攒珠髻，绾着朝阳五凤挂珠钗；项下戴着赤金盘螭璎珞圈；裙边系着豆绿宫绦双鱼比目玫瑰佩；身上穿着缕金百蝶穿花大红洋缎窄裉袄，外罩五彩刻丝石青银鼠褂，下罩翡翠撒花洋绉裙。一双丹凤三角眼，两弯柳叶吊梢眉。身量苗条，体格风骚，粉面含春威不露，丹唇未启笑先闻。

这一大段的描写多对凤辣子的华丽服装进行细描，王熙凤身上的珠光宝气与众不同，一览无余。但这段文字描写的服饰款样，与现在学生生活中常见的服饰相差很远，学生只有从影视图片中获得相关信息，才能理解王熙凤服饰的华丽。实验教师在课内引导学生结合图片、背景介绍，首先反复品读相关文字，品读这段文字描写的服饰考究和价格昂贵，引导孩子们理解通过服装的描写能体现人物在贾府的显赫地位，体会这样写的好处。这还不够，还要体会作者在写王熙凤服饰时的描述顺序，让学生学写外貌时有章法。"一双丹凤三角眼，两弯柳叶吊梢眉。身量苗条，体格风骚，粉面含春威不露，丹唇未启笑先闻。"这一段作者抓住了人物的眼睛、眉毛、粉面、朱唇、身条进行了特点细描，丹凤眼、吊梢眉等描写为后面王熙凤的个性展开做了铺垫。这段语言精练，适合学生永久记忆下来。

训练学生读写时，应着重引导学生体会作者对人物外貌的哪些特点进行了描写，这样写有什么好处。随机课内进行迁移练笔，写一写身边的人的外貌，可以是服饰，也可以是五官等，学生对练习很有兴趣。

《跨越百年的美丽》一文对居里夫人的外貌描写融进了作者对人物的赞美之情。

"玛丽·居里穿着一袭黑色长裙，白净端庄的脸庞显出坚定又略带淡泊的神情,那双微微内陷的大眼睛,让你觉得能看透一切,看透未来。"作者带着崇敬的心情,通过"一袭黑色长裙,白净端庄的脸庞"把一位理性的、淡泊的女科学家端庄、大方的形象表现了出来。学生结合课文内容会越发觉出居里夫人的美丽。

"结合主题学写外貌"需要经历品读重点段落的写法,学生体会后模仿练习,练习时生生之间互相品读,学生再与典型作品之间对比品读,最后自主练习运用,让学生们逐步明晰人物外貌的描写在文章中的应用。

片段实录

(老师组织学生自读《丰碑》课外篇目用来专项训练)

"风雪中,一位老战士,靠着冰崖坐着,一动也不动,好像一尊塑像。他浑身落满了雪花,神情十分镇定、自然。他穿着一身破旧的单衣,布片像枯树叶一样贴在身上。"(《丰碑》)

老师:大家读了这篇文章一定都很受感动,聚焦到这句话,这是一位冻僵的老战士的形象。大家读一读,体会一下,课文这一段外貌描写有什么作用呢?

学生:让我感动,他有的是机会不被冻死,可他却冻死了,还那样镇定、安详。

学生:我好心痛,军需处长的穿着单薄破旧。

学生:军需处长并没有痛苦,神态十分镇定自若,他把生的希望给了别人。

学生:他没有为自己着想,为了伟大事业他镇定自若。

老师:是啊!现在看这位冻僵了的老战士塑像在战士们的心中已经是——

学生:丰碑。

老师:冻僵的老战士的塑像早已是刻在战士们心中不朽的丰碑,在我们心中也树起了舍己为人、一心为公的丰碑。

老师:这样看来在这里写老战士的神情、衣着为了……

学生:突出中心。

学生:突出主题。

　　老师：是啊！读书不光要知道书里写的是什么，还要知道是怎样写的，进一步知道为什么要这样写，这样才是会读书呢。

　　老师：下面根据这一段的描写，我们也写一写自己熟悉的人的外貌，注意：①抓特点；②按顺序；③突出中心（主题）。

　　学生外貌描写片段

"八哥"画像

　　他矮个子、偏胖，因为话多爱多嘴接茬被起外号"多嘴八哥"。

　　只见他圆圆的脑袋像是两块拼起来的巨型馒头。头发乌黑，摸上去又干又硬，一侧留着一缕长长的怪毛，有小姑娘的小辫子那么长，一定是他的妈妈迷信留的。哼！他的脸肥肥的、圆圆的，因为脸大所以就把本来不大的眼睛挤成了一条缝，小鼻子、小嘴。嘴里的那颗大牙格外显眼，一笑起来那颗大牙先争着露出头来，还真奇怪，别人的板牙都是两颗，他却只长一颗，不过那对招风耳倒很可爱……

　　（2）分级段专项训练外貌描写

　　学生写外貌除了眉毛胡子全写外，还有不按顺序乱写的现象，刚才写的是眼睛，下一刻去写人物的脚丫，人物的脚丫没写完整呢，又回到人物的眉毛上，这一现象多出现在中低段学生群里。还有学生写外貌关注的是静态的，不会捕捉动态的。高段的学生写人物外貌时，外貌与文章主题搭不上，写外貌做什么用，不清楚。因此我们进行了分级段训练。

　　低中段外貌描写训练策略：在中低段学生中进行人物外貌读写练习关注两个方面：①教会孩子观察外貌；②教会孩子按顺序写外貌。

　　首先，观察与表达训练。有观察才会有发现，在中低段读写训练中，先教会学生观察，如何观察呢？教师请一位或两位在班级里备受关注的学生作为观察对象，可能是班长、学习优秀的学生，漂亮女生，或者调皮突出的学生。给班里学生一两天的时间，观察他（她）的习惯性神情动作，观察他（她）的五官特点等，然后同桌交流、小组交流观察后的外貌特点，再进行练笔。观察中提示学生看谁发现了别人没有发现的特点，引导学生观察什么样儿就说写什么样儿，体现真实。

学生观察练写，小组交流后进入全班交流，交流的时机是讲评习作的最好时机，借助于交流的平台对学生的习作进行指导，比如指导学生有序观察，有序表达，指导学生围绕一个意思表达完整，指导学生表达时注意语句通顺，关注标点，指导学生表达时注意段落的分配，等等。学生交流时修改，修改时交流。

其次，光有观察表达训练还不够，低中段的学生语言匮乏，写出来的语言干瘪无趣，怎么办呢？植入阅读是最好的办法，这时教师搜集选取一些适合低中段儿童接受的外貌描写的优美段落，供学生品读、欣赏、对比、借鉴，学生结合自己的文段再一次修改，在小组交流时，找出最佳范文全班交流，把好的文段及时发表在教室的板报上，给以鼓励。

鼓励学生及时积累关于人物外貌的优美语段，提高语言储备量。回顾一下，低中段学生人物外貌读写训练的程序应该是：

选中观察对象（班级典型学生）——学生有序观察有序表达——各层次交流——全班交流——发现点拨——精品对比阅读——精品积累——表彰范文。

高段外貌读写训练策略：有了低中段人物外貌描写的训练基础，高段人物外貌描写更具有方向性、目的性，上面阐述的课堂案例中不难发现，人物的外貌描写是为主题服务的，也是为突出人物某一方面做铺垫的，不是为了写而写，同时高段的人物外貌读写是要体现外貌特点的。高段的人物外貌读写训练延续低中段的读写训练策略，不同的是，在高段训练中教师更加关注读写的内容。比如，品读练写时注意人物的年龄、身份，表现人物的性格，表达的情感，等等，居里夫人的外貌描写带有作者的崇敬，少年闰土的外貌描写体现了时代性、年龄特点，王熙凤的外貌描写表现了人物的身份、地位，冻僵的老战士外貌凸显了主题。因此，在高段训练中，读写同步非常重要，就像上面《丰碑》的片段那样，读中品味写法的表达效果，理解为什么这样写，写中思考写的目的是什么，要传达给读者一种什么思想。高段的训练要在课内外读写中进行。

实验教师秦晓新的一课《凤辣子初见林黛玉》展示了我们研究的思路。

（1）创设情境，导入新课

老师：大家通过预习，对"凤辣子"有了初步了解，这节课，我们将深入读文，去品味"凤辣子"这个人物形象。

（出示大屏幕）读了这篇课文，王熙凤给你留下了怎样的印象，从哪些语句体会到的？学法提示：反复默读课文描写王熙凤的句子，加以体会并做简单批注。

（学生默读课文，并进行批注）

（2）品读描写，深悟"凤辣子"

品读外貌描写：

老师：大家读得很认真，批注得很仔细，谁来说一说王熙凤给你留下了怎样的印象？

学生：漂亮！

老师：怎么漂亮了？找到句子，说给大家听听，怎么看出她漂亮了？

学生：我觉得从"头上戴着金丝八宝攒珠髻，绾着朝阳五凤挂珠钗；项下戴着赤金盘螭璎珞圈；裙边系着豆绿宫绦双鱼比目玫瑰佩；身上穿着缕金百蝶穿花大红洋缎窄裉袄……"（教师纠正"攒"的读音，并要求学生把拼音注上去，解释"攒"就是"绕在一起"的意思。）

老师：从穿着就看出她漂亮了？谁来补充。

学生：从她的衣着打扮中看出她漂亮的。

老师：怎么就漂亮了呢？

学生：她戴的东西都是很独特的。

老师：很贵重的，对吧？好，大家跟着老师来读这一段，我读画横线部分，你们来读下面的部分。

（课件出示：这个人打扮与众姑娘不同，彩绣辉煌，恍若神妃仙子；头上戴着金丝八宝攒珠髻，绾着朝阳五凤挂珠钗；项下戴着赤金盘螭璎珞圈；裙边系着豆绿宫绦双鱼比目玫瑰佩；身上穿着缕金百蝶穿花大红洋缎窄裉袄，外罩五彩刻丝石青银鼠褂，下罩翡翠撒花洋绉裙。一双丹凤三角眼，两弯柳叶吊梢眉。身量苗条，体格风骚，粉面含春威不露，丹唇未启笑先闻。）

老师：穿的有外国进口来的，富贵不富贵啊？

学生：富贵。

老师：太可笑了啊！这么富贵的打扮穿在王熙凤身上多富贵啊，那么王熙凤外表漂亮吗？

学生：漂亮！

老师：外表怎么漂亮了？谁来说？

学生：一双丹凤三角眼，两弯柳叶吊梢眉。身量苗条，体格风骚，粉面含春威不露，丹唇未启笑先闻。

老师：怎么漂亮了呢？找出关键的地方说说。

学生：她的身材很苗条，她的体格很风骚。

老师：体格很风骚就是什么呀？

学生：就是体格细嫩。她粉面含春威不露，丹唇未启笑先闻。

老师：她的脸色是——

学生：她的脸色是白里透红。

老师：真是漂亮啊！我们来看这段话，曹雪芹写的时候用的是对仗的方式写的，我读上半部分，你们读下半部分。一双丹凤三角眼——（师生合作）

老师：刚才同学们从好多词语中感觉到她漂亮了。古代人写一个女孩子漂亮的话，会用上这些词儿——丹凤眼、柳叶眉、身苗条、体风骚，粉面含春、樱桃小嘴，所有的美女的词句都用在了王熙凤的身上，漂亮不漂亮？让我们再来读读，把这种漂亮给读出来。

学生齐读：一双丹凤三角眼，两弯柳叶吊梢眉。身量苗条，体格风骚，粉面含春威不露，丹唇未启笑先闻。

老师：的确是漂亮，我们已经品出来了，她是——（学生齐说漂亮富贵）。但是你细细地品一品，这漂亮的背后还藏着点什么呢？丹凤三角眼、威不露，藏着点什么呢？被你发现了，也被林黛玉发现了。

学生：藏着她的威严。

老师：哪里看出来的？

学生：粉面含春威不露。

老师：请坐下。我要把你的智慧写在黑板上，漂亮，富贵里藏着威严。

（老师板书：藏着威严）这藏着的威严不光是从"威不露"看出来的，前面也能看出来，咱们可以不记笔记，但要动脑筋想呀。秦老师的眼睛是三角眼吗？不是，你们刚才说我很和蔼，和蔼的人不长三角眼。那"三角眼"让你读出什么了呀？

学生：感觉她很有心计，很奸诈。

老师：对，三角眼的人很凶。

学生：感觉她很严肃，很正经。

老师：不是很正经，有那个威严在里面啦！"三角眼"看得出来。"吊梢眉"，眉毛吊在那里，你感觉到什么啦？

学生：好吓人。

老师：好凶的一个人呀，对呀，这种威严藏在里面，我们品着品着发现背后藏着的原来是威严。曹雪芹真了不得，从一个人的外貌就能够折射出人的心理性格。

其实老师还有一个疑惑，一般写人物外貌都会在人物的五官身材上着笔最多，而曹雪芹却在王熙凤的着装上大加渲染，为什么？

学生：为了表现人物的地位。

学生：突出人物特殊的地方。

老师：对呀，写人物外貌就是要善于发现人物特点，要从突出个性的地方去写，如果现在你来写我，你会写我什么呢？

学生：我写老师的眼镜，您带着眼镜显得很斯文。

学生：文质彬彬的。

学生：您一笑眼睛眯成一条缝，很和气。

学生：您说话慢条斯理的，一看就觉得很有学问。

老师：你们的确很会观察，就这样抓住特点突出的地方写。那现在写一写吧。

学生写。

对学生的训练课内打基础，课外求发展，我们随时让学生找来课外书籍进行对比阅读，加强写的质量的练习。

（四）人物神情、动作细致读写

通过人物的动作神情体会人物的内心，在三年级已经涉及，人教社课程标准实验教科书三年级下册第五组课文，四年级下册第七组课文都是体会人物神情动作的。写人记事类文章离不开人物的神情动作描写，但学生往往习作时不善于观察人物的动作、神情，更不善于通过人物的神情动作表达。孩子们表达的动作往往都是一个词代替全部动作。比如，写人物"说"的动作，孩子们一"说"到底，"说"的其他动作"喊""叫""嚷""吼"以及前面的动作简单而无趣。写"拿"的动作，一"拿"到底，究竟是怎样拿的？是"举""捧""捏""抓'，还是什么都统统用"拿"来代替。那么从低段开始，借助于课外阅读积累和语文活动对学生进行这方面的训练。

语文活动中积累和运用。低段的学生在活动中进行，在学生喜欢的活动中学习词语、运用词语是最好的方法。通过活动帮助学生积累已学过的表示神情动作的词；通过活动体会相近动词之间的不同意思，从而提高词语理解运用的能力；通过活动培养学生学会观察、善于辨听、说话用词聚焦准确性的能力。

1. 观察动作积累词语

在低段实践中，我们教师借助于学生喜欢游戏、善于动手等心理特点，创造性地进行了相关的语文实践活动，对动词进行了有效的归类。能对学生的识字、学词、读写起到促进作用。

例如：《比观察善积累》语文活动，通过观察、思考、说词、扩词、积累、运用等几个层次的活动促进学生读写。

如，手的动作观察积累运用：首先，教师用手做相应的"拿""捏""举""捧"等动作，学生猜词语。开始学生说不准，只是用"拿"来代替，渐渐地学生关注了动作的不同细节，说得越来越准确。这样学生就熟知了动词：拿、拾、提、抬、拍、捧、摘、抱……学生猜词中训练学生用词说话，教师顺势教给学生用词要用准，不能想当然。

接着，教师出示动词，学生读动词做动作：撩、扶、握、采、丢、打、扫、捕、找、批、抢……学生用上动词练习说话写话。在以上的训练中让学生边读、边观察、边做动作、边区别动词表现的不同细节，练习用动词说话，并找出相关的带有人物动作的语段进行对比，进行积累。

最后，小组内学生做动作互相猜词语，说动词，用动词说句子练习。

手的动作观察积累运用：

披、拨、挖、拉、拔、挂、指、接、推、插、捅、捉……

脚的动作观察积累运用：

跑、跳、蹦、踢、踹、踩、碾、抬、伸……

嘴的动作观察练习积累运用：

吸、鸣、咬、吃、喝、啄、张、唱、喂、叼、叹、啼、啃、咽、叫、吹、说、喊、嚷、撇、讲、谈、回答……

眼神的动作观察积累运用：

看、观、瞪、瞄、望、瞅、盯、瞧、张望、眺望……

神情的动作观察积累运用：

生气、高兴、愤怒……

我们还创设情境有意拓展学生思维，让学生在具体的生活环境中，学词语用词语。学生最喜欢课外活动，学生课外活动的生活录像比比皆是，借助于这个资源，我们给学生播放录像，让学生观察录像里学生在操场上生龙活虎的连续动作，进行描述，练习用动词说写，收到很好的效果。

2. 中段结合课文用词语，体会人物的神情动作能在阅读中进行

三年级下册第五单元《可贵的沉默》《她是我的朋友》《妈妈的账单》这几篇课文，人物的语言不多，多数以人物的神情动作表现人物内心。尤其是《她是我的朋友》一文，开始救他的朋友时阮恒举起的手颤抖着放下去又举起来，输血开始时一动不动，一句话不说，后来从啜泣、全身颤抖、捂住脸、鸣咽、掩盖、摇头、低声哭泣、紧闭着眼、咬着拳头、竭力制止、立刻停止，一连串的神情动作把小男孩救朋友的善良、可贵的爱心表达得淋漓尽致。在阅读这一课时我的实验教师马文艳是这样做的，请看《她是我的朋友》课堂实录片段：

老师：输血时阮恒一句话没说，但我们通过他的动作、神情体会到他有很多想说不能说的话。读课文第8~10自然段，画出描写阮恒神情和动作的词句，多读几遍细细品味，你感觉到阮恒的内心了吗？

学生画词句，同桌、小组交流。

老师：我们来交流一下。

学生：阮恒抽血时一动不动，一句话也不说。我从他"一动不动"体会到阮恒很坚强很勇敢。

老师：继续交流你找到的句子。（教师随机点击课件，出示相关的语句）

学生：过了一会儿，他突然啜泣了一下，全身颤抖，并迅速用手捂住了脸。看得出他很害怕。

学生：但过了一会儿，他又开始呜咽，并再一次试图用手掩盖他的痛苦。他很害怕又不想让人知道他害怕。

学生：接着，他那不时的啜泣变成持续不断的低声哭泣。

老师：你看，你们说的句子中都有一个相近的词，你发现是哪几个了吗？

学生：有啜泣、呜咽、哭泣，都是描写哭的词语。

老师：同学们，你们平时也都哭过吧，都会在什么时候哭？

学生：伤心、生气、委屈时会哭。

老师：那阮恒是因为什么哭的呢？

学生：阮恒感到害怕痛苦，他抑制不住哭了。

老师：这几个写哭的词语又有什么不同呢？我们可以借助于工具书小组议一议。

（点击啜泣、呜咽、哭泣）

老师：（点击课件，出示词语解释。啜泣：一吸一顿地哭。呜咽：低声哭泣）

老师：再读一下这个段落，体会一下阮恒从"啜泣"到"呜咽"又到低声哭泣，后来是持续不断地哭，你一定有所体会。

学生：阮恒哭得越来越厉害了，越来越害怕。

学生：他的痛苦越来越强烈了。

老师：请你把阮恒内心的害怕和痛苦读出来。

（教师引读，学生有感情地读。）

老师：是什么让阮恒哭得越来越厉害？

学生：他以为抽完血就会死，当离死亡越来越近时，他害怕极了。

老师：都是写哭，但哭的程度不一样了，其实，这段文字中还有很多描写阮恒神情动作的词语，同学们再找找。

学生：全身颤抖、捂住脸、掩盖。

老师：全身的动作、手的动作。

学生：摇头、紧闭着眼、咬着拳头。

老师：头部动作、眼睛、嘴的动作。

学生：竭力制止、立刻停止。

老师：神情变化，你看了一连串的动作有什么感觉？

学生：原来阮恒害怕死亡。

学生：我从"他眼睛紧闭着，用牙咬着自己的小拳头，想竭力制止抽泣"这句话中感觉到，他很恐惧，但是他依然勇敢地给小女孩输血。

老师：是啊！不写人物的语言，不让人物说出来自己的想法，就可以通过人物的神情动作表现出来，这样的描写此时无声胜有声，我们习作时要学习这一点。通过阮恒的这些动作的描写看出，阮恒以为自己会死掉的，但是还是坚持为朋友输血。

老师：阮恒也害怕死亡，可他却心甘情愿地选择了死亡，你感动吗？这位可爱而又可敬的小阮恒内心一定有千言万语。想一想他会说什么。

……

学生写阮恒的内心。

课下练写人物的动作神情的片段。

四年级下册七单元《全神贯注》一文，通过法国雕塑家罗丹一系列的动作神情把他全神贯注为艺术忘我地工作诠释得淋漓尽致。借助于阅读体会方法，创设情境让学生观察情境里人物的神情动作，写神情动作。

情境练习：《修苹果》《掰手腕》

《撞拐子》《洗抹布》

《屏息大赛》《包凳脚》

《抓痒痒》《修桌子》

……

《包凳脚》

学生作品

我家有许多红色塑料凳子，方方的脑袋上有许多美丽的花纹，又扁又宽四只腿脚立在那里，结实，美观。可是每当家里人坐上它时，屁股不敢轻易挪动，稍有动静它会像会意人意似的"吱吱"作响。地板也跟着附和，这一现象早就入了奶奶的法眼，疼在她的心里，怎么能这样，扔掉凳子怎能舍得？留着，可爱的地板受伤，不行，得想办法。那天，奶奶终于想出了好办法——把凳脚包上。

奶奶找出旧衣物、旧枕巾，又找来剪子、刀子、胶布……一应俱全后，只见她把枕巾折成几个对折用剪刀剪开，成了四块，选择一块，把厚的一面盖在脚朝上的凳脚上，多余的，一点一点掖在里面垫起凳脚，奶奶让我和弟弟帮忙抓住枕巾的一头，她又去揭开胶布，顺着凳腿宽窄顺序缠绕粘起，就这样，凳脚包好了，手摸凳脚软软的好舒服。

我和弟弟学着奶奶的样子，开始包起来，真是万事开头难，我们笨手笨脚总算用枕巾把凳脚包上了。粘胶布时遇到了难题，这透明胶就像亲兄弟一样无法分离，我用牙咬不开，用指甲抠，纹丝不动，找小刀割还是分不开，反正费了九牛二虎之力，总算揭开了一条小缝，就着小缝勉强撕下一截胶布粘在凳脚上，只见粘上去的胶布就像是给凳脚画了个小丑的妆，要怎样难看就怎样难看，奶奶在一旁鼓气说："别急，'一回生两回熟'。"

有了第一次的经验，我和弟弟越做越熟练，终于把所有的凳脚都包好了，看着这些凳子穿上了好看的拖鞋，地板似乎会意了，再也不发声了。

包凳脚也给了我启示，正如巴尔扎克所说："生活中的智慧大概就是遇事动动脑筋。"是啊，要想生活得美好，遇事多动脑筋，没错的！

3. 高段欣赏积累名家名段，体会大家笔下人物神情动作的传神之笔

比如名著《红楼梦》中林黛玉进贾府，刘姥姥逗贾母，《水浒传》里的鲁提辖痛打镇关西，《三国演义》里的各篇章随处可寻，有目的、有计划地引导学生欣赏并品读写法，对学生收获很大。

（五）心理描写读写训练

通过人物的动作神情体会人物内心，从三年级段就有所渗透，阅读课文深入人物内心去读，挖掘人物内心的想法，是读懂文本凸显主题的最好方法，同样能深入细致地表达人物内心，也是体现中心的策略，阅读中透过一切现象体会人物内心有利于读懂课文，习作中通过人物或作者心理活动的描写表达情感打动读者。两者相辅相成，相得益彰。人教版课程标准实验教科书小学语文教材里的课文关于心理描写范例很少，而透过人物的语言动作表现人物内心的范例随处可见，小学生阅读时透过人物的语言动作真正地领悟到人物的内心想法，课文的中心也就把握了，那么就此补白练写人物的内心，正是创设练笔的极好机会。如何进行读写训练?

1. 用例子，学方法

课文只是个例子，用课文教才是硬道理，怎样用好教材，教什么给学生，是我们一直实践的主题。其实，三年级下册第四单元《争吵》一课就是心理描写的极好例子。课文以第一人称写了"我"和克莱谛是好朋友，因为克莱谛不小心弄脏了"我"的本子，而"我"却故意弄脏了他的本子而吵起架来，吵架后"我"的内心复杂想法描写得很细。作为中段的学段目标，引导学生了解自然段的构成，抓住一切机会有序地进行段的读写训练是十分必要的。

"我觉得很不安，气也全消了。我很后悔，不该那样做。克莱谛是个好人，他绝对不会是故意的。我想起那次去他家玩，他帮助父母亲干活、服侍生病的母亲的情形。还有他来我家的时候，我们全家都诚心诚意地欢迎他，父亲又是那么喜欢他的种种情形来。啊，要是我没有骂他，没有做对不起他的事该有多好！我又记起父亲'应该知错认错'的话来。但是，要我去向他承认错误，我却觉得太丢脸……"

这段心理写了很多层意思，"我"通过自言自语把内心活动直接表述出来，这段话的构成由"我"的心情变化渐渐展开，把好朋友的懂事、勤劳、惹人爱跃然纸上，把自己的后悔又张不开嘴说"对不起"的复杂心理倾吐出来。老师引领学生对此段的体会，一方面了解此段写了几层意思，一方面让学生了解写人物内心该从哪几方面去写，另一方面体会写人物内心需要的素材是哪些，为学生写人物的心理做方法上的铺垫。

原文句子	情感变化	素材
我觉得很不安，气也全消了。我很后悔，不该那样做。	此时"我"的心情由"不安"——"后悔"。	"我"的感受
克莱谛是个好人，他绝对不会是故意的。我想起那次去他家玩，他帮助父母亲干活、服侍生病的母亲的情形。还有他来我家的时候，我们全家都诚心诚意地欢迎他，父亲又是那么喜欢他的种种情形来。	想起了他好的一面：他懂事、勤劳、惹人爱。	联系生活实际举例，克莱谛在家的表现，在"我"父母的眼里。
啊，要是我没有骂他，没有做对不起他的事该有多好！	"我"真的后悔了。	"我"的感受。
我又记起父亲"应该知错认错"的话来。但是，要我去向他承认错误，我却觉得太丢脸。……	"我"想认错，但很难为情。	"我"不好意思认错。

2. 发现契机、尝试读写

《争吵》一课为学生学写心理提供了范例，接着第五单元以"人间真情"为主题的几篇课文，为学生开拓了读写心理的练笔空间。这个单元一共有《可贵的沉默》《她是我的朋友》《七颗钻石》《妈妈的账单》四篇课文。它们共同的特点是：主人公神情动作描写得很多，人物语言几乎没有。尤其是《她是我的朋友》，阮恒除了各种哭泣以外自始至终只有最后的一句话"她是我的朋友"，《妈妈的账单》里的小彼得更是可爱至极，以一个小脸蛋藏在妈妈的怀里，把账单悄悄地塞进妈妈的衣兜等动作表现了他的害羞。几篇课文中的人物神情动作栩栩如生、鲜活可爱，透过人物的神情动作体会人物内心并且写出内心，体现整合读写、训练读写的理念。我们就此抓住这几篇课文的共性特点展开了人物心理描写的专项读写训练，收到了很好的效果。

以下是实验教师李海英执教的《可贵的沉默》教学片段。

（1）插图引入

老师：对，本文讲的就是一位老师和他学生发生在课堂上的一个小故事，下面就让我们一起走进这个故事。现在让我们一起来回顾这幅图，从这幅画面你看到了什么？

学生1：孩子们特别高兴。

学生2：我看见每个孩子都咧着嘴笑了。

学生3：我看见孩子们都特别高兴，每个孩子脸上都有笑容。

学生4：我看见图上的孩子们都很兴奋，特别是最后面的那个男孩兴奋地站起来举手了。

（2）引读人文、体会情感

老师：你为什么这么兴奋？

学生1：因为我过生日时爸爸妈妈为我祝贺了。

学生2：因为我的爸爸妈妈知道我的生日。

老师：同学们，你们的生日爸爸妈妈知道吗？

学生：知道！

老师：生日那天，爸爸妈妈为你祝贺吗？

学生：祝贺的！

老师：那你的心情怎样？

学生1：我收到了我期盼已久的赛车，我特别高兴。

学生2：我收到了洋娃娃，我特喜欢。

学生3：我们吃了大大的蛋糕，我们一家人都很高兴。

学生4：我在饭店过的生日，我的亲人们都向我祝贺，我那天过得很开心。

老师：让我们一起分角色走进这令人兴奋的课堂。我们来分角色读一读第1至9自然段。

老师：此时你认为文中的这些孩子高兴吗？

学生：高兴。

老师：他们为什么这么高兴？

学生：因为他们的生日爸爸妈妈知道，并向他们祝贺了。

老师：你们真是一群可爱的孩子，懂得被爱、被人关心爱护的感觉真好。

（3）图文对照、体会变化

老师：正在这热闹非凡的时刻，老师问道："你们中间谁知道爸爸妈妈的生日？请举手！""向爸爸妈妈祝贺生日的，请举手！"现在看看这些小家伙的情绪一下子就发生了什么变化？

学生：孩子们都不说话了。

老师：在第一幅图中我们看到了孩子们是那样的兴奋，从这幅图中你又发现了什么？

学生：孩子们都很害臊。

学生：孩子们好像都红着脸，特别是紫衣服的小男孩用手捂住眼睛，恨不得有个地缝钻进去。

学生：他们的眼睛都不敢看老师，就怕老师找他们。

老师：你不知道爸爸妈妈的生日，直接告诉老师不就可以了，你眼神躲躲闪闪干什么？

学生：我觉得不好意思，很害羞。

老师：你在害羞什么？

学生：爸爸妈妈都知道我的生日，我却不知道他们的生日。

学生：我每次过生日爸爸妈妈都为我祝贺、买礼物，而我竟然不知道他们的生日，我真惭愧。

老师：看，这就是你们内心的想法。

老师：我想此时你一定理解了这句话（他们的可爱恰恰在那满脸的犯了错误似的神色之中）。谁来说？

学生：因为孩子们都知道自己错了。

老师：错在了哪儿？

学生：他们不知道爸爸妈妈的生日。

老师：是啊，说他们可爱，是因为他们在觉察到自己错了之后，毫不掩饰，坦诚地流露在他们的神色之中。

老师：孩子们明明不知道爸爸妈妈的生日但不好意思告诉老师，他们不仅感到难为情，此时此刻他们一定还想了很多很多的事情。想起了每一天妈妈总是准时送上香浓的牛奶，妈妈做的饭菜是那么香甜可口。孩子们想一想，爸爸妈妈平时对我们还有哪些关爱？先和你的同桌说一说吧。

学生：我想起了妈妈每天把我早晨要穿的衣服放在床头。

学生：我想起了每次有不会的作业都是爸爸给我讲解。

学生：我想起了那次我生病，妈妈半夜把我送到医院，到了医院又是结账又是抓药，一夜没睡地照看我，直到退了高烧。

学生4：我想起了爸爸无论春夏秋冬、刮风下雨总是及时接送我上下学。

（4）挖掘内心、说写心理

老师：孩子们，你们说得真好，可光想不行，我们还要把内心的想法写出来。写出自己内心的真情实感，看看谁写得又好又多。

小组长组织本组成员逐一交流，一会儿选出本组最优秀的同学进行展示。

学生：我一下子沉默了，我都不敢看老师的眼睛了，我怎么能不记得父母的生日呢，无论我哪次过生日爸爸妈妈都向我祝贺，还给我买礼物，我太不应该了。而且爸爸无论春夏秋冬、刮风下雨总是及时接送我上下学。教我做人的道理，我却从未想过去关心他们，我太惭愧了。

学生：我一下子沉默了，我都不敢看老师的眼睛了，我真惭愧。妈妈给了我聪慧的耳朵去聆听声音，给了我矫健的双腿去跑遍世界，给了我明亮的眼睛让我看清世界。妈妈给了我全世界，我却不知道她的生日，我太不应该了，我回家后一定要问一问爸爸妈妈的生日，下次爸爸妈妈过生日的时候我一定向他们祝贺并给他们准备一份礼物。

……

3. 借助空白、自主练写

有些写人写事的课文通过人物的神情、动作表现内心。作者这样间接描述内心更能引起读者的共鸣，学生通过人物的动作、神情体会内心：一方面培养学生学会阅读，领会读书方法，另一方面学生在体会人物内心时能更深入地走进人物内心，深入地读懂人物，突破阅读难点,作者不直接描写内心是给读者一个思考的空间,引起读者的兴趣,而教师就此空白点引导学生通过人物的动作神情写一写人物的内心,正是练习写内心的极好机会,既突破了重点又锻炼了学生的习作能力。课文的空白点很多,还以本单元为例,《她是我的朋友》一文中的阮恒除了各种哭泣以外自始至终只有最后的一句话"她是我的朋友"。不写人物的语言,不让人物说出来自己的想法,通过人物的神情动作表现人物内心。课文描写具体,事件感人,能够比较容易调动学生的情感。文中这样写道:"一阵沉默之后,一只小手颤抖地举起来。忽然又放下去,然后又举起来。"阮恒举手时为什么"颤抖"?为什么又突然放下去?为什么把手"放下去"又"举起来"?阮恒在抽血过程中为什么"一动也不动,一句话也不说"?这一系列矛盾的动作正是阮恒思想斗争的过程。可想而知,他在这个过程中承受着多大的心理恐惧。课文正是通过对阮恒献血时神情动作的细致描述,表现出阮恒感情上的变化,表达了阮恒对朋友的真诚和无私。抓住阮恒的内心展开练写,既符合三年级段的训练,又符合本单元整合训练点。《妈妈的账单》中彼得一头钻进妈妈的臂弯里的一系列动作表现了他的不安、害羞,内心一定很复杂。经过教师的启发,学生都有可写的内容,练习经历了欣赏、尝试、自主的过程,在阅读中有效进行。整个单元从《可贵的沉默》一课做起,有序地进行着阅读与习作的训练,效果很好。

4. 创设情境、写出真情

创设学生难以达到又不能违抗的情境,让学生经历一次心理的博弈,学生才有内容可写。

(六)事情过程的有序表达读写(略)

(七)场面描写整合训练

1. 提炼语段,专题读写

人教版小学语文教科书里有关于场面描写的篇章不多,五年级的《开国大典》是一篇场面描写的例文,《凤辣子初见林黛玉》《草船借箭》,三年级的《检阅》《西门豹》等文有场面描写,这几篇课文分散在不同学段不同的单元里,进行着其他教学内容的使用,提炼出来作为一个学习场面描写的专题,让学生在运动会、艺术节、"六一"儿童节等重大节日时写出激动人心的场面,是最好的办法。首先,三年级的《检阅》一文介绍儿童队员们在商讨参加国庆检阅时,在队长的提议下确定已被截肢的博莱克走在队伍前面参加国庆检阅,获得了全场的赞誉,检阅时的场面描写非常感人;《西门豹》在惩治巫婆官吏时的场面描写也很解气,学生接触两篇课文后,我们把这两篇课文的场面描写部分放在一起,让学生深入细致地体会场面描写都写了什么,这样写有什么好处,课堂上老师和同学们一起梳理并填写文段表格:

课文	场面描写	写了什么	这样写的好处
《检阅》	国庆节到了。多么盛大的节日!多么隆重的检阅!街道上人山人海,楼房上彩旗飘扬,主席台上站满了国家领导人和外国贵宾。	时间:国庆节 地点:街道、主席台 人:人山人海、领导人、外宾 场景:盛大、隆重	这次检阅非同一般,场面盛大、隆重、激动人心。
	步兵过去了,炮兵过去了,青年组织的队伍也通过了主席台。现在轮到儿童队员了。	参加检阅的人:步兵、炮兵、青年组织、儿童队员……	参加检阅的人都那么专注、严肃,紧紧抓住读者的心。
	在队伍的第一排,紧跟在队长后面走着一名拄拐的男孩,看来,他肯定忘记了自己在拄拐。他同全队保持一致,目视右方,睁着大眼睛望着检阅台。	典型人物:博莱克	人物显得格外精神,团队的爱护给了他无限力量。
	检阅台上的人和成千上万观众的视线都集中在这一队,集中在这位小伙子身上了。 "这个小伙子真棒!"一名观众说。 "这些小伙子真棒!"另一名观众纠正说。 长时间的掌声淹没了观众的议论声。	群人:台上台下的人的神情、语言,集中在这一队,集中在这一人。	小伙子们的自尊自强、互爱互助的精神打动了周围的人们。

续表

课文	场面描写	写了什么	这样写的好处
《西门豹》	到了河伯娶媳妇的日子，漳河边上站满了老百姓。西门豹带着卫士，真的来了，巫婆和官绅急忙迎接。那巫婆已经七十多岁了，背后跟着十来个穿着绸褂的女徒弟。	时间：娶妻日子 地点：漳河边上 人物：老百姓、巫婆及其徒弟、官绅 特点人物：西门豹、卫士	引起读者关注，猜测会发生什么事情？为下文情节做铺垫。
	官绅一个个吓得面如土色，跪下来磕头求饶，把头都磕破了，直淌血。西门豹说："好吧，再等一会儿。"过了一会儿，他才说："起来吧。看样子是河伯把他们留下了。你们都回去吧。"	重点人物：个个官绅 典型人物：西门豹	回应场面描写，揭开西门豹整治官绅、巫婆的做法，大快人心。

　　学生通过反复阅读体会，初步感知场面描写需要介绍场面的时间、地点、事情、人物，重点人物都在做什么等，学生模仿课文进行练写。

　　2. 名段欣赏，经典积累

　　到了高段，让学生体会学习场面描写仅仅接触课文的只言片段是不足以让学生们借鉴的，因此，我们借助于阅读整合的时间及资源，与学生们一起从名著中搜集关于场面描写的优美段落进行品读积累。比如：

　　高尔基在《母亲》一文中，描写巴威尔在法庭演说的一个场面："法庭大为活跃，出现了战斗的火热气氛，律师的辩护措辞犀利，不断刺激着厚颜无耻的法官。法官们挤得更紧，绷着脸，撅着嘴，挺胸凸肚，准备对锋芒锐利的辩护词进行反击。"

　　平常沉睡在疲惫的胸中的愤怒，这时觉醒了，要寻找出路，越来越宽地展开黑色的翅膀，得意洋洋地凌空飞翔，并且更紧地攫住人们，把人们拖在后面，使他们彼此冲撞，然后变成狂怒的火焰。煤烟和尘土在人群上空团团翻滚，那些淌着汗水的面孔涨得通红，面颊上挂着黑色的泪珠。一张张黑脸上，眼睛冒着火，牙齿闪着光。（高

尔基《母亲》）

关公曰："如不胜，请斩某头。"操教倒热酒一杯，与关公饮了上马。关公曰："酒且斟下，某去便来。"出帐提刀，飞身上马。众诸侯听得关外鼓声大振，喊声大举，如天摧地塌，岳撼山崩，众皆失惊。正欲探听，鸾铃响处，马到中军，云长提华雄之头，掷于地上。其酒尚温。（罗贯中《三国演义》）

郑屠右手拿刀，左手便要来揪鲁达。被这鲁提辖就势按住左手，赶将入去，望小腹上只一脚，腾地踢倒在当街上。鲁达再入一步，踏住胸脯，提起那醋钵儿大小拳头……扑的只一拳，正打在鼻子上，打得鲜血迸流，鼻子歪在半边，恰便似开了个油酱铺，咸的、酸的、辣的，一发都滚出来。（施耐庵《水浒传》）

那大虫咆哮，性发起来，翻身又只一扑，扑将来。武松又只一跳，却退了十步远。那大虫恰好把两只前爪搭在武松面前。武松将半截棒丢在一边，两只手就势把大虫顶花皮肐瘩地揪住，一按按将下来。那只大虫急要挣扎，被武松尽力纳定，哪里肯放半点儿松宽？武松只把脚望大虫面门上，眼睛里，只顾乱踢。（施耐庵《水浒传》）

少顷，旱寨内弓弩手亦到，约一万余人，尽皆向江中放箭，箭如雨发。孔明教把船调回，头东尾西，逼近水寨受箭，一面擂鼓呐喊。待至日高雾散，孔明令收船急回。二十只船两边束草上，排满箭枝。孔明令各船上军士齐声叫曰："谢丞相箭！"比及曹军寨内报知曹操时，这里船轻水急，已放回二十余里，追之不及。曹操懊悔不已。（罗贯中《三国演义》）

……

除了名人名段欣赏外，还搜集适合小学生口味的场面描写作品，品读表达方法，渐渐的我们思考着引导梳理场面描写的作用及表达方法。寻找规律进行读写。好的片段进行积累、仿写、迁移运用。

引导学生善于发现生活中场面素材进行练笔。比如，考试收卷后、拔河比赛、运动场上、升旗仪式、课间十分钟、广播操、班级联欢会、"六一"儿童节、购物、运动会开幕式。

3.对比阅读，发现规律

对比阅读中通过生生互动、师生互动，发现场面描写，就是在特定的场地上，在一定的时间内，人们各种各样的活动画面。故事里的人物活动在一定的环境和场合之中，所以无论写人，还是叙事，都离不开描写场面；若是写集体活动，描写场面就更是重要。好的场面描写，可以推动故事情节的发展，烘托气氛。也就是通过对比阅读，学生们体会到场面描写要有发生事情的场地、时间、具体人物。对于人物的描写要有一群人的描述与个例描述相结合。

4.借鉴仿写，体现细节。

这是很好的练习场面的方法，《开国大典》是一篇很好的例文，课文详细地描述了开国大典的时间、地点、会场布局、参加大典的各界代表状况，毛主席讲话引起各界人士的反响。学完《开国大典》后，学生结合学校运动会开幕式，练习仿写，学生把运动会的时间、地点、参加运动会的各类人员，全会多少人参加交代清楚，详细地介绍了会场布局，运动会各类代表队走向会场时的状况，仿写时要求学生从整体到个体进行描述，整体描写一群人时，写出气氛场景。描写典型人物的表现要细致，通过人物的言行表现出来。

5.加强观察，自主练习

场面描写离不开观察，学生往往忽略对盛大场面的观察，观察不到的原因很多，比如运动会开幕式，参加开幕式的领导老师以及来宾坐在看得见的位置上，而参与开幕式的学生往往在后台准备为开幕式出场，盛大的场面总是看不见或看不全；没有参与开幕式的学生作为啦啦队在场上等候时，也没有观察场面的兴趣，眼中无物，错过对可描写场景的有效观察。没有观察怎会有感而发？因此，我们在引导学生进行练习场面描写时提前安排学生有序观察，给学生预留观察作业：（1）此次会议在是什么时间、什么地点，都有哪些人参加？这些人都分别在什么地方？（2）主席台在什么位置，主席台上都有哪些领导人？哪个领导人讲话了？（3）周围的听众有哪些表现？会议进行了哪些程序？（4）抓抓个例，想想自己。学生有了观察的内容，心中有目标，自主练习自然得心应手。

（八）一事一例一主题的读与写训练

一线教师都会有相同的苦恼，那就是学生习作时无法围绕一件事通过具体的描写表达主题，表达人物品质。学生习作时为了凑字数，一连写了几件事也无法完成所要表达的效果。如何攻克这一困难，我们还需要用好课文这个例子，品读例文表达特点，学习表达方法有效练习。引导教师解读课标，解读教材、用好教材是对学生有效训练的前提。从单元整体入手，整合内容，聚焦训练点和能力培养点，"以读代写，以写促读"，请尝试从以下几个方面进行：

1. 抓特点、理规律、明表达

解读教材从单元入手，抓住几篇课文共同的特点，才能明晰表达上的规律。以人教版三年级上学期第二单元为例，本单元安排了《灰雀》《小摄影师》《奇怪的大石头》《我不能失信》四篇课文。单元后安排的习作是"写熟悉的人"。单元编排前后贯通，教师只要认真解读不难发现其规律：这四篇课文分别通过一件平凡的小事体现了名人美好的品质，是一事一例一主题写人物的极好课例，也是中段学生学习具体写事的极好课例。整合单元相同要素，梳理提炼有价值的内容是关键。

从内容上明主题：《灰雀》写了列宁和小男孩关于一只灰雀丢失又回来的故事，表达了列宁对孩子的关心和尊重。《小摄影师》这篇文章写了小男孩给高尔基拍照的事情，从这件事中感受到高尔基关心爱护儿童。《奇怪的大石头》写了李四光小时候研究大石头很执着，"我"最佩服他善于思考认真执着的精神。《我不能失信》写了宋庆龄宁愿不去伯伯家也要等待小朋友到自己家来，赞扬了她诚实守信的品质。四篇课文都是通过一件事例，来写一个人物的。写人的文章立意有几个方面，可以突出这个人的特点，也可以体现人物的品质，可以描写人物的外貌，还可以凸显人物品性。本单元四篇课文的人物都属于名人，主题都是体现人物美好品质的，显然组编这组课文给了师生们阅读与习作一个很好的范例。确定了读写目标是通过一事表现一个人的良好品质，适合三年级学生认知。针对三年级上学期的阶段特点，提出了学生只要能把人物怎么说的、怎么做的写清楚交代清楚的写作要求，也非常符合学生的年龄特点。体现了执教教师较强的写作训练目标意识。

从开头上理脉络：万事开头难，开头有了，文章的条理也就顺了。四篇课文的开头各有相同。《灰雀》的开头："有一年冬天，列宁在郊外养病。他每天到公园散步。"《小摄影师》的开头："1928年夏天，高尔基住在列宁格勒。他经常坐在窗子旁边工作。"《奇怪的大石头》的开头："李四光是我国著名的地质学家。小时候，他喜欢和小伙伴一起玩捉迷藏的游戏。"《我不能失信》的开头："一个星期天，宋耀如一家用过早餐，准备到一位朋友家去。二女儿宋庆龄显得特别高兴。"四篇课文的开头放在一起进行对比阅读，发现写事的文章开头要交代事情的时间、地点、人物、事件的起因等。写记叙文应具备的要素在开头有所呈现。

从事例上看表达：四篇课文都是通过一件具体的事例写清人物在事件发展中的表现，具体描述事件时人物的语言、神情动作描写深入其中，例如《小摄影师》一课：

高尔基拿了张报纸，按小男孩的吩咐坐下。

小男孩摆弄了很久很久，说："一切准备停当。"高尔基侧过脸，对着他微笑。

突然，小男孩往地上一坐，哭了起来。

"你怎么了？"高尔基不知出了什么事。

小男孩哭着说："我把胶卷忘在家里了。"

高尔基赶紧站起来，小男孩已经提着照相机跑出去了。高尔基走到窗口，大声喊道："孩子，回来！我给你胶卷，我这儿有很多胶卷。"

小男孩哭着，跳上一辆电车。电车马上开走了。

不难发现，人物说了什么、做了什么表现出作者要突出的主题，大作家高尔基按照小男孩的吩咐坐下，侧着脸对他微笑，看见小男孩哭赶紧站起来，见小男孩跑大声喊，加上关切的问话都表现出对小男孩的关心，这些内容的解读对于目标的教学设计很有帮助。

2. 激兴趣、拓思路、重设计

教材解读后，用好教材是关键，贴近学生最近发展区的教学设计，是教学目标有效实施的保障。设计时从激发学生兴趣，开拓学生思路出发，从促进学生发展想开去。本单元的读写目标：**一个可确定为通过事例体会学习表达人物的品质；一个可确定为体会并学习选取典型事例，通过人物的说和做来表现人物的品质；还有一个体会并学习按事情的起因、经过、结果，把事情表达清楚**。这几篇课文既是写人物的又是记事的，几篇课文的立意一致，都是赞美人物的美好品质的，因此设计时把读与写融为一体，整体推进。

我们进行了两种方案的设计，单篇案例精品细节学表达、成组群文对比阅读寻规律学方法。

单篇精品细节案例我们进行这样的尝试操作：

首先，引导学生初读课文，扫清文字障碍，初步把握课文内容，了解写人记事文章的特点。

在低段引导学生边读文边思考：课文写了谁？在什么地方？做什么？连成一句话说出来，初步渗透用一两句话述说课文主要内容。这样的练习需要逐步连续地进行，根据不同的故事内容采取不同的策略从分句教，到成句群描述，使低段学生读文后会用简短的语言描述故事内容。对于低段学生，识字写字是关键期，但是培养低段学生乐于阅读浅显读物并且喜欢把读到的故事分享也是最佳期，顺应指导并渗透学生说什么，怎样说更好，也是渗透如何把握课文内容的很好机会。语文课程标准关于阅读方面的目标，第一学段这样描述："阅读浅近的童话、寓言、故事，向往美好的情境，关心自然和生命，对感兴趣的人物和事件有自己的感受和想法，并乐于与人交流。"培养低段学生愿意与人交流感受想法，交流什么显然很重要。《称赞》是二年级上册记事类课文，在引导学生初读课文时，边读课文边扫清文字障碍，读通课文后，理顺课文内容顺理成章，怎样引导梳理内容呢？两步完成，第一步教给方法：读课文，想一想课文里讲了谁和谁的故事，是在什么时候？什么地方？后来怎么样了？生生互动补充，教师串联，学生按照这样的引导，把课文的大概意思简单地表述出来；第二步梳理方法：想一想，我们是怎样把这个故事用一两句话讲完的？教学生想一想，课文里有哪些人物？在什么时间？什么地方？他们做了什么？后来怎么样了？把这些内容串起来，课文的主要内容就简单地讲下来了。这样学生学会阅读的同时也练习了表达。学习例文《称赞》后，借助于《蓝色的树叶》《纸船和风筝》《从现在开始》这些课文继续练习用简短的语句理顺课文内容。

有了低段的渗透，到了中段学生阅读一事一例的课文，学生阅读与表达课文主要内容水到渠成。高段学生梳理课文内容方法很多，能根据课文特点进行，从课题入手梳理，从课文文体要素入手，从课文的主题入手，从课文内容入手……

其次，重点语段详细品读。重点语段的品读是为了学习作者怎样把事例写具体的，体会作者选择了哪些内容来突出主题，低段通过朗读、复述、讲故事练习表达，鼓励学生与同伴交流感兴趣的人和事，愿意与人分享故事。中高段引领学生体会事情怎样写具体的，按照什么样的顺序写的，是怎样在事情里表现人物的品质的。

三年级《小摄影师》一文事情的经过是这样的：

高尔基拿了张报纸，按小男孩的吩咐坐下。

小男孩摆弄了很久很久，说："一切准备停当。"高尔基侧过脸，对着他微笑。

突然，小男孩往地上一坐，哭了起来。

"你怎么了？"高尔基不知出了什么事。

小男孩哭着说："我把胶卷忘在家里了。"

高尔基赶紧站起来，小男孩已经提着照相机跑出去了。高尔基走到窗口，大声喊道："孩子，回来！我给你胶卷，我这儿有很多胶卷。"

小男孩哭着，跳上一辆电车。电车马上开走了。

教学中教师引导学生通过原文与删减文段对比阅读，体会人物语言、动作表达的效果。教师先引导学生分角色有感情地朗读课文，引导学生思考"你在朗读中感受到了什么？"通过师生互动，学生们感受到高尔基对小男孩的关心和爱护。教师顺势对课文进行了删改，去掉了人物的语言，只读作者的话，"高尔基拿了张报纸，按小男孩的吩咐坐下。突然，小男孩往地上一坐，哭了起来。高尔基不知出了什么事。小男孩提着照相机跑出去了。"

让学生再一次体会读后的感受，经过比较学生一下子感觉到，删除人物的对话就不知道他们说什么了，也感受不到高尔基对小男孩的关心和爱护了，没有人物语言描写，人物品质表现不突出，同时事情的经过不够具体，描写显得不生动。教师进一步引导学生扮演角色，读高尔基和秘书的对话：

晚上，秘书告诉高尔基："外面来了一位摄影师。"

"是个小男孩吗？"高尔基问。

"不是。是一家杂志社的记者。"

"请转告他，我很忙。不过，来的如果是个小男孩，就一定让他进来。"

学生体会到人物说了什么对表现人物品质很重要，不仅在写事时要写清人物说了什么，还要让学生读原文后把人物的动作或语言提示语去掉光读人物说的话，让学生体会表达效果的不同，让学生知道把一件事情写好，不但要写出人物说了什么，还要写出人物做了什么。

另外，课堂上引导学生对习作作品讲评时增删也是很好的读写训练。

（九）群文对比提升读写

群文对比读的作用很多，能让学生集中习得阅读方法，迁移习作方法。

解读了三年级上学期第二单元《灰雀》《小摄影师》《奇怪的大石头》《我不能失信》四篇课文的共同点，结合共同点的提炼圈定学生能力培养点。

故事怎样开头？首先，阅读这几篇课文开头练写开头，引导学生对比阅读四篇课文的开头，让学生读一读每篇课文的开头，看看写了什么，及时梳理出写事的文章要先把事情发生的时间、地点、人物写出来；接着写法迁移，让学生想一想自己要写的那件事，发生的时间、地点、人物。想好了，练习写开头。万事开头难，学生文章开头写出来了，故事的源头就找到了。

故事的经过怎样具体展开才能表现人物品质？再引导阅读每一篇课文的故事经过，感受到故事中的人物有哪些品质，作者写了什么表现了这些品质。学生再次感受人物说了什么，做了什么，充分利用学生的课外阅读，打开学生的思路。选择接近学生的生活，便于学生学习吸收的同主题课外阅读内容让学生学习吸收。联系生活加强学生的体验交流。把学生的习作进行讲评再次对比迁移写法，让学生在写一件事情的时候要想想：人物当时说了什么做了什么，把人物所说、所做真实地写出来。

故事结尾就是故事的结果，怎样结束故事？再引导读一读每篇课文的结尾，发现了什么？《灰雀》以作者的话直接告诉事情的结果，《小摄影师》是人物的话说出故事的结果；《我不能失信》通过人物动作表现事情结果；《奇怪的大石头》通过叙说表现人物后来怎么样了。通过对比让学生知道故事的结尾随着故事展开到结束的写法。

故事的题目怎样确定？怎样确定能引起读者注意呢？如何为故事确定题目离不开群文对比读。学生阅读了《灰雀》《小摄影师》《奇怪的大石头》《我不能失信》这几篇故事后，再结合课外阅读体会课文的题目离不开故事的内容，以故事里的人物做题目、故事里人物的话为题目、故事的物为题目等，学生为自己的习作确定题目的过程又是读与写的融合过程。

总之，整合训练是学生读写的保障，内容很多，因文字所限，我只能概述这些，以后我们还会陆续向大家介绍更多的训练做法。如：低段培养学生读写训练的相关内容；学习具体描述事情过程的读与写；学生有序观察，怎样观察，观察什么的读与写；学习运用积累的优秀词句读与写；借助于与其他学科资源整合，跨学科的读写训练；借助于学生生活中的各类活动的读与写……这些内容的训练来自于对学情的了解。**我们的研究将会给大家带来更多的欣喜。**

第四章

"阅读与习作"整体教学的评价体系

一 评价背景及意义

课标要求：语文课程评价应准确反映学生的学习水平和学习状况，全面落实语文课程目标。但在教学中，语文教师存在的教学评价问题有很多，特别是过分依赖考卷分数、评价方式单一等，严重影响了语文课程目标的落实。要想达成"阅读与写作"整体改革的课程目标，还需要在评价方面做出有效的尝试。我们提出"阅读与习作"整体教学改革实验，充分关注到这一点，力争充分发挥评价的诊断、反馈、发展和激励功能，达到检验和改进学生的学习和教师的教学，改善课程设计，完善教学过程、考察学生实现课程目标的程度的目的为此，我们结合小学语文教学评价的相关理论知识进行了大胆地实践尝试，做到相互评价与自我评价相结合，过程评价与终结评价相结合，力求评价内容精细化、评价主体多元化、评价方式多样化，努力探索适合我旗语文整体教学改革的个性化评价策略，最大化地发挥评价功能，推进"阅读与习作"整体教学改革顺利实施。

二 评价类型及策略

"阅读与习作"整体教学研究为了促进师生多读书、读好书、会读书、会运用，习得方法，培养习惯，发挥评价引领功能，促进教学质量的提升，构建了"阅读与习作"整体教学的评价体系。体系中包含基础达标突标评价、阅读与习作考级升级评价、成长跟踪过程性评价、终结性分项评价等。各类型评价之间既有各自的功能，又有互相补充互通融合的必然联系。提倡并鼓励全评价。

（一）基础达标突标评价

实施小学语文整合教学改革的目的就是有效利用课堂时间，把课堂还给孩子，让孩子们在有限时间内真正地参与语文教学实践活动，获得最大收益。小学生的语文基础不能忽视，正所谓"基础不牢，地动山摇"。语文基础知识是学生学习语文的根，识字写字基础知识尤为重要。如果学生识字写字质量不能保证，学词学句跟不上学生的成长，就会出现空中楼阁，以后学生阅读会遇到障碍，学生写作也无法进行。

新课标指出："识字、写字是阅读和写作的基础，是第一学段的教学重点，也是贯穿整个义务教育阶段的重要教学内容。"这样的提法意味着整个义务教育阶段都应重视识字写字教学。在平常的教学中，部分一线教师存在一个认识的误区，总认为"识字是低年段的教学任务"，到了中高段应重视阅读教学，这无形中就削弱了识字写字教学。其结果之一，就是出现大量的错别字。尤其是高年级，识字写字教学目标旁落，要么一带而过，要么一味让学生自学，更缺乏及时的检查与巩固。这对完成小学阶段的识字任务是很不利的，对培养学生自主识字能力也是很不利的。识字写字是贯穿整个义务教育阶段的重要教学内容。规范、端正、整洁地书写汉字，并有一定的速度，是有效进行书面交流的基本保证，是学生学习语文和其他课程、形成终身学习能力的基础。热爱祖国文字，养成良好的写字习惯，具备熟练的写字技能，并有初步的书法欣赏能力是现代中国公民应有的基本素养，也是基础教育课程的目标之一。同时，计算机的逐步普及和现代信息技术的不断发展，对中小学写字教学产生了严重的冲击，写字教学正面临着巨大的挑战。其实，信息技术的发展不可能完全取代人工书写，书面交流在任何情况下都是人们交际的必要手段，而且写字教学的意义并不仅仅在于教会学生写字的方法和技巧，它对陶冶学生情操、培养高尚的道德品质和健康的精神风貌都有着潜在作用，应该受到高度重视。因此，促进师生重视识字写字，夯实识字写字是十分必要的。课标要求识字写字任务是最为基础的任务，教学目标必须达成。实践中我们发现，让学生阅读中提升品质、习作中促进阅读，就需要鼓励学生多识字学词学句，多进行说写练习，因此除课堂教学中适时渗透字词句教学外，我们更加注重激励学生突破标准学习并运用词句，基础达标突标评价就是这样产生的。

1. 及时评价要求达标

实现达标依据年段目标，重视学生的基础字词掌握。教材中要求学会的字词句，教师在平时上课中，及时处理，通过各种方法（查字典、联系上下文、结合句子意思、结合课文内容等）弄清词语意思，掌握生字音、形，掌握生字词在句中的含义。课堂上随机进行听写、默写训练，及时给予评价，使学生努力达标。

及时评价突出及时性，通过星卡、跟踪、成长记录等随时记载学生字词掌握情况，利用课前课后边角时间，生生、师生互评互促，随时跟进，保证学生基础达标。

2. 阶段评价体现突标

鼓励学有余力的学生对于教科书中或课外书籍中的二类字词、三类字词会写会用，突破年段目标要求，突破教材要求。一篇课文、一个单元结束或这个单元学习之中，采取学生感兴趣的形式，如字词盘点，让学生通览整篇、几篇或整个单元的课文，把课文里接触到的好词句（尤其是四字成语、经典句段）摘抄出来进行归类、整合，自主加以识记，老师组织学生阶段性听写、默写或小测验，鼓励学有余力的学生命题测验，学生测验成绩纳入学生综合考评加分项。

（二）阅读与习作考级升级评价

新课标特别强调了"语言文字的运用"。阅读是运用语言文字获取信息，认识世界，发展思维，获得审美体验的重要途径。"运用语言文字"是阅读的本质，也是语文教学的本质。新课标要求阅读教学"引导学生钻研文本"，"阅读是学生的个性化行为，激励学生阅读兴趣，在主动积极的思维和情感活动中，加深理解和体验，有所感悟和思考，受到情感熏陶，获得思想启迪，享受审美乐趣"。教师要加强对学生阅读的指导、引领和点拨，不是以教师的分析来代替学生的阅读实践，不是以模式化的解读来代替学生的体验和思考，也不是脱离文本随意地发挥，要善于通过自主、合作学习解决阅读中的问题。课标提倡在理解课文的基础上，逐步培养学生探究性阅读和创造性阅读的能力，提倡多角度的、有创意的阅读。利用阅读期待、阅读反思和批判等环节，拓展思维空间，提高阅读质量。但要防止逐字逐句的过度分析和远离文本的过度发挥，恰当地把握多元解读，不能曲解和误读。

课标还重视培养学生广泛的阅读兴趣，扩大阅读面，增加阅读量，提高阅读品位。提倡少做题，多读书，好读书，读好书，读整本的书。关注学生通过多种媒介的阅读，鼓励学生自主选择优秀的阅读材料。要求教师加强对课外阅读的指导，组织开展各种课外阅读活动，为学生提供展示与交流的机会，营造人人爱读书的良好氛围。

因此，阅读习作的评价要综合考查学生阅读过程中的感受、体验和理解，要关注其阅读兴趣与价值取向、阅读方法与习惯，也要关注其阅读面和阅读量以及选择阅读材料的能力。重视对学生多角度、有创意阅读的评价。要引导学生有一定的阅读面，就是对不同领域的阅读材料都有所关注，这就是我们提倡的博览群书。这样才能扩大学生的知识面。扩大学生的视野，扩大学生的评价以及选择的能力。评价中关注诵读的评价，重在提高学生诵读的兴趣，增加积累，发展语感，加深体验和领悟。关于古代诗词和浅易文言文积累的评价，要考察积累的量，还要考察学生积累的质，重点在于考察学生记诵积累的过程，考察他们能否凭借注释和工具书理解诗文大意，而不应考察对词法、句法等知识的掌握程度。课标要求小学 1~6 年级背诵 160 篇段，7~9 年级学生背诵 80 篇段，总计义务教育阶段要求学生背诵 240 篇段的优秀诗文，如何考察出这些优秀诗词、美文的量的积累以及记诵的程度如何，这是我们阅读评价所要体现的。

语文课程最基本的理念是全面提高学生的语文素养。提高学生的语文素养最有效的途径是提倡学生多读书、读好书、好读书、读成本书、读书中学会阅读、学习运用。可是，由于现在媒体、信息泛滥使学生静心读书受到了影响，我们也了解到一部分学生不爱读书，读书不求甚解。怎样解决学生有书不愿意读，读书走马观花这一现象呢？怎样让爱读书的学生更爱书、会读书、会运用呢？我们通过了大量地实践研究，并参考一些地区的先进做法制定了考级升级制度，出台了考级升级方案，激励学生读书。在考级升级时我们考虑到不同班级存在差异，不同学生之间还存在差异，所以在评价时坚持开放性和选择性。

为了更好地促进学生"大语文""语用语文"，在小学生"阅读与习作"的评价实施中要求既"分项"优化又"整体"运行；既要侧重于大阅读的评价时指向习作，又要侧重于习作质量的要求时关注学生阅读所得；既要有指向习作阅读与指向阅读习作整体推进，又要有重点突出。

附一：

翁牛特旗小学生阅读与习作考级升级实施建议

阅读与习作考级升级的目的是为了考查学生的阅读习作兴趣、习惯以及读写质量，从而提升学生的读写能力，考级升级评价为两个部分，第一部分为阅读考级评价，考查学生的读写兴趣，读写习惯，第二部分为习作升级部分，考查学生读写质量。具体方案如下：

一、阅读考级实施方案

新课标虽然规定了学生阅读的字数，可是由于缺乏督促和测评的手段，阅读的量难以保证，阅读的质难以检测。为了学生的可持续发展，及时抓住学生小学阶段读书的黄金年龄，激发他们的读书热情，增加读书量，提高学生的阅读水平和语文综合素养，拟在我旗各小学各年级推行阅读考级制。根据我旗实际，特制定《翁牛特旗小学学生阅读考级实施细则》。具体内容如下：

（一）考级等级设立及说明

依据学生的阅读量达标状况、阅读积累情况以及阅读水平考核把考级内容分为七个等级，小学毕业时必须达到六级水平，七级设计为提升级，特设等级目的是鼓励爱读书的学生。一级至六级考级内容随着等级要求逐步提高。一级考级以读说为主，参考阅读数量，采取学生复述、讲故事、谈体会等代替读书笔记考查。二级以上考查阅读量（阅读记录）的同时要考查学生的阅读水平（阅读能力检测）、读后记（读书笔记）等，考级采取晋级制，学生根据自己阅读情况参与等级考级，达标成绩列入晋级成绩。各校根据本校情况制定考级奖励策略，可设置各种阅读称号如"阅读小学士""阅读小硕士""阅读小博士"，激励学生大量阅读。各校依据全旗阅读考级方案认真设计自己学校的阅读考级方案，既要保证各年级学生达到其相应的能力水平，体现各年级间的衔接与递进，也可打破年级界限报考，从而鼓励学生多读书。

（二）考级内容与方法

1. 各级必读内容和读书量

各校根据本校实际设定学生必须背诵的一定数量的古诗文、精彩片段积累内容等，作为等级评定指标，读完规定数目的课外读物或拼音读物，撰写一定数量的读书笔记，并达到一定的阅读总量，并在此基础上强调读书习惯和计划阅读。把阅读考级制真正落到实处。

因为各校生源不同、地域不同，考级内容设定不作统一安排。需根据本校实际自行设定，考级内容设置要体现不同的级别，有不同的考级要求。有阅读的要求、考级方式、考级参考书目，使参与考级的学生有内容、有方向感，便于教师指导。阅读内容要落实，要有量化，考级方式采取过程与终结相结合的多种形式进行。要有平时的观察、抽测、询问，也要有终结时的多项考查。选定参考书目符合年级特点，符合考级级别特点。

阅读笔记具体量化要求（考级必备要求）（参考值）

级别	优秀诗词（首）	格言警句（句）	阅读量（千字）	读书笔记（篇/周）
一	15	10	15	
二	30	20	30	1
三	45	30	50	2
四	60	40	100	2
五	75	50	300	2
六	90	60	500	2
七	100	70	700	2

2. 考级的标准和规定

（1）申报将打破年级界限，学生可根据其实际阅读量有针对性地申报相应级别。

学校教师提前向学生说明阅读量、阅读内容，让学生了解考级的内容和标准，有计划、有目的地开展读书活动。

（2）除完成各级阅读规定的阅读量外，还要完成一定数量的读书笔记，能认真地谈出自己的感受，有一定的见解和认识；对已读书目，能准确回答所提出的问题或说出文章的主要内容；读、背、回答问题均口齿清楚，声音洪亮，表现自然大方。

（3）各校根据本校情况定期安排考级活动。每一级确定的必考内容，学生只有通过全部内容，才有资格获得该项级别证书。

（4）建议各校选用评委时由语文老师和最高级别的学生参与担任，评委可根据考级的实际情况随时调整，鼓励全体学生参与到阅读考级活动中来，达到"以评促读"，掀起读书热潮。

（5）建议各校也可整合各级段口试相机进行，使阅读评价更省时高效。

（6）学生可申请越级考试。如果学生的课外阅读量达到了高一级的要求，不必参加低一级的考试，由各班语文老师负责以书面形式在校考级之前各组织一次（学校考级中心提供样卷）。

（7）建议四、五、六级考级由学校统一组织，必须逐级申报，考级阶段评价、集中评审一般安排在期中、期末各一次。

（8）学生课外阅读的书籍参照语文课程标准推荐的书目，以学校推荐为主。其中学校推荐的考级必读书目是每一个考级学生必须要阅读的书目，没有阅读完必读书目的学生不得申请参加课外阅读考级。考级的内容都在学校推荐的必读书目中。选读书目的阅读量，以教师日常检查摘抄、读后感、读书评论等进行确定。

（9）每学期期中前两周集中检查督促学生的读书情况，每学期期末结束前两周进行考级评价。

（三）阅读推荐书目（略）

各校根据本校实际按方案要求确定内容，出台本校考级方案进行考级。

（四）课外阅读考级申请表（略）

二、习作升级实施方案

阅读能习得方法，习作需要阅读来获得，读写一体互相促进。对小学生写作的评价应重视学生的读写兴趣和习惯的养成，鼓励表达真情实感，鼓励有创意的表达，引导学生热爱生活，亲近自然，关注社会。评价要关注于写作材料的准备过程，不仅要具体考查学生占有材料的丰富性、真实性，也要考查他们获取材料的方法。要引导学生通过观察、调查、访谈、阅读等途径，运用多种方法搜集材料。重视对作文修改的评价。要考查学生对作文内容、文字表达的修改，也要关注学生修改作文的态度、过程和方法。要引导学生通过自改和互改，取长补短，促进相互了解和合作，共同提高写作水平。

实践中我们知道，语文基础扎实，又进行大量阅读，这些都有利于学生习作水平的提高，但一线教师对学生说写评价策略还需要规范，一直以来，针对学生习作如何评价才能更科学、更有效地发挥导向的功能，没有可参考的案例，教师们是根据自己的喜好评出等级，负责任的教师细细阅读学生习作，尽量合理地给予评价，粗心大意的老师有时会受到情绪的影响落笔忽高忽低，无法保证读写评价质量，更谈不上发挥习作的评价功能。在实施小学语文"阅读与习作"整体教学改革的过程中，将学生的阅读经历，平时读写的过程记载、各类读写活动成绩等内容纳入学生习作升级的评价内容，采取习作升级策略，有利于提升学生的习作质量。

学生的习作水平是语文学习质量的最终目标，学习语文的最高境界就是能说能写。习作是学生成长、传承文化的重要手段。课程标准明确指出："写作是运用语言文字进行表达和交流的重要方式，是认识世界、认识自我、创造性表述的过程。写作能力是语文素养的综合体现。写作教学应贴近学生实际，让学生易于动笔，乐于表达，应引导学生关注现实，热爱生活，积极向上，表达真情实感。"针对学生习作评价，我们紧紧依靠课程标准关于写作教学评价建议，根据年段不同研究制定不同的评价标准，体现"综合考查学生写作水平的发展状况。第一学段主要评价学生的写话兴趣；第二学段是习作的起始阶段，要鼓励学生大胆习作；第三第四学段要通过多种评价，促进学生具体明确、文从字顺地表达自己的见闻、体验和想法。对于作文的评价还须关注学生汉字书写的情况。"因此，我们制订学生习作升级评价方案时，综合三个方面进行：（1）通过学生平时的日记、读书笔记、小练笔等情况关注学生习作兴趣、习作习惯；（2）通过学生口头作文、复述故事、现场演讲等内容的考查评价学生学习语文达到的质量；（3）通过现场笔试作文考查学生习作的水平，达到什么程度。以上三项按比例划分，最后分出等级。

（一）习作考级目标分三个等级、三项内容

一级目标：针对小学一、二年级学生。

1. 口头作文检测：口头作文检测内容包括讲故事、现场读短文后复述内容、现场命题口头作文，字数限制在 200~300 字左右。各校根据本校实际三项内容全部进行，也可选其中一项进行。要求：态度大方，用普通话正确表达，条理清晰。

2. 习作兴趣、习惯：查看读书笔记、日记、摘抄、手抄报、品读欣赏、仿写等学生平时习作作品，通过学生字迹、内容、字数判断学生习作兴趣、习作习惯、习作质量，一级目标平时习作累计字数应在 8000 字左右。

二级目标：针对小学三、四年级学生。

1. 口头作文检测：口头作文检测内容包括讲故事、现场读短文后复述内容、现场命题口头作文，字数限制在 500~600 字左右。各校根据本校实际三项内容全部进行，也可选其中一项进行。要求：态度大方，用普通话正确流利表达、条理清晰、突出主题。

2. 习作兴趣、习惯：查看读书笔记、日记、摘抄、手抄报、品读欣赏、仿写等学生平时习作作品，通过学生字迹、内容、字数判断学生习作兴趣、习作习惯、习作质量，二级目标平时习作累计字数应在 50000 字以上。

3. 现场能力测试：书写规范正确、言通字顺、内容完整、能围绕中心表达，无或少错别字，喜欢运用已积累的词句表达，具有真情实感，现场习作字数 400 字左右，具体赋分从几个方面进行：

现场习作	面分	按程度加减分	按程度加减分	按程度加减分
内容完整	完整	基本完整	欠完整	不完整
字词标点	无错字错词	错字错词几处（　　）	错字错词几处（　　）	错字错词几处（　　）
句子通顺	语句通顺	基本通顺	欠通顺	多处不通顺
文章条理	清晰	基本清晰	欠清晰	不清晰
主题（中心）	突出	有中心	不明显	无中心
其他	……	……	……	……

三级目标：针对小学五、六年级学生。

1. 口头作文检测：口头作文检测内容包括讲故事、现场读短文后复述内容、现场命题口头作文，字数限制在 800 字~1200 字左右。各校根据本校实际三项内容全部进行，也可选其中一项进行。要求：态度大方，用普通话正确流利有感情表达，条理清晰，突出主题有，自己的理解和看法。

2. 习作兴趣、习惯：累计读书笔记（积累摘抄、读书批注、美文片段欣赏、名著语段欣赏、阅读检测题签）、日记、调查报告、演讲稿、随文练笔、手抄报……累计字数在 70000 字。

3. 现场能力测试：书写正确规范，无错别字，语句通顺无病句，文章条理清楚，详略得当，恰当运用积累的语言词句、诗文经典点缀文章，尝试运用学过的修辞手法、表达方法，感情真挚。

（二）习作升级办法

1. 检测口头作文情况，检测学生累计习作字数达标情况。

2. 现场出题习文达标情况。

3. 颁发等级证书。

实验校个性化落实方案：总体方案下发后，各校进行了具体安排，各实验校依据我旗整体考级方案进行了安排部署，各自都有考级升级办法，促进了师生大阅读。

2011 年 9 月

附二：实验校考级升级方案举隅

乌丹第四小学课外阅读考级方案

（试用稿）

语文课程标准在实施建议中提出："要培养学生广泛的读书兴趣，扩大读书面，增加阅读量，提倡少做题，多读书，读好书，读整本的书，鼓励学生自主选择阅读材料。"

阅读的过程既是孩子们学语文、用语文、积累语文的过程，又是孩子们精神成长的过程，如果小学生有了浓厚的阅读兴趣，形成了良好的阅读习惯，那么他将受益终生。

为了激发学生的读书热情，开阔学生视野，提高学生的审美情趣，学校特制定"小学生阅读考级"活动方案，具体内容如下：

一、指导思想

阅读是人类特有的最普遍、最持久的学习方式，阅读教学是语文教学的重要组成部分。语文课程标准中明确指出：语文是母语教育课程，学习资源和实践机会无处不在，无时不有。要重视课外阅读的过程，应该让学生更多地直接接触语文材料，要组织学生读各种类型的读物和名著，在大量的语文实践中掌握运用语文的规律，课外阅读总量不少于 100 万字。

二、考级目标

力求通过"阅读考级"这一手段评价、激励、督促、引导学生读书；力求为学生创设一个有利于高效学习的大环境，引导学生投入到书的海洋中充分地阅读；力求让所有的孩子都能和书成为一生相伴的好朋友。通过开展读书考级活动，激发学生读书的兴趣，让每一个学生都想读书、爱读书、会读书，从小养成热爱书籍，博览群书的好习惯，并在读书实践活动中陶冶情操，获取真知，树立理想。

三、考级级别的设立

1~6年级学生（整个小学阶段）根据学生的年龄和认知水平，按年级的不同分为六个等级：一年级为一级，二年级为二级，三年级为三级，以此类推。每个年级段又根据学生完成规定的相应阅读字数、背诵篇目和读书笔记情况，把学生的阅读水平又分为一星级、二星级、三星级、最高级，四个级别。通过考级，分别冠以各等级级别称号，并授予相应的标志，使每位学生心理上产生极大的满足感，从而激发学生的阅读热情。

四、考级办法、要求与内容

1. 考级办法

（1）学生阅读考级和我校开展的读书"评星"活动有机结合起来：每个学生获得一个"读书周之星"为本级的"一星级"，学生获得三个"读书周之星"被评为"读书月之星"为本级的"二星级"，学生获得三个"读书月之星"被评为"读书小明星"为本级的"三星级"，学生获得三个"读书小明星"被评为"读书小博士"为本级最高级。

（2）各语文教师以班级为单位成立阅读考级评委会，负责对本班学生阅读考级。并认真做好"考级"、"评星"活动记录。

（3）阅读考级和读书"评星"活动贯穿本学期始终。

（4）教导处将随机检查各班的阅读考级和读书"评星"活动，并赋分。

2. 考级要求

每个等级都规定：学生必须背诵《诗词雅韵》制定篇目，背诵一定数量的成语、格言警句、优秀文章等，读完规定数目的课外读物或拼音读物，并达到一定的阅读总量，并撰写一定数量的读书笔记，认真填写《一路书香》，把阅读考级真正落到实处。

3. 考级内容

一年级

一星级（读书周之星）：喜欢阅读，感受阅读的乐趣。学习用普通话正确、流利、初步有感情地朗读课文，背诵指定的课文或段落。能熟练背诵《诗词雅韵》5首诗词。背诵10个成语。认真阅读班级共读书目，并能简单说一说故事的主要内容。阅读量达到1万字（阅读量指本学期，不包括上学期）。

二星级（读书月之星）：喜欢阅读，感受阅读的乐趣，能借助拼音进行阅读，每天读书不少于30分钟。学习用普通话正确、流利、有感情地朗读课文，背诵指定的课文或段落。能熟练背诵《诗词雅韵》20首诗词。背诵20个成语，并粗知成语大意。在认真阅读班级共读书目（浅近的童话、故事）的同时，自选书目至少2本进行阅读，并能熟练讲2个童话或成语故事。阅读量达到2万字（阅读量指本学期，不包括上学期）。

三星级（读书小明星）：喜欢阅读，感受阅读的乐趣，能借助拼音进行阅读，每天读书不少于30分钟。能熟练背诵《诗词雅韵》30首诗词。背诵40个成语，略知成语大意。在认真阅读班级共读书目（浅近的童话、故事）的同时，自选书目至少4本进行阅读，并能声情并茂地讲4个童话或成语故事。阅读量达到3万字（阅读量指本学期，不包括上学期）。

最高级（读书小博士）：基本养成良好的阅读习惯，喜欢大量阅读，每天坚持读书1小时。能熟练背诵《诗词雅韵》40首诗词。背诵60个成语，略知成语大意。认真阅读班级共读书目（浅近的童话、故事），对感兴趣的人物和事件有自己的感受和想法，同时自选书目至少6本进行阅读，并能声情并茂地讲6个童话或成语故事。阅读量达到4万字（阅读量指本学期，不包括上学期）。

二年级

一星级（读书周之星）：喜欢阅读，感受阅读的乐趣，能借助读物中的图画阅读，每天读书不少于30分钟。能熟练背诵《诗词雅韵》10首诗词。在认真阅读班级共读书目（浅近的童话、故事）的同时，自选书目至少2本进行阅读，在阅读中积累词语10个和自己喜欢的成语20个并略知成语大意，并能声情并茂地讲2个童话或成语故事。阅读量达到2万字（阅读量指本学期，不包括上学期）。

二星级（读书月之星）：喜欢阅读，感受阅读的乐趣，能借助读物中的图画阅读，每天读书不少于30分钟。能熟练背诵《诗词雅韵》20首诗词。在认真阅读班级共读书目（浅近的童话、故事）的同时，自选书目至少 3 本进行阅读，在阅读中积累词语 20 个和自己喜欢的成语 30 个并略知成语大意，并能声情并茂地讲 4 个童话或成语故事。阅读量达到 3 万字（阅读量指本学期，不包括上学期）。

三星级（读书小明星）：喜欢阅读，感受阅读的乐趣，能借助读物中的图画阅读，每天读书不少于 30 分钟。能熟练背诵《诗词雅韵》20 首诗词。在认真阅读班级共读书目（浅近的童话、故事）的同时，自选书目至少 3 本进行阅读，在阅读中积累词语 30 个和自己喜欢的成语 40 个并略知成语大意，并能声情并茂地讲 5 个童话或成语故事。阅读量达到 4 万字（阅读量指本学期，不包括上学期）。

最高级（读书小博士）：喜欢阅读，感受阅读的乐趣，能借助读物中的图画阅读浅近的童话、故事，对感兴趣的人物和事件有自己的感受和想法，乐于与人交流。诵读儿歌、童谣、浅近的诗，能展开想象，获得初步的情感体验，感受语言的优美。每天读书不少于 30 分钟。能熟练背诵《诗词雅韵》40 首诗词。在认真阅读班级共读书目的同时，自选书目至少 5 本进行阅读，在阅读中积累词语 40 个和自己喜欢的成语 50 个并略知成语大意，并能声情并茂地讲或表演 6 个童话或成语故事。阅读量达到 5 万字（阅读量指本学期，不包括上学期）。

三年级

一星级（读书周之星）：喜欢阅读，能用普通话正确、流利、有感情朗读课文，感受阅读的乐趣，能养成自主读书的好习惯，每天读书不少于 40 分钟。能熟练背诵《诗词雅韵》20 首诗词。在认真阅读班级共读书目的同时，自选书目至少 3 本进行阅读，在阅读中积累优美段落 10 篇，并能初步把握文章的主要内容，进行读书汇报。阅读量达到 2 万字（阅读量指本学期，不包括上学期）。

二星级（读书月之星）：喜欢阅读，能用普通话正确、流利、有感情朗读课文，感受阅读的乐趣，能养成自主读书的好习惯，每天读书不少于 40 分钟。能熟练背诵《诗词雅韵》30 首诗词。在认真阅读班级共读书目的同时，自选书目至少 4 本进行阅读，在阅读中积累优美段落 20 篇，并能初步把握文章的主要内容，进行读书汇报。阅读量达到 3 万字（阅读量指本学期，不包括上学期）。

三星级（读书小明星）：喜欢阅读，能用普通话正确、流利、有感情朗读课文，感受阅读的乐趣，能养成自主读书的好习惯，每天读书不少于40分钟。能熟练背诵《诗词雅韵》40首诗词。在认真阅读班级共读书目的同时，自选书目至少5本进行阅读，在阅读中积累优美段落20篇，并能把握文章的主要内容，能复述叙事性作品的大意，熟练进行读书汇报。阅读量达到4万字（阅读量指本学期，不包括上学期）。

最高级（读书小博士）：喜欢阅读，能用普通话正确、流利、有感情朗读课文，感受阅读的乐趣，能养成自主读书的好习惯，每天读书不少于50分钟。能熟练背诵《诗词雅韵》50首诗词。在认真阅读班级共读书目的同时，自选书目至少6本进行阅读，在阅读中积累优美段落30篇，并能把握文章的主要内容，体会文章表达的思想感情，能复述叙事性作品的大意，熟练进行读书汇报。阅读量达到5万字（阅读量指本学期，不包括上学期）。

四年级

一星级（读书周之星）：喜欢阅读，能用普通话正确、流利、有感情朗读课文，感受阅读的乐趣，能养成自主读书的好习惯，每天读书不少于30分钟。能熟练背诵《诗词雅韵》20首诗词。在认真阅读班级共读书目的同时，自选书目至少3本进行阅读，并能把握文章的主要内容，写出简短通顺的读后感，熟练进行读书汇报。在阅读中积累优美段落10篇。阅读量达到2万字（阅读量指本学期，不包括上学期）。

二星级（读书月之星）：喜欢阅读，能用普通话正确、流利、有感情朗读课文，感受阅读的乐趣，能养成自主读书的好习惯，每天读书不少于40分钟。能熟练背诵《诗词雅韵》30首诗词。在认真阅读班级共读书目的同时，自选书目至少4本进行阅读，并能把握文章的主要内容，写出简短通顺的读后感，熟练进行读书汇报。在阅读中积累优美段落20篇。阅读量达到3万字（阅读量指本学期，不包括上学期）。

三星级（读书小明星）：喜欢阅读，能用普通话正确、流利、有感情朗读课文，感受阅读的乐趣。能养成自主读书的好习惯，每天读书不少于40分钟。能熟练背诵《诗词雅韵》30首诗词。在认真阅读班级共读书目的同时，自选书目至少4本进行阅读，并能把握文章的主要内容，关心作品中人物的命运和喜怒哀乐，写出简短通顺的读后感，与他人交流自己的阅读感受。在阅读中积累优美段落20篇。阅读量达到4万字（阅读量指本学期，不包括上学期）。

最高级（读书小博士）：喜欢阅读，能用普通话正确、流利、有感情朗读课文，感受阅读的乐趣。能养成自主读书的好习惯，每天读书不少于50分钟。能熟练背诵《诗词雅韵》40首诗词。在认真阅读班级共读书目的同时，自选书目至少6本进行阅读，并能把握文章的主要内容，关心作品中人物的命运和喜怒哀乐，写出简短通顺的读后感，与他人交流自己的阅读感受。在阅读中积累优美段落30篇。阅读量达到5万字（阅读量指本学期，不包括上学期）。

五年级

一星级（读书周之星）：喜欢阅读，能用普通话正确、流利、有感情朗读课文，默读要有一定的速度。能养成自主读书的好习惯，每天读书不少于40分钟。能熟练背诵《诗词雅韵》20首诗词。在认真阅读班级共读书目的同时，自选书目至少3本进行阅读，并能把握文章的主要内容，关心作品中人物的命运和喜怒哀乐，写出深刻的读后感，进行读书汇报。在阅读中积累优美段落20篇。阅读量达到3万字（阅读量指本学期，不包括上学期）。

二星级（读书月之星）：喜欢阅读，能用普通话正确、流利、有感情朗读课文，默读要有一定的速度。能养成自主读书的好习惯，每天读书不少于50分钟。能熟练背诵《诗词雅韵》30首诗词。在认真阅读班级共读书目的同时，自选书目至少4本进行阅读，并能把握文章的主要内容，揣摩文章的表达顺序，体会作者的思想感情，初步领悟文章基本的表达方法。关心作品中人物的命运和喜怒哀乐，写出深刻的读后感，进行读书汇报。在阅读中积累优美段落30篇。阅读量达到4万字（阅读量指本学期，不包括上学期）。

三星级（读书小明星）：喜欢阅读，能用普通话正确、流利、有感情朗读课文，默读要有一定的速度。能养成自主读书的好习惯，每天读书不少于50分钟。能熟练背诵《诗词雅韵》40首诗词。在认真阅读班级共读书目的同时，自选书目至少6本进行阅读，并能把握文章的主要内容，揣摩文章的表达顺序，体会作者的思想感情，初步领悟文章基本的表达方法。关心作品中人物的命运和喜怒哀乐，写出深刻的读后感，进行读书汇报。在阅读中积累优美段落40篇。阅读量达到5万字（阅读量指本学期，不包括上学期）。

最高级（读书小博士）：喜欢阅读，能用普通话正确、流利、有感情朗读课文，默读要有一定的速度。能养成自主读书的好习惯，每天读书不少于60分钟。能熟练背诵《诗词雅韵》50首诗词。在认真阅读班级共读书目的同时，自选书目至少7本进行阅读，并能把握文章的主要内容，揣摩文章的表达顺序，体会作者的思想感情，初步领悟文章基本的表达方法。关心作品中人物的命运和喜怒哀乐，写出深刻的读后感，进行读书汇报。在阅读中积累优美段落40篇。阅读量达到6万字（阅读量指本学期，不包括上学期）。

六年级

一星级（读书周之星）：喜欢阅读，能用普通话正确、流利、有感情朗读课文，默读要有一定的速度。能养成自主读书的好习惯，每天读书不少于40分钟。能熟练背诵《诗词雅韵》20首诗词。在认真阅读班级共读书目的同时，自选书目至少3本进行阅读，并能把握文章的主要内容，揣摩文章的表达顺序，体会作者的思想感情，初步领悟文章基本的表达方法。关心作品中人物的命运和喜怒哀乐，写出深刻的读后感，进行读书汇报。在阅读中积累优美段落20篇。阅读量达到3万字（阅读量指本学期，不包括上学期）。

二星级（读书月之星）：喜欢阅读，能用普通话正确、流利、有感情朗读课文，默读要有一定的速度，每分钟不少于300字。能养成自主读书的好习惯，每天读书不少于50分钟。能熟练背诵《诗词雅韵》30首诗词。在认真阅读班级共读书目的同时，自选书目至少3本进行阅读，并能把握文章的主要内容，揣摩文章的表达顺序，体会作者的思想感情，初步领悟文章基本的表达方法。关心作品中人物的命运和喜怒哀乐，写出深刻的读后感，敢于提出自己的看法，做出自己的判断，进行读书汇报。在阅读中积累优美段落30篇。阅读量达到4万字（阅读量指本学期，不包括上学期）。

三星级（读书小明星）：喜欢阅读，能用普通话正确、流利、有感情朗读课文，默读要有一定的速度。能养成自主读书的好习惯，每天读书不少于50分钟。能熟练背诵《诗词雅韵》40首诗词。在认真阅读班级共读书目的同时，自选书目至少3本进行阅读，并能把握文章的主要内容，揣摩文章的表达顺序，体会作者的思想感情，初步领悟文章基本的表达方法。关心作品中人物的命运和喜怒哀乐，写出深刻的读后感，敢于提出自己的看法，做出自己的判断，进行读书汇报。在阅读中积累优美段落40篇。阅读量达到5万字（阅读量指本学期，不包括上学期）。

最高级（读书小博士）：喜欢阅读，能用普通话正确、流利、有感情朗读课文，默读要有一定的速度。能养成自主读书的好习惯，每天读书不少于60分钟。能熟练背诵《诗词雅韵》50首诗词。在认真阅读班级共读书目的同时，自选书目至少3本进行阅读，并能把握文章的主要内容，揣摩文章的表达顺序，体会作者的思想感情，初步领悟文章基本的表达方法。关心作品中人物的命运和喜怒哀乐，写出深刻的读后感，敢于提出自己的看法，做出自己的判断，进行读书汇报。在阅读中积累优美段落40篇。阅读量达到6万字（阅读量指本学期，不包括上学期）。

附录：各年级必背古诗

一年级必背古诗：《长歌行》（百川东到海）、《咏鹅》、《春晓》、《静夜思》、《古朗月行》、《悯农》（锄禾日当午）、《悯农》（春种一粒粟）、《池上》、《登鹳雀楼》、《游子吟》、《画鸡》、《梅花》、《马》、《夜宿山寺》、《敕勒歌》、《风》。

二年级必背古诗：《寻隐者不遇》、《秋浦歌》（白发三千丈）、《九月九日忆山东兄弟》、《赠汪伦》、《绝句》（两个黄鹂）、《枫桥夜泊》、《忆江南》、《山行》、《清明》、《乐游原》、《江上渔者》、《夏日绝句》、《小池》、《村居》、《江雪》、《所见》。

三年级必背古诗：《相思》、《游园不值》、《大林桃花》、《石灰吟》、《题西林壁》、《黄鹤楼送孟浩然之广陵》、《宿建德江》、《早发白帝城》、《泊船瓜洲》、《渔歌子》、《塞下曲》、《赋得古原草送别》、《江南春》、《小儿垂钓》、《咏柳》、《鹿柴》。

四年级必背古诗:《望庐山瀑布》、《独坐敬亭山》、《剑客》、《马诗》、《望天门山》、《别董大》、《江畔独步寻花》、《望洞庭》、《六月二十七日望湖楼醉书》、《惠崇〈春江晓景〉》、《暮江吟》、《示儿》、《四时田园杂兴》(两首)、《晓出净慈寺送林子方》、《蜂》。

五年级必背古诗:《题临安邸》、《乡村四月》、《春日》、《凉州词》(王之涣)、《凉州词》(王翰)、《出塞》、《芙蓉楼送辛渐》、《己亥杂诗》、《早春呈水部张十八员外》、《三衢道中》、《登幽州台歌》、《送元二使安西》、《从军行》、《竹里馆》、《浪淘沙》。

六年级必背古诗:《元日》、《望岳》、《赠花卿》、《春夜喜雨》、《逢入京使》、《滁州西涧》、《竹枝词》(杨柳青青江水平)、《乌衣巷》、《书湖阴先生壁》、《题都城南庄》、《秋夜将晓出篱门迎凉有感》、《泊秦淮》、《过华清宫》、《夜雨寄北》、《饮湖上初晴后雨》、《冬夜读书示子聿》。

要求:低年级古诗要求会背,知道作者、朝代,大致了解诗意。二年级会默写古诗(难写字用拼音)。

中年级古诗要求会背、会默写,知道作者、朝代,了解古诗的意思,并能大致说出诗句的意思。

高年级古诗要求会背、会默写,知道作者、朝代,能说出诗句的意思,并能体会作者的感情。

乌丹第四小学
2014 年 9 月

(三)成长跟踪体现过程评价

新课程改革以来,无论是教研工作者还是一线教师们,都十分重视学生的形成性评价,新修订的语文课程标准在评价建议里也特别强调"应加强形成性评价。提倡采用成长记录的方式,注意收集、积累能够反映学生语文学习发展的资料,记录学生的成长过程。"为什么要记录学生的成长足迹?怎样跟踪评价学生的成长足迹从而促进学生的发展?一段时间里,我在实验学校进行了"成长跟踪评价记录"的探索研究。

1. 用"跟踪评价记录卡"激活课堂，激发学习兴趣

老师们在课堂上一个鼓励的眼神、一朵小红花、一句及时性激励评价的语言会使学生激动万分，积极思考，有意注意时间延长，但长此以往学生淡化这种激励，对教师的鼓励评语置若罔闻，怎样激励学生课堂上全程参与，全员参与从而形成良好的听课习惯？实验小学的教师们是这样做的。

（1）课堂上"评价记录卡"全方位跟踪。

教师们根据自己和本班学情设计出反映学生学习状况的各类奖项卡，如："学生认真倾听奖"、"积极合作奖"、"识字读文过关奖"、"写字奖"、"积极学习态度奖"、"学习进步奖"、"自主学习方法奖"等等。卡片的设计可以是一个笑脸、一朵花、一颗星……为了方便使用，让学生感到常评常新。一个星期所有奖项都用一样的卡片，每个星期更换一次奖项卡式样。课堂上教师的及时性评价，小组随机评价都积累起来作为一节课的评价。一节课结束，根据学生课上的表现奖给学生相关"奖项卡"。一天下来学生手中的"奖项卡"存放在自己的"成长记录袋中"，当手中的"奖项卡"累计10个时到老师那里换一枚红色五角星，同时展示在"成长记录墙"的相关栏目上。这项工作繁杂，但教师们课课评价，日日管理，跟踪不断。

案例1：学生们意犹未尽地下课了

孩子们围着老师乐滋滋地领取"奖项卡"，一个个带有各种图案的"奖项卡"在孩子们手中似宝贝一样互相传阅。孩子们把得到的"奖项卡"数来数去，你一言我一语地议论着。只见他们兴高采烈地向大家介绍："这个笑脸是我得的'认真倾听奖'，这个小兔卡通是'积极合作奖'，这个小猴图片是'会思考奖'，还有……"许多孩子围了上来，"我们够10个'奖项卡'就能换得一颗五角星，你看我都得了12颗星了。""今天我又加星了，这是我的'进步奖'。""我得了倾听奖了！"一个孩子高高地举着他的"奖项卡"大声说："老师，我一下得了两个'活动参与奖'！"马老师也兴奋地介绍着："我每一节课都在用，有了'奖项卡'在，我就不用组织课堂了……"

兴趣是最好的老师，兴趣来自于成功的体验，孩子们随时感受到自己的进步，他们的学习兴趣就会保持，习惯得以慢慢养成。

（2）语文活动中"评价记录卡"跟踪参与

为了激励学生积极参与各种活动，落实大语文观，实验班的教师们用"奖项卡"记录着学生参与语文活动情况。如：课前三分钟演讲、主题队会发言、故事会、习作获奖等相关的语文活动，只要是学生认真参与都能获得奖励。

案例2：课前三分钟演讲正在进行中，一学生讲得十分精彩。演讲完毕，一学生大声说："我能复述他讲的内容。"又有许多同学也举手要求复述，老师说："看来你们都认真听了，我们同桌互相讲讲吧！"学生练习后，老师说："如果课下你们能把刚才讲的内容写下来就更好了！"……课后写下内容的学生们得了"积极参与奖"。

学生学习语言靠的就是多读、强记、多练说、多练写，激励学生读书，并和同学交流读书感受，评价卡起到了积极作用。

2. 用"跟踪评价表"激励学生课下自主学习

"跟踪评价记录表"是为激励学生课外大量阅读、大量积累、积极习作而设计的。低、中、高三个不同级段设计不同的记录表。以低段为例：以学生家长、教师为主要评价人，同时还有同桌互评、小组评价、个人自评，通过"跟踪评价记录表"记录评价学生每天课余生活中的读书学习状况。评价表如下所示：

附：低段日评价跟踪记录表

时间	今天我读的故事是	我请家长听我读，请家长奖励我	我请同学听我读，请同学评价我	我要自己打分	请老师给我加分吧
9月4日					☆☆☆
9月5日					

案例3：走进实验班看晨读

孩子们正在小组交流晨读，只见几个小脑袋瓜攒在一起，一位学生在读书，另几位边看边听边记录着，孩子们的桌边都放着这张评价表，评价表上记载着时间，所读书的题目，还有家长评价意见等。随便翻开一个学生的成长记录袋，发现已往的每日评价表记录详实。有每天学生读的书名，有小组评价，有自我评价，有老师的评价……

儿童的天性就是好动、贪玩。家长、教师、学校通过跟踪评价随时激励并记录他们的读书成绩或成长历程，再通过学生之间的交流，增加了他们的读书量，强化了他们的读书热情，促进了学生自主学习的积极性。

3. 用"跟踪评价记录墙"展示学生的成绩

"评价记录墙"全方位地跟踪评价、记录、展示学生一个学期的语文学习状况。如学生的课下阅读量、课下积累量、学生识字写字、学生习作质量等等。目的是激励学生随时了解自己的进步情况，随时晾晒自己的成绩，激励后进学生奋起直追。

案例4：实验小学的各个教室的"成长记录墙"风格迥异，彰显班级特色，学生在这里找到了自我，他们觉得"我能行"！"我是学习的主人！"……

4. 用"跟踪评价记录袋"促进学生发展

"跟踪评价记录袋"随时装录学生的"成长记录卡"、"成长记录表"、学生测试成绩单以及成长相关材料（奖状、获奖作品、学习成果等）。它的使用培养了学生收集、整理、保存材料的习惯，从而形成自我管理的能力。

案例5：目前一个五年级实验班的学习状况

85%的学生全部读完杨红樱的《淘气包马小跳》系列丛书共计19本，这些学生100%能复述；本班学生全部读完现代版《三国演义》，多数同学能复述……学生积累经典古诗文130多首。限时命题速读1分钟时间学生最快读680字而且能全文复述。学生习作兴趣浓厚，学生打印成集的"大作"好几部：《奥运之旅》、《企鹅历险记》、《小摩尔历险记》……

采用成长评价体现记录的方式，收集、积累反映学生语文学习发展的资料，记录学生的成长过程，对学生语文学习的日常表现，及时表扬、鼓励，强化学生学习习惯的养成，使之形成能力，这样的跟踪评价有实效性。这一效果更加坚定了我们推进该项实验的步伐。

（四）分项考评体现终结性评价

成长跟踪评价体现在学生学习成长的整个过程中，对学生的学习习惯、养成教育起到推动作用，但是教学的最终目标是看效果，因此每个学期末或学年末对学生的学业要有终结性评价，通过终结性评价诊断学生的学业情况，从而改进教学策略。我旗一直坚持分项考试与综合考试相结合，口试与笔试相结合，综合考核学生的学业情况。语文分项试卷分为基础知识、阅读、积累与运用、习作四大项目，形式上又分口试、笔试两种类型。口试考查内容包括：1. 识认生字生词情况；2. 阅读课内外书籍情况——一篇陌生的短文能否读得流畅、准确，不同的级段要求有所区别；3. 根据一个场景、图片或已有的故事内容展开进行口头作文；4. 背诵积累的课内外要求背诵的经典诗文等。我们出台整体口试方案，各校依据整体方案进行具体设计规划，保证每个学年对学生进行至少一次口试测验，这种口试测验考查学生学业水平的同时，对学生也是很好的锻炼。

示例一：翁牛特旗小学中高段语文口试评价方案

小学四、五、六年级语文口试评价内容及评价标准

为了全面考查学生的语文能力，进一步促进小学生语文素养的全面提升，2008 年小学语文期末质量检测均采用口试和笔试相结合的方式进行。笔试 100 分，口试 50 分，依据《义务教育语文课程标准（2011 年版）》的评价要求，现就小学四、五、六年级语文口试内容及评价标准做如下说明：

广阅读，厚积累——积淀文化底蕴

一、阅读量测试（20 分）

测试内容及要求：

1. 课内要求背诵的篇目

要求：任意抽取课内要求背诵的两篇文章（每篇 100 字左右），准备 1 分钟然后背诵。（10 分）

2. 课外阅读测试（10 分）

要求：（1）任意抽取学生课外背诵的两篇文章（每篇 100 字左右），准备 1 分钟然后背诵。（5 分）

（2）任意抽取学生课外阅读的两篇文章，复述内容或说说读书感受。（5分）

评价标准：课内背诵内容的测试根据学生背诵的熟练程度酌情给分。课外背诵内容的测试根据学生提供的阅读量和背诵的熟练程度酌情给分。阅读量不足本年段课标要求阅读量的酌情减分，超过课标要求阅读量的酌情加分。

诵诗文，重口语——提升表达能力

二、朗读测试（10分）

评价标准：正确、流利、有感情

"正确"指的是读音标准，吐字清楚、响亮，不唱读，不重复字句，不丢字、添字，还包括用普通话阅读，无方言色彩；"流利"指的是通顺流畅，速度适中，有轻重缓急；"有感情"指语气、语调、姿态、情感和心理反应符合内容要求，态度自然。

注：各年级段侧重点不一样，低年级要注重阅读的正确性，流利和有感情的要求不应过高；中年级要突出学生流利地朗读；高年级要突出有感情地朗读。针对不同年级学生的深浅适宜地朗读材料，都应该要求"正确、流利、有感情"。

朗读内容的测试可根据以上朗读评价标准酌情给分。

内容及要求：

四年级：抽签选择一篇课内朗读篇目（不超过250字），准备三分钟。要求正确、流利、有感情地朗读。

五、六年级：选择一篇课外朗读篇目（不超过300字），准备三分钟。要求正确、流利、有感情地朗读。

三、口头作文（20分）

评价标准：

评内容：内容具体，感情真实，运用一定的表达方法使自己的文章生动感人。（8分）

评语言：语言是否准确，语言是否规范，用语是否恰当。（4分）

评思路：内容表达得是否清楚，逻辑是否有条理。（4分）

评仪态：声音是否响亮，仪态是否端庄，表情是否自然。（4分）

口头作文评价可根据以上评价标准酌情给分。

评价内容及要求：

选择各年级本学期习作栏目中的训练内容随机命题。准备10分钟，进行口头表达。

小学生口试应遵循的原则：

坚持以人为本，用发展的眼光给学生一个具体恰当的评价，让每一位学生看到自己的进步，帮助学生体验成功，激发学习热情，使评价成为学生可持续发展的动力。

翁牛特旗教师进修学校

2011 年 6 月 12 日

示例二：翁牛特旗低中段语文口试评价方案

小学二年级语文口试评价内容及评价标准

（一）识字部分（20分）

1. 羞枯笋滋玫哦锋觅弱遮荣唤润瑰材股叔需末掩宿揉冈骨牺缝曾萨躲徐漆豪终牲罐泞托探篱轰瘸渡塔窝铃嫩疏扭拐帽杜迈簇

2. 符末钻惋烈鹃荆随触唠莺达脆棘芬鹊犟按瓣芳抚笨莹聊倾卡兔环沟堡凤醮幕府递罗糊义绕疆凰寿临绚窄娇尔涂占茂鲁恩烁

3. 繁穷掀适厨勾隐番敲辉扮贱余蹭库筑蜜襟煌宫恶垫粮晰梯褂夺善洛唐朦维咖幢强喵荒胧吾啡伟败绒爪境够踩犹内屉付碉端

4. 焕减朗齿究宋充差庐压质针志枚政涛滕粘肤瀑乱勘忠财漫刀仍陈联嘿胆炉垂岩盏栏鳞裁丹旋棒姓疑虹册稠抖伊伦赵暑厕鹭

5. 厚喉琳敦艺泳毕含印咙娜酒显囊斧岭痕拌哎便剪驾泊刨搅哄撕膜警吴煤榜骗研胎宝馒租戴惭滑既具裕玲莫寓烘价愧玻嗓柜

6. 茄详斯焦卧购拱璃拎芒菇幅附喘剩墨碎桶售炖奖派截裂抹攒晃货烤催谈守欺蔼封甸药扒叭讶窜负批歉品扛脏撞讨翘箱兵拣

7. 筋桩厌驱顿咱跺此孤蝇抢锄笆饥撒迪悟恐孵德系苇灶玉检类谜段鸣愉僵铝仰性庞或婆榆亏锅傻阑避者屏描漏距炎耐籍喽瞄

8. 勺组溜萎型址铲楚斥亡污址壶衡屈哺销帐汤汉堂乳预账碟恍偷订篷脱未冈弟渐瓦冒泥扑应岛茂吾沟冻追世哥微泉雷泞托该

9.展盛季够溪店界骨然需摸建留棉枯轰抽结迈利纱杏探徐笋拐股迷铃环密摇烧芽浇脆迹弱绕蜜野荣喊终塔叔末胜坡躲菜呼静

10.杜锋芬隐搭解宿唤躺鹃滴芳约摘谢洒夏省钉寿柏束烁尔虹沉盏导胳膊晃荡附近敲传染严寒肉斥责钻研破碎

建议：以上 520 个生字可采取纵向、横向、抽组等多种方法随机抽测 50 个生字识认，分值 15 分。再随机点抽 20 个生字进行口头组词，分值 5 分。

（二）背诵部分（14 分）

从以下必背篇目中抽查背诵内容：

1.课文 1、2、5、6、9、12、15、17、20 课；（6 分）

2.语文园地一、二、三、五、七、八里要求"读读背背"的短文或词句；（5 分）

3.教材外积累的名言警句或精彩语句。（3 分）

建议：每项抽取一篇，要求背诵熟练、吐字清楚、不丢填字、声音响亮，根据背诵情况按各项分值酌情给分。

（三）朗读部分（8 分）

从以下篇目中抽查朗读内容：

1.课文 3、4、10、11、18、19、21、23、25、26、28、29、30 课；（4 分）

2.语文园地四、六"我会读"栏目中的短文；（2 分）

3.选读课文 1、4、5、6。（2 分）

建议：每项抽取一篇进行检测（内容 1、2 可准备 3 分钟，内容 3 准备时间可稍长一些），要求能够有感情地朗读课文、吐字清楚、不填落字、不重复、声音响亮、语速适中，根据朗读情况按分值酌情给分。

（四）说话部分（8 分）

1.讲课文中的故事（看课文插图或看题目讲）：课文 7、8、13、14、16、22、24、27、31、32 课，教材后选读 2、3 课。(5 分）

2.这一学期里参加了许多学校或班级组织的活动，你对哪次活动印象深刻？说一说。要求说清楚什么时间、什么地点、都有哪些人做了什么活动、有什么感受，内容越细越好。（3 分）

建议：内容1、2每项抽取一个内容检测，准备3分钟进行。内容3必查。

小学三年级语文口试评价内容及评价标准

（一）识字部分（10分）

俊咏挨秆翁欧覆郁浊窟俏绦胀绣峭洲厢澈廉窿拂泗翩赤瑞湛贪叼增滨褐启犁罪劝掠衬殊裸偏缠偶衫骡扩罚沾泛跋栋劣漾锐涉咆谱饲濒哮魏嘱忧俱嫉瞟迅输竟槐氏悬弦审哀拄妒御蕴睫匆梧兽遐悲肃慰伍肘戒雯否绊桐存奥惨响梭洪骂尚寂恒瞬榴殖努愈悦狂纠哼恰拭凑桂蔬菌诲若侍犯捂咽桑较藻承稚拳唾棕疗项缘拙竭沫橡估谅烦络蒜彤摊尼宾企虏乞娶塌庭椒陪奈驮标置浮霄逼挣姜敞凝构配届烛旱熄恋盐竖栩贷晓绸冶咸拇释款吊炼醋掏岔跪辣豫郎淌酱憾厅恳廊

建议：以上200个生字可纵向或横向随机抽测50~100个生字识认，分值8分。再随机点抽10~20个生字进行口头组词，分值2分。

（二）背诵部分（10分）

从以下必背篇目中抽查背诵内容：

1. 课文1、2、3、5、13、21、25、26、29；（4分）

2. 八个语文园地里要求"读读背背"的语段或词句；（4分）

3. 课外积累内容，文体不限，学生背诵100字左右即可。（2分）

建议：每项抽取一篇，要求背诵熟练、吐字清楚、不丢填字、声音响亮，根据背诵情况按各项分值酌情给分。

（三）朗读部分（6分）

从以下篇目中抽查朗读内容：

1. 课文4、6、10、11、14、15、18、19、27、28、30；（3分）

2. 教材后选读课文8篇。（3分）

建议：每项抽取一篇进行检测（内容1可准备3分钟，内容2时间可稍长一些），要求有感情地朗读课文、吐字清楚、不填落字、不重复、声音响亮、语速适中，根据朗读情况按分值酌情给分。

（四）说话部分（4分）

1. 讲故事：课文7、8、9、12、16、20、22、23、24、31、32；（2分）

2.选读课文3、4、5。（2分）

建议：每项抽取一篇检测，准备3分钟进行。要求有序地讲述故事内容、语句通顺、态度大方、讲述完整。

（五）口头作文（10分）

习作栏目中的训练内容抽取一个命题，准备5分钟后进行口头表达。

建议：内容具体完整（4分）、感情真实（1分）、有条理（2分）、语句通顺（2分）、态度大方（1分）。

实验以来，各校一直坚持进行评价引导，发挥评价功能效果显著。有些实验校设置了评价手册，效果很好。

翁牛特旗小学语文各学段笔试评价内容及评价标准，因文字有限此内容略。

第五章

"阅读与习作" 我的教研整合观

　　走向一个高度，进入一种境界，唯有上下而求索。

　　一次基层听课，我亲眼目睹了这样一个片段：三个三年级的小学生合作检查作业。一个学生的习作中写了这样一句话"……沐浴在阳光下……"这时另一个男生厉声问道："什么？什么？'木谷'在阳光下？"一边批着，一边露出不屑一顾的样子。第三个学生凑上来一看也随口说道："不对！不对！'木谷'是什么？什么都不是？这写的是什么呀？"那个被检查的男生一头雾水。

　　这一镜头定格在我的记忆中，我不想追究为什么第二个学生那样强势，也不想询问为什么被检查的学生要一脸雾水，更不想对第三个学生说什么。这一片段却提示了作为教研员的我在课改大潮中应该做什么，怎样做，反思自己的言行，放眼于未来的同时还要着眼于脚下。

　　片段里的三个角色我陷入沉思。首先，我不想也不能做应声虫、传声筒，拿来别人的自己不知所以的东西去传扬，一定会在被质疑中一头雾水。我更时时提示自己不做第二个角色，只知"沐浴"一半所云，却以"木谷"释解全貌，哗也！笑也！更不能做第三个角色，不会辨别，不会思考地随声附和。

　　走向一个高度，进入一种境界，唯有上下而求索。只要是教风严谨的教育人，一定都曾有过"昨天说过的话，今天觉得有些偏颇"这样的感受。这种感受是必然也是自然。它记录着经历过的人的不断反思，缜密思考。

　　我聆听过国家知名小学语文教研员北京市教师研修院吴林老师在特级教师展示课上的互动点评。她提倡的语文教学在评价上要"中性一些",也就是"中庸一些"。我们也常常听到各类专家们在改革中左右矫正时的呼吁:一会儿强调不要烦琐分析,要体现文学作品的人文性;一会儿又强调避免人文性泛化,要注意工具性与人文性的统一。有一位小学语文教育专家曾经这样形容课程改革的过程:就像钟摆摆动一样,左右摇摆中前进,只是在摇摆中不可摇摆过大。一位国家级教育专家在我旗的讲座中曾举过这样的例子:几十年前有人做过集中识字实验取得了很好的效果,同时也有地方进行过分散识字实验效果也不错,因此就出现了论坛争议,各自论证自己的做法正确而否定对方的做法,经过几轮的论证后认为,两种方法都各有千秋,不可孤立地认定哪一种方法正确。要根据实际的情况具体处理。《小学语文》期刊编辑郭莉萍老师曾经来过赤峰,对于林西县的"小学语文批注式阅读"给予了很高的评价,但同时也理智地提到"'批注式阅读'只是一种学生阅读方式的尝试,不可为了批注而批注",这些都提示着我们的教研要缜密、细思,还要不断反思。

我深深地认识到作为教研人只有不断学习、实践、反思,不断轮回,才能进入境界,走向高度。

一 追求高效,整合为先

我旗地处内蒙古边陲小镇,现今直属小学 6 所,乡下总校 11 所,其中各乡镇总校包含中心小学、多所完全小学,大小学校等 60 余所。学校构成复杂,各校教师配置情况不够均衡,小学生总人数 3000 余人专职小学语文教师近 700 余人面对这么庞大的集体,提高小学语文教师的教育教学能力,培养教师的研究力,教研员的责任责无旁贷。怎样的教研有实效?怎样的培训教师能接受?怎样的科研算接地气,能解决实际问题?做了 20 多年一线教师的我深知,一线教师需要什么,反感什么。他们需要解决真问题的教研,需要贴近教学的培训,解决实际问题的科研。教师们每天从办公室到教室,又从教室到办公室,备课、作业不停地忙碌,时间是那么的珍贵。显然教研、科研、培训分开进行会耗费教师的精力,时间成本较高。整合教研、培训、科研为一体就是为了整合资源，追求效益最大化，以课题研究为依托，以问题研究为主要内容，通过丰富多彩的培训活动促进各校校本教研，使校本教研有方向、有内容、有目标，从而解决教学中的问题。课题的提出需要身为教研员的我结合我旗实际进行顶层设计，设计的课题大小直接影响到研究效果。课题过大，教师研究会觉得老虎吃天无从下口，课题过小，消耗成本，解决不了实际问题。课题内容一方面依据全国课程改革方向，另一方面体现本土实际，面向全旗。课题主思路必须具备牵一发而动全身的引领功能。

几年里，我倡导翁旗小学语文科研训工作追求的理想境界是：崇尚真实、追求扎实、弘扬朴实。探索"高效低碳"的实效做法，走我旗特有的"平实"之路，营造教学绿色，让我们的语文教学在平实、朴实中绽放精彩，用笑容伴我们走好小学语文之路的每一天。依据小学语文课程总目标"以课题为载体确定研究方向、整合科研训模式、促进城乡均衡发展"是近几年科研训工作的主色调。上下求索征程里，我旗小学语文科研训工作一直是一路辛苦一路歌。

（一）建立组织，打造核心，统筹引领

整合科研训从我们的中心教研组开始。我旗大框架下的课堂教学改革给各科教研人员搭建了平台，各学科都成立了中心教科研组织，负责对全旗中心教科研组成员进行有效的培训。整合科研训是我开展小学语文研训工作的良好开端。我旗小学语文中心教研组成员多来自于基层学校的业务校长或业务主任，他们的业务能力的提升直接影响着基层学校研究水平，由于他们学校事务繁杂，影响着学科专业发展。提升他们的业务能力势在必行，这也是我旗小学语文科研训工作的第一个整合，既是学科教研引领者的深度培训，又是针对教师管理者管理策略的行动研究。每学期初坚持召开小学语文中心教研组会议，每次会议都要梳理上学期学科教学工作情况，汇集有效做法。同时根据各校研训情况对中心教研组成员进行培训引领，提出今后一个学期的研究方向、研究主题、研究目标、研究策略。中心教研组成员的培训引领形式不拘一格，追求实效。

首次会议是在 2011 年 3 月，历时两天的中心教研组成员会议经过精心设计，预期举行。培训形式别开生面："以追踪镇内三所窗口学校教师近期工作痕迹为切入点，观察、对比、思考、发现自己本校该继续做好的和需要改进的做法，立足实际、取长补短。在培养学生学习能力、学习习惯的同时进一步掌握学科必要知识。"会议期间考查了当时三所学校的教师个人备课、集体备课、教师心得、学生各类作业等并与部分教师交流。交流研讨梳理各自的困惑、确定研究方向，他们受益很大，具体到怎样组织指导教师集体备课，怎样指导教师给学生留批作业，留多少，留哪些才算科学有效，等等。中心教研组会议上，结合全旗学校实际，我和大家明确了今后几年里的研究方向、具体做法等，宣读并确立了研究课题："构建'以生为本、高效整合'小学语文教学体系"初步方案，引领各基层学校进行小课题分工细作，落实各校都有课题做，小课题都有学校做，各基层学校研究有了目标。

每一次中心教研组会议都坚持科研训一体。中心教研组会上，我一方面及时汇集各成员在教学实践中的成功做法做到及时推广，同时梳理出新的问题，对于新产生的问题，自己能及时进行指导培训，解决个性化的实际问题。对于共性的问题在全旗大课题研究基础上，引导基层学校作为下一学期的小课题进行研究，会上就研究的目标、策略、进程等进行商讨。中心教研组会议就是这样的学科专业培训会、课题研究会、组织管理会。

（二）培植骨干，辐射引领

学科中心教研组成员的培训引领固然重要，各成员所在学校的骨干教师的培训引领更不可忽视。他们才是课堂教学的主力军，提高他们的专业水平能直接辐射语文教师全员的专业成长，这样会有效形成教师成长的"金字塔"。培养骨干教师同样进行了科研训整合，2008 年学案编写过程就是这样进行的。那是 2008 年末的假期，为了进一步深化教学改革，真正实现面向全体学生、全面推进素质教育，发展学生的综合能力的目的，作为教研员的我欣然带领一批小学语文学科骨干教师开始了编写学案的工作。参与这项工作的教师，有自治区教学能手、自治区骨干教师、学校业务领导，真是群英荟萃。新的教学思路使参编的教师们新奇、困惑、怀疑，但大家想法是一致的，就是"目前的教学改革需要深化了"！

那么，具体怎样操作？编入哪些内容？怎么呈现才能使其成为学生自主学习的路线图，起到引领教师教学思路、了解学情、深化课堂教学改革的作用？这些是摆在我们面前的难题。怎么办？参编教师们对这项工作也是争论不休，担心会增加教师的工作负担，加重学生的课业负担，疑惑今后的语文教学是否能落实学生的听说读写，等等。这里有担忧、有质疑，甚至有反对。这些问题证明教师们领悟新的教学理念，深入教学改革还需要一个过程，问题出在参编教师身上，急在我心里。我认识到：只有树立全新的教学新理念，统一思想认识才是解决问题的关键。那就是必须让参编的教师认识到目前我旗还有一大部分教师跟不上课程改革的步伐，课堂上教师讲得多，分析得多，占用学生大部分时间，阻碍学生的发展现状；认识到培养学生自主学习，主动学习，学会学习，才是我们这次改革的最终目标；还应让参编教师认识到我们呈现学案是为了面向全体学生，通过学案把学生学习过程中隐性的领域显现出来，从而了解学情，实现"以学定教"，培训才能"熏锅黑"，几轮的辅导使参编教师逐步领悟。参编教师思想认识问题得到了解决。

我们试着编出了两份参考学案。两份学案两个思路，一份像是教师教案的翻版，一份像是学生课下的习题都没有达成我们预想的师生"同案协作"共同发展的目标。我们一次又一次地研究修正，理出了学案编写的思路：呈现四大版块、一个拓展阅读，对每个版块的内容进行了细化。学习目标作为学案的第一个版块，第二版块是点拨学生如何进行课前预习，第三版块是引领学生深入学习探究部分，第四大版块是经过预习、深入探究后的知识能力的达标提升。为了填补学生读书少、读书不精的空白，在学案的后面尽量挤进一到两篇相关文章来拓展学生的课外阅读领域。

学案内容确定只是刚刚拉开了序幕，后面仍是曲折婉转。完成学案的初稿，修改学案是一项巨大的工作，我们的编写时间是在一个寒假，来年开学学生教师全部投入使用，时间紧，任务重。为了省时间、增效率，参编教师利用网络语音研讨修订。网络语音修改学案给我留下了深刻的记忆，修改中发现有的学案量很大，内容很杂。特别是在第三版块问题最多，有的学案不能体现学生的训练点、能力的培养点；有的学案反映出编写学案的教师解读文本不深入，只停留在教材表面；还有的学案学习方法提示不明确，没有指导意义。这些问题是学案的核心问题，必须进行修改。那时虽已是腊月二十，年味很浓，但我的编写工作还在如火如荼地进行。我给老师分好时间，针对每个人所编单元内容一对一地逐课进行耐心细致的指导修订，既要保护教师的积极性，又要说服他们根据教学理念修改完善学案。学案在网上传来传去，我的教研变换了新的方式。学案逐步完善定稿，教材文本解读逐步深入，新的理念在教师心中形成。编写学案的乐趣冲淡了北方浓烈的年味。当带着余温的学案像一个个鲜活的生命呈现在我面前时，我真的感动得热泪盈眶。我收获多多，我感到我与教师们共成长，我们的成长会带动一代人的成长。我仰望着蓝天、放飞着希望，教师发展从这里开始，我与教师同发展。也是从那时开始，不知不觉中，培训教研科研一体让我对小学语文教学有了全新的认识。

（三）不拘形式，省时高效

确立小学语文研究课题后，我们每年举行一次全员集课题、教研、培训为一体的研训活动，每一次活动紧紧围绕大课题研究进行分工细作。首先中心教研组会上，我们讨论盘点上学年工作，我们的教学问题解决了哪些，该坚持哪些，需改进哪些，又发现了哪些新的问题，确定新学年该具体研究解决哪些问题……2011年秋季，全旗单元整合教学研究拉开序幕，研究会上对相关理念进行了培训，对单元整合课例进行了展示，教师们有了初步认识，接着发挥各校研究力，通过片区等形式，细化了单元整合课例研究，各校的做法互相碰撞、互相分享。2012年阅读整合系列研究相机进行。我们结合课题总方案通过全员分散等多种形式培训、研究努力追求实现儿童阅读课程化，解决学生读什么，读多少，读到什么程度。宏观的框架基本确立，我们的研究逐步深入，走向细节，怎样实现读写有效融合……我们坚持着科研训一体化。

片区教研工作是小学语文学科率先尝试的一种教研模式。小学语文学科片区研训进行了几个轮回，我们把地域接近、教学资源接近，方便研究的学校整合成片区，全旗分解为四个农村片区一个城镇区。片区研训工作中，我们实现了教研工作的多项整合。其中包括：教学能手片区教研中的汇报课整合了教学能手送教下乡，同时这些教学能手多是城镇教师或大镇中心小学拔尖教师，无疑又是整合了城乡联谊、城乡交流。片区教研中围绕一个单元主题进行的，或围绕一篇课文同课异构促进各校校本教研。为了更好地展示本校特色，各学校校长亲自参与研究跟踪督导，片区教研又整合了以往的集体备课、课例研究。片区教研中各校参与的教师面广，每一次的片区教研各学校至少有两个甚至是三个教师参与上课，其他教师在各校中心教研组成员的组织下集体备课打磨课例，以一带多地进行了学科课程标准研读、学科教材的解读，整合了教材教法培训、课程标准培训。片区教研中都以全旗大课题为载体进行的有计划、有策略，研究有方向地展开……小学语文片区教研中一次片区整合多项：送教下乡、城乡互动、校校联动、同课异构、集体备课、课例研究、以点带面、课题研究、教材教法课标培训于一体，高效省时，效果显著。这一举措推动了全旗小语教学的均衡发展，推动了农村学校教研能力的发展，促进了城区学校教研的再生。城乡之间、校校之间，在研究中共促共进，教研中促进教师专业成长，促进学生学习质量的提升。

 异构争鸣，攻坚克难

（一）同课异构，升华思考

无论是片区研训还是全员研训，我把当时遇到的共性的难以解决的问题进行提炼，采取同课异构的形式，激发各校聚焦思考，在异构中不同思想、多角度的研磨使学科中心教研组成员、学科教师生成新的想法，教学在不断研究交流中深化。

2013年春季"全旗小学语文课题研究阶段小结课例成果展示"研讨会就是一次很好的范例，回眸当时的会后感言自己仍然感慨万千。

长风破浪会有时

——写在"全旗小学语文课题研究阶段小结课例成果展示"之后

春寒料峭，乍暖还寒，伴着纷纷扬扬的春雪，"全旗小学语文课题研究阶段小结课例成果展示"研讨会于2013年3月27日在乌丹三小多功能教室如期举行。展示会历时整整三天，展示14节七种文体、七个主题、五个级段的课例，采取了同课同主题异构，教研员现场点评等形式进行，活动引起我的无限思考。

一、行之愈笃，则知之益明

课例成果展示的主题内容是"攻坚克难"。研究的课例是人教版小学语文课标教材各级段亟待研究的教材内容，如：二年级的《我是什么》，三年级的《掌声》，四年级的《呼风唤雨的世纪》《那片绿绿的爬山虎》，五年级的《月光曲》《长征》，六年级的《开国大典》，等等。课文题材不同，级段不同，教学内容很难把握，是该研究也必须研究的典型课例，整个研讨会低中高段教学内容都有。七篇课例七个主题：低段识字教学与读文有机结合，三年级学段目标与四年级的不同区别，工具性与人文性的统一不要人文泛化，中段词句段的目标落实，关于文本的解读，关于场面的描写……内涵丰富，重点突出。

本次课例成果展示形式新颖。把师情学情相近的学校划归一组进行同课同主题异构。"同课同主题异构"研究建立在"同课异构"之上，是更高层次地研究；是贴近各校校本教研，贴近教师教学实际的有效教研。利用比较法研究不同地区、不同教师对同一教材的不同处理，不同教学策略，通过对照、分析、交流研讨等提高教研质量，提升教师课堂教学水平。我旗小学当时有15所，参与展示的学校是14所学校，分成7个组，每两所学校为一组展示同一个课例，进行同课同主题异构，把教师构成、地域情况相近的学校分为一组。如：镇内乌丹实验小学、乌丹三小异构二年级《我是什么》；乌丹二小、乌丹特校异构四年级《那片绿绿的爬山虎》；梧桐花总校、桥头总校异构四年级《呼风唤雨的世纪》；

五分地总校、乌丹镇总校异构六年级《月光曲》；广德公总校、白音套海总校异构五年级《长征》；解放营子总校、乌敦套海总校异构三年级《掌声》；大兴总校、亿合公总校异构五年级《开国大典》。目的是为了促进小学语文课题研究进一步完善，扎实落实新课标修订理念，促进各校相互交流。把主题式集体备课推向实质，明晰各校集体备课的内容、方向，通过同课同主题异构激励各校出好课，出品质课，展示会上每两节同课异构后的现场评课突出了实效。

本次课例成果展示有内涵、有品质。通过各校"同课同主题异构"拓宽了做课思路，"你有一个苹果，我有一个苹果，交换后每人还是一个苹果；你有一种思想，我有一种思想，交换后每人有两种思想。""同课同主题异构"的教研方式，可以引发各校积极参与集体备课，深入研究，促进各校教师在校本教研中开启智慧，在参与展示时长善救失，取长补短，有效提高教育教学效果。"同课同主题异构"对教材的把握和教学方法的设计上强调"同中求异、异中求同"，让教师清楚地看到不同的学校、不同的教师对同一教材内容的不同处理，不同的教学策略所产生的不同教学效果，并由此打开了教师的教学思路，彰显教师教学个性，是继承和批判的统一，真正体现了资源共享，优势互补。教师们也由开始的不理解转变为积极地上交流课，积极参与听课、评课，从而促使教研风气发生根本转变。这次全旗的同课同主题异构，有效地促进了各校校本教研。

二、知之愈明，则行之愈笃

本次课例成果展示整体上体现一个"实"字，每一节课都在努力体现新课标理念，或读或习作或思考，处处体现语文教学语文味道。低年级特别注重了识字写字教学的研究，重视了识字方法的指导，注重了汉字文化的渗透，写字指导方面时间做到保障，指导上从占格位置到笔画之间的关系都有所涉及；中段教学重点讨论了如何立足本段学情引导学生感悟文本，加强语言文字的运用，如重点词句的理解，重点句子的体会方法；高段以语文运用为中心，提高阅读教学效率，在语言的表达效果方面加入了引导。各校也经过了集体备课多轮研讨，展示的课例有亮点有侧重。大部分课例重视积累和朗读，中间加上了小练笔。

这次展示突出小学语文的特点。结合我旗小学语文教学实践，以提高语言运用为目标，加强实践性、综合性语文学习，改变了以阅读教学为中心的单一语文教学现状。继续以我旗小学语文课题研究为依托，进行阅读整合、读写整合等相关研究，探索课上课下语文教学途径。追求"儿童阅读课程化"，师生读写常态化。

本次展示会给与会的老师们留下了更多的思考、更多的空白。长风破浪会有时，直挂云帆济沧海。今后一段时间里，翁牛特旗小学语文人将携手并进，不断求索，再谱华章！

王学荣

2013 年 4 月 2 日

（二）同主题异构，攻克疑难

一段时间里，教师受到各方面的影响，课堂上不敢多说话，生怕教师的行为过当导致教师牵着学生学，课堂出现学生天马行空的现象，也就是学生"主体发挥"了。教师的主导作用在哪里？针对这一现象，我们对"怎样作为是教师真主导"进行同主题异构。我们还发现，无论是全国阅读教学观摩，还是特级教师讲学，以及我们地区的课堂教学展示，很少看见关于如何梳理课文主要内容，怎样品读课文的结构，等等。也就是说，一篇课文的第一课时怎样上更有效果。我们在南片区教研活动中以"如何把握课文主要内容"为主题异构，各校八仙过海，精彩纷呈，同主题异构明晰了很多教师模糊不清的教学问题，我们在片区中不断地发现这些问题，把这些问题作为主题研究内容，在研培活动中研究深化解决。

三 打造典型，互促互进

打造典型带动全旗研培工作是整合教研的主要形式，典型扶持分为培植骨干教师，打造典型校、带动新建校两个内容。

（一）打造学科基地校

建立学科基地校，为全旗小学语文学科建设服务。2014 年基地校连片大阅读行动陆续展开、这次活动参加的人员有小学语文中心教研组成员及各校骨干教师。

2014 年基地校连片大阅读行动日程安排

时间	地点	内容	设计组织
4月9日上午 星期四	第一节 培训预备会 乌丹三小（8：10分准时开始） 第二节 乌丹四小 第三节 乌丹镇中心小学	本次活动事宜 读书汇报 读书汇报 读书汇报	王学荣
4月9日下午 星期四	桥头三小	语文素养诠释课	
4月10日上午 星期五	第一节 乌丹实验小学（8：10分准时开始） 第二节 乌丹二小 第三节 乌丹五小	读书汇报 读书汇报 读书汇报	
4月10日下午 星期五	乌丹五小会议室	研讨交流，中心教研组成员及骨干教师扩大会议	

此项活动做了细致的安排，提供课例并承办的学科基地学校共七所，分别是乌丹实验小学、乌丹二小、乌丹三小、乌丹四小、乌丹五小、乌丹镇总校、桥头总校。承担学校分别展示了学生读书汇报活动，共展示15节课例。教师们看到了形式多样、内容丰富的读书汇报展示。

4月9日上午，教师们观看了乌丹三小、乌丹四小、乌丹镇中心小学的读书汇报。4月9日下午，教师们驱车百余里来到桥头镇第三小学，观看了桥头镇总校最具特色的语文素养诠释课。通过看课，参与活动的教师看到了读书活动开展以来孩子们巨大的变化，孩子们的出色表现令教师们惊叹不已。课例展示结束后，各位老师听取了乌丹实验小学、乌丹二小、乌丹三小、乌丹四小、乌丹五小及乌丹镇中心小学的中心教研组成员关于本校阅读考级和习作升级的具体做法和成功经验，让所有教师受益匪浅。

4月10日上午，教师们观看了乌丹二小、乌丹实验小学、乌丹五小的读书汇报课并在活动结束后进行了总结。梳理了喜人的丰硕成果，同时晾晒了读书活动开展中的一些问题，强调教师要以教材为依托做好阅读，同时还要重视课外阅读，课外阅读要做到让学生真阅读，深入阅读，既要读有所悟，又要会积累、会运用；既要有内容的了解，又要有经典段落的品味；既要有量的达标，又要有质的飞跃。倡导师生共读，使课外阅读常态化，促进学生爱读书、乐读书，让学生养成良好的读书习惯，为孩子的长足发展和终身发展打下坚实的基础。

短短的两天培训，让参加活动的教师由原来预定的40人发展成100余人。教师的收获颇丰，此次培训活动我们既收获了丰富的成果，同时又播下了希望的种子。

（二）培植骨干，带动全员。

对于骨干教师的培养通过垂直培植、活动促进、搭建平台等形式进行，建立骨干教师培养金字塔。一方面通过参与全国、自治区、赤峰市各级教学能手、学科带头人、青年教师阅读教学大赛等活动，辅导中青年尖子教师，也是凤毛麟角的拔尖教师参与活动，培养他们走向成熟，以此带动更多的老师走出来。这些教师在金字塔的尖端，对于这些教师的培养采取垂直培养，作为教研员的我亲自辅导、帮助备课、帮助进行教学设计；另一方面展开全旗主题式、研讨式示范和观摩等教学活动，辅导待成长中的教师成长起来，促进他们在成长中带动其他教师；片区教研、校际交流活动中搭建平台，为更多的教师提供参与研讨的机会，扩大教师参与交流的人数，提供可参与的空间；为校本教研提供研究内容方向，促进校本教研中教师全员参与，让所有的老师都行动起来，各校采取师徒结对子等形式层层培植，教师专业得到了发展。

为了进一步落实课程标准，延续科研训工作，提升骨干教师教学水平，发挥骨干引领带动作用，特安排骨干教师送教进行面对面辅导交流，实现了送教者与看课者的双赢。骨干教师的教学理念、教学模式、课改信息、教学方法和教学技巧，与农村教师在相互交流、相互学习的过程中，均得到显著提升。

骨干教师送教活动，搭设了校际间交流的桥梁，促进了校际联动，优质教育资源的共享，通过自我反思——同伴互助——专业引领，教师的课程视野开阔了，教师学会思考了，教学研究意识也蔚然成风。

2015 年春季小学语文骨干教师送教安排

活动时间	巡讲学校	骨干教师及学校	课程内容	培训讲座	设计人培训人
5 月 18 日	解放营总校	乌丹四小：朱艳春 李海英 乌丹二小：张立芹	四年级《生命生命》 二年级《丑小鸭》 二年级《三个儿子》	如何把握课文主要内容	王学荣
5 月 21 日	大兴总校	乌丹四小：李海英 乌丹三小：毕志华 乌丹二小：张立芹 乌敦套海总校： 杨 娜	二年级《丑小鸭》 四年级《生命生命》 二年级《三个儿子》 二年级《丑小鸭》	如何把握课文主要内容	王学荣
5 月 22 日	乌敦套海总校	乌丹二小：张立芹 乌敦套海总校： 杨 娜	二年级《三个儿子》 二年级《丑小鸭》	如何把握课文主要内容	王学荣

2015 年秋季小学语文骨干教师送教安排

活动时间	送教学校	骨干教师及学校	课程内容	培训内容	设计及培训人
10 月 27 日	五分地总校	乌丹四小 高文静 张淑丽	二年级完整课 《纸船与风筝》 四年级完整课 《长城》	如何把握课文主要内容	王学荣
10 月 28 日	乌敦套海总校	乌丹四小 高文静 张淑丽	二年级完整课 《纸船与风筝》 四年级完整课 《长城》	如何把握课文主要内容	王学荣
11 月 3 日	花都什小学	乌丹三小 孙海英 梁亚丽	二年级《称赞》 一二课时	如何把握课文主要内容	王学荣

（三）以校为本，顺势而导

"以校为本""顺势而导"，融学科课题与学校课题为一体。根据我旗各总校旗直小学教师结构、各校所需，坚持"以校为本""顺势而导"的原则，以促进教师专业发展为主要目标，促进基层学校研究力，彰显学校特色、学科特点，把学校科研、学科科研、学科培训、学科教研有机整合于一体，形成教研、培训、科研"三位一体"的科研训模式，省事、省时、高效。

我旗小学语文学科自 2011 年开始一直坚持从形式到内容上的整合，以课题为依托，以点研、片研、区研为研究形式，把学科课题与基层学校的课题研究有机整合为一体。例如：大兴总校的校级课题"小学生学习习惯养成策略研究"既符合新课程标准理念，契合大兴总校实际，也是当前小学语文教师最该明晰的教什么的研究内容；解放营总校的"读书讲坛活动"既是该校研究课题，也是我旗"小学语文阅读整合策略研究"的内容，本次小学语文片区科研训中，通过片区里各校小学语文课例展示，结合本次主题课题的交流以及全旗小学语文大课题的研究，小学语文教研员进行了培训，一次交流涵盖了多项内容，真正做到来源于基层服务于基层，实实在在进行了科研训，使参与此次活动的各校业务领导、教师学有所获，为今后的学校科研训、教师的科研训指明了方向，提升了研究力。

我们小学语文科研训整合不仅带动了其他学科教研工作，还以校为本个性化地带动各校共进。

在毛山东总校的校际交流中，小学语文中心教研组的相关成员——镇内一、二、三小以及广德公总校的业务骨干集中在毛山东，针对送教的课例进行把脉，统一思想。在这次交流中几位业务骨干互学互促有了更多的收获，做课的五位教师更是受益匪浅，凡是参与本次活动的业务领导、教师都得到了一次实实在在的紧贴"地气"的学习培训，新成立的毛山东总校的语文教师足不出户进行了学习思考，这对于毛山东总校的语文教师是一次集课例研究、集体备课、教材教法研究学习的极好契机。

本次活动落实了预期方案：实现了以全面提高教学质量为中心，

以全面提高教师专业水平为主要目标，面向全旗，培植骨干，辐射全员的总体目标。（1）各校教师全员参与，加强了各校有机交流，提升参与交流的各校校本科研训品质。（2）各学科教研员在活动中有效落实学科课程标准理念，彰显了各学科特点，提升了各学科课堂教学品质。（3）本次活动实现了优质教师的资源共享，发挥骨干教师辐射作用，促进教学均衡发展。进一步提升了近两年来正在培养中的（也是正在成长中的）各学科的骨干教师（市旗级学科带头人、教学能手、基本功获奖教师）课堂教学水平，通过此项活动促使这些教师从成长走向成熟。

四 点面结合，分享共赢

借助于一切可以借助的机会，我们进行了很多点的研究与思考。在自治区、赤峰市、本旗县教学能手、学科带头人、青年教师基本功和教师素养大赛各项评选中，把帮助选手备课、磨课过程中生成的好点子、好策略进行梳理，在片区研训中发现的好例子串起来。在全员研训中共享，无论是片区研训，还是全员研培，作为顶层设计的我和学科中心教研组成员都进行了有序的、有目的的分工与合作。此校研究展示说明文阅读策略，彼校研究写景类课文阅读策略；此校研究课前导读策略，另一校研究对比阅读策略……各校发挥最大潜能，抓住一点深入研究，全员展示全面分享，收效最大化。通过深入研究攻坚克难，形成了从宏观走向微观，从框架走向具体，从表层走向深入，形成本土的可操作的教学体系。

以 2016 年为例，针对我旗的小学语文教学现状，在 2016 年春季设计并实施了全员的科研训，以"彰显学科本色、提升课堂教学品质"为主题，以"阅读与习作"整体教学研究为依托，圈定 1~6 年级每一个级段的一个单元为科研训内容，集教材培训、课例研究、课题研究为一体，以促进前期校本教研为目的的科研训。科研训中展示课例九节课，九个课堂表现形式，六个级段单元教材与单元整合策略培训：这些均是我旗小学语文教师最为关注的热点内容。科研训形式采取课例展示、骨干教师研讨、教研员专题讲座……后来，延续春季的内容，2016 年秋季又设计片区教研。

2016年春全旗"彰显学科本色、提高课堂教学品质"小学语文学科全员科研训安排日程表

内容 时间	课例及培训内容	做课教师	培训教师	设计及培训
5月10日 上午	六年级《跨越百年的美丽》"阅读与习作"整体教学的理论与实践	大兴总校 佟丹	王学荣	王学荣
5月10日 下午	"阅读与习作"整体教学的理论与实践		王学荣	
5月11日 上午	1. 一年级《识字、写字》 2. 二年级《雷雨》 3. 二年级《画家与牧童》 4. 三年级《可贵的沉默》	1. 乌丹三小 张爱茹 2. 乌丹二小 郭富仕 3. 乌丹镇总校马文艳 4. 乌丹四小 李海英		
5月11日 下午	1. 一下三单元教材培训及单元整合策略 2. 二下五单元教材培训及单元整合策略 3. 三下五单元教材及单元整合策略		刘俊彦 邢艳艳 马志杰	
5月12日 上午	1. 四下：依托《乡下人家》对比阅读课 2. 整本书阅读导读课 3. 五下：依托《金色的鱼钩》读写结合课 4. 整本书阅读导读策略	1. 梧桐花总校 张凤利 2. 乌丹五小 范洪彩 3. 桥头总校 许小艳	刘伟	王学荣
5月12日 下午	1. 五下：依托《金色的鱼钩》作文指导课 2. 五下五单元教材培训及单元整合策略 3. 四下五单元教材培训及单元整合策略	桥头总校 王桂秋	王桂秋 桑学军	

如果说原来的做法只是思考和实践，这次就是一次跨越。一天的关于"小学语文'阅读与习作'整体教学的理论与实践"培训，为与会的教师们注入了活力，接下来的两天课例展示和相关培训，使教师们从理论到实践清晰起来，展示出很多可圈可点的好课，教师们逐步明晰，阅读再也不是窄化的"阅读教学"，习作也不是与阅读两层皮似的独立呈现，读写一体整合高效是未来的主题。加强自身学习，提高自己才是硬道理，这次活动为后期深入研究提供了支架。

为了促进全体语文教师的共同进步，促进各校校本教研，本着既尊重学校研究能力又体现全旗共同思路的想法，设计了2016年秋片区研究方案。以下日程安排可见一斑：

2016年秋全旗小学语文学科片区活动安排日程表

时间	承办校	参与校特派校	活动内容	承办校主持人	设计及培训
东片区（11月16日—17日）	大兴总校（当天日程由承办校安排）	大兴中心校 乌敦套海 白音套海 海拉苏居委会 乌丹四小（特派） 乌丹三小（特派） 花都什小学	六年级五单元读写课 复习课 四年级四单元 读写课 五年级六单元 读写课 三年级四单元习作课（观察日记） 五年级六单元口语交际与习作讲评课 三年级六单元一篇多带课	任芳民	王学荣 邢晓茹
西片区（11月18日）	广德公总校（当天日程由承办校安排）	五分地总校 毛山东总校 亿合公总校 广德公总校	三年级六单元习作课 二年级六单元读写课 五年级五单元阅读课	韩玲	
南片区（11月22日）	桥头总校（当天日程由承办校安排）	桥头总校 梧桐花总校 解放营总校 乌丹二小（特派） 乌丹四小（特派）	四年级二单元观察作文课 五年级四单元读写互动课 五年级六单元读写互动课 二年级七单元口语交际与习作讲评课 五年级六单元口语交际与习作讲评课	王桂秋	

续表

时间	承办校	参与校特派校	活动内容	承办校主持人	设计及培训
镇内片区1(11月23日)	乌丹四小(当天日程由承办校安排)	特教学校(出课) 乌丹二小(出课) 乌丹四小(出课) 乌丹镇 (出课) 乌丹三小(参与) 乌丹五小(参与) 乌丹一小(参与)	五年级六单元 读写互动课 二年级七单元 口语交际与习作讲评课 五年级六单元 口语交际与习作讲评课 三年级七单元 读写互动课 复习课	马志杰	王学荣 邢晓茹
镇内片区2(11月24日)	乌丹三小(当天日程由承办校安排)	乌丹三小(出课) 乌丹五小(出课) 乌丹一小(出课) 特教学校(参与) 乌丹二小(参与) 乌丹四小(参与) 乌丹镇 (参与)	三年级六单元 综合课 一篇多带课 四年级四单元 读写互动 五年级六单元	刘俊彦	

宏观策划再加上微观实践、研究、学习、指导,我们的阅读与习作整体教学改革实验走向细节,活动促进了校本教研,使各校校本教研有内容、有方向、走向深入,各校之间互相分享,互相促进。以活动带动校本教研,以科研课题研究带动培训,实现多赢。

五 群星璀璨,共享硕果

桥头总校的走校教研,乌丹二小的小课题研究,解放营总校的学生读书讲坛,广德公总校的同课异构、课例研究,大兴总校的小学生学习习惯养成策略研究初显成效;乌丹三小、乌丹实验小学、乌丹镇中心小学、亿合公总校的学生写字实验研究开展顺利;桥头总校、乌丹五小、乌丹四小大阅读行动如火如荼,精彩纷呈。更为可喜的是,与我同行的骨干教师队伍不断壮大,我们共享硕果。

不仅如此,身为小学教研部主任,自己更热心与其他学科教研员共同成长，小学各学科进行了校际交流活动，我们在一片蓝天下装扮着教研世界。

附：一次小学部校际交流活动安排记录

关于汉授小学部校际交流活动安排

各总校旗直小学：

依据全旗教育工作精神，翁牛特旗教师进修学校整体教研工作部署，以及小学部工作计划，在全旗中小学教学情况调研反馈后，旗教研室小学部将于4—5月份展开各学科校际交流活动。

一、活动目的

以全面提高教学质量为中心，全面提高教师专业水平为主要目标，面向全旗培植骨干，辐射全员。1.本次活动意在加强各校有效交流，提升参与交流的各校校本教研品质，促进各校教师全员参与。2.促进各学科教研员在活动中有效落实学科课程标准理念，彰显各学科特点，提高各学科课堂教学质量。3.本次活动有利于优质教师的资源共享，发挥骨干教师的辐射作用，促进教学均衡发展；进一步提升近两年以来正在培养中的（也是正在成长中的）各学科的骨干教师（市旗级学科带头人、教学能手、基本功获奖教师）课堂教学水平，通过此项活动促使这些教师逐渐成长并走向成熟。

活动形式：根据小学部各学科的不同特点，面向全旗采取个性化形式进行：有主题片区式、校际联谊式、送教下乡等校际交流活动。

二、活动准备

1.各学科教研员根据自己本学科特点确定待培养教师参与交流。

2.参与交流和主办交流的各校在各学科教研员的安排下集体备课、准备课例。

三、活动时间

预安排时间为4月中旬到五月中旬。

四、活动选定教师所在学校

乌丹实验小学、乌丹二小、乌丹三小、乌丹镇总校、广德公总校、乌丹特校。

五、活动主交流校分配

为了更好地体现面向全体，发挥学科特点，辐射全员，本次活动特把小学部各学科分为三个组分校有序进行。

小学语文学科主交流校：解放营总校、大兴总校、毛山东总校。

活动时间：预定 5 月中旬。

小学音乐、体育、品德与社会、英语四学科主交流校：毛山东总校、白音套海总校、亿合公总校。

活动时间：预定 5 月上旬。

小学数学学科主交流校：特殊教育学校、毛山东总校、广德公总校、大兴总校。

活动时间：预定 4 月中下旬。

附：具体安排详见下表

全旗小学各校校际交流安排表

学科内容	主交流学校	交流形式	参与交流学校及教师	备注
小学语文 5月中旬	解放营总校	主题片区式	乌丹镇总校（高文静） 广德公总校（秦晓新） 梧桐花总校（宋晓艳） 桥头总校（许小艳）	
	大兴总校	主题片区式	特殊教育学校（张淑丽） 乌敦套海总校（韩淑娟） 乌丹二小（邢艳艳） 白音套海总校（于凤兰）	
	毛山东总校	校际交流	广德公总校（秦晓新） 乌丹实验小学（罗瑞颖） 乌丹三小（梁雅丽）	
小学音乐 体育 品社 英语 5月上旬	白音套海总校	校际交流	音乐：乌丹实验小学（母井红） 乌丹二小（吴颖）	主交流校自选教师做课，具体内容与相关学科教研员联系。
	毛山东总校		体育：广德公总校（季新宇） 乌丹实验小学（侯国平） 乌丹镇总校（乔志伟）	
	亿合公总校		品社：乌丹三小（白亚平） 乌丹镇总校（李海英） 乌丹实验小学（王显峰）	
			英语：乌丹三小（张学明） 乌丹二小（于丽艳） 乌丹三小（王秀梅）	

续表

学科内容	主交流学校	交流形式	参与交流学校及教师	备注
小学数学 4月中下旬	乌丹特校 毛山东总校 广德公总校 大兴总校	校际联谊	乌丹实验小学（李志娟、张丽丽） 乌丹三小（王晓燕、陈淑艳） 乌丹二小（待定）	主交流校自选教师做课，具体内容与相关学科教研员联系。

活动说明：

1. 本次校际交流活动全覆盖，涉猎的各校交流内容各有侧重，希望接到此活动安排的各校积极配合各学科教研员做好相关协调工作。

2. 各学科教研员根据自己的学科特点确定内容，确定人员，积极与各校教师取得联系有效进行。

活动具体事宜另行通知。

翁牛特旗教师进修学校小学部
2013 年 4 月

六 我的教研感言

教研员的工作是默默无闻的，需要有帮助教师成功的奉献意识、甘为人梯的宽广胸襟和淡泊名利的平和心态。教研员要把教师的成长看作是自己最大的成功，把教学质量的提升当作是对自己最好的回报。要做一名优秀的教研员就要甘于吃苦，不计名利，耐得住寂寞，敬业爱岗。教研员的舞台是宽广的，没有任何局限，可以自由选择和发挥，只要我们愿意为此付出精力和能力，一定会收获成功。我感慨多多，仅以曾经的一次窃喜感言献给正在阅读这本书的您。

那一片片新绿

——拙笔于内蒙古自治区、赤峰市教研领导来我旗调研后

"盼望着，盼望着，东风来了，春天的脚步近了。

......

小草偷偷地从土里钻出来，嫩嫩的，绿绿的。园子里，田野里，瞧去，一大片一大片满是的。坐着，躺着，打两个滚，踢几脚球，赛几趟跑，捉几回迷藏。风轻悄悄的，草绵软软的。"

朱自清的《春》道出了人们喜春爱春的情怀。我也喜爱春天，但我更爱春天的那一片片的绿。点点新绿生机盎然地踏着春的节拍从墙角处、小河边、稻梗旁、原野上一点点，从无到有，从小到大，慢慢舒展，渐渐延伸……它们使劲儿地舒展腰肢，尽情享受春的气息，吮吸大地的滋养。它们装点着，呼唤着，热切地点燃了人们心中的希望。只要有阳光，只要有土壤，就有它们勃勃生机的身影，它们不择地势，不嫌贫瘠，只苗壮成长，那强大的自然势态很难与这一颗颗小小的生命比拟。

我赞美那一片片新绿，因为它们多数在百花盛开之前到达，好像每次盛会之前的场景设计师一样，为展示花儿们的美努力地布景、装扮。大到一片片山丘田野，小到犄角旮旯，处处有它们的身影，它们仔细地、认真地不放过每一处细节，为的就是迎接花果们最灿烂、最辉煌的那一天。即使有些绿比花儿们稍迟一些也是为了正合时机地衬托花儿们。它们蕴育得最早，走得最晚。花落果熟之后它们才在人们的收获喜悦中悄悄隐去，蕴育着下一次的绿。

我赞美那片片新绿，它们让我不由得联想到很多很多……我想到了热心于翁牛特旗教育改革的所有教研人员，他们不就是在绿着吗？但我也想起了呵护他们成长的阳光，滋养他们的土壤——那就是翁牛特旗区域大框架下的教育改革，翁牛特旗温馨的教研环境。这些怎能不令新绿们争相茁壮？翁牛旗小学语文片区教研就是第一个悄悄地生长起来，它嫩嫩的、绿绿的，慢慢地舒展着，渐渐延伸……桥头总校、梧桐花总校、广德公总校、乌丹镇总校等大镇学校相继进行着片区教研，镇内三所旗直窗口学校分级段进行着丰富多彩的特色教研活动，翁牛特旗其他学科片区教研悄然进行中，片区中的整合实现了高效。翁牛特旗的三级网络教研再也不是三级，已经升级到四级、五级。面研、片研、线研、点研全面铺开。

那一片片新绿，使我想起各校校本教研的如火如荼，同课异构、课例研究、一课多轮、集体备课、典型课例研究形成常态，教师自主交流已成潮流。各校争做课改先锋，不惜财力物力，请进来、走出去，积极学习前沿理念。今年三月我旗小学语文学科派往北京、南京学习的教师有 30 人次之多，其中乌丹三小就有 8 名教师全程参加，其他像五分地总校、乌丹一小、乌丹二小、乌敦套海总校、乌丹镇总校也纷纷派老师参加学习，回校后教师们积极讨论再研究，分别在本校做汇报研讨，乌丹三小又请进赤峰市教研中心步海英老师、丛志芳老师到校进行课标讲座，翁牛特旗教研氛围令市里领导称赞："翁牛特旗的教研热情真高！"我们的课堂变化更大，各学科教师课堂教学获奖屡见不鲜，教师的专业自修积极性极高。

那片新绿中所有的教研人，没有时间涂抹自己，装扮色彩，我们只有质朴、环保、不褪色地绿着。

我欣慰自己是里面的一丝绿，融入在大绿中，我们一起互相鼓励，一起绿，绿得蓬勃发光，绿得芬芳馥郁。

王学荣

2012 年 4 月 20 日

第六章
"阅读与习作"整体教学典型案例赏析

进行小学语文"阅读与习作"整体教学以来，我们一直把教科书里的课文当作例子，鼓励教师特别是高段教师敢于取舍，用课文教语文，我们围绕一个单元主题探索各种课堂教学形式：单元读写课、单元综合学习课、单元复习课、围绕一个小点的读写训练课、对比读写课，同时，其中穿插整本书阅读、主题式短篇群文读……打破已往每一篇课文上两课时，或精读课、略读课等界限，探索各课节之间的互相连接，给学生留下学习的链条，让教师有整体愿景。因字数有限，本章节只精选五节课堂实录进行赏析：小说体读写课、诗歌体读写课、成组课文读写引领案例、成组课文复习课、成组课文综合性实践课。

 读写课五年级《临死前的严监生》赏析

《临死前的严监生》读写课课堂教学实录

执教老师　郭富仕

赤峰市青年教师基本功竞赛一等奖

一、教学目标

1.通过抓重点语句揣摩人物内心活动、采用合作读、评读、引读、对比读和联系资料，能有感情地朗读课文，说出严监生的性格特点。

2.通过猜测严监生的想法，学习抓住人物的动作、神态揣摩人物心理的方法，领悟动作、神态描写对于刻画人物性格的好处，并能用这种写法写一写身边熟悉的人。

3.通过小游戏"猜一猜"，激发学生阅读《儒林外史》的兴趣。

二、重难点

重点：感受作家笔下严监生的吝啬形象，学习作者抓住人物的动作、神态描写人物的方法。

难点：通过练写学习抓住人物的动作、神态刻画人物性格的方法。

三、教学设计

四、课堂实录

（一）回顾导入、明确目标

老师：同学们，我们又见面了，还记得我吗？

学生：记得……

老师：上堂课，活跃的课堂气氛深深地感染了我，老师希望这堂课你们能表现得更出色，有没有信心？

学生：有……

老师：上课……孩子们，上节课老师和同学们一起预习了"人物描写一组"中的第二个片段。（齐读课题）

学生：《临死前的严监生》。

老师：老师想检查一下同学们上节课学得怎么样。你们回顾一下，这个片段讲述了一个什么故事？

学生：课文主要讲述了严监生在临死前，因灯盏里点的是两茎灯草而不肯断气，直到他的妻子赵氏挑掉了一茎，他才断了气。

老师：故事说得很完整，很好。通过上一节课的学习，严监生给你留下了怎样的印象？

学生：我认为严监生是个吝啬鬼。

老师：吝啬鬼。

学生：我认为严监生是个铁公鸡，一毛不拔。

老师：铁公鸡。

学生：我认为严监生还是个爱财如命的人。

老师：爱财如命的人。

学生：我认为严监生还是个守财奴……

老师：这只是你们初步的读书感受，本节课，我们将继续深入读文，进一步感受作家笔下鲜活的人物形象，体会作者描写人物的方法。

请看自读提示。

（二）品味语言、感悟形象

1. 自读自悟、合作交流

（请看白板，出示自学提示，找学生读）

自学提示：（1）默读课文，画出描写严监生的语句。

（2）联系上下文细细品读，揣摩他此时的心理活动并简单批注。

（3）小组内交流自己的学习收获。

老师：孩子们，学习任务都明确了吗？

学生：明确了。

老师：那好，开始读文、批注。注意：不动笔墨不读书。

学生批注、交流。

2. 展示汇报

（1）体会病重

师：请一位同学来汇报一下你的学习收获。

学生1：我在第1自然段有感受，我来给大家读一读：严监生喉咙里痰响得一进一出，一声不倒一声的，总不得断气，还把手从被单里拿出来，伸着两个手指头。（白板出示）

从"还把手从被单里拿出来，伸着两个手指头"我体会到了，严监生这时候心里一定有事要告诉家人，而且这件事可能对他非常重要。

老师：说得不错，但严监生是在什么情况下伸出的两个手指头呢？

学生1：严监生是在病得很重的情况下伸出的两个手指头，我是从"严监生喉咙里痰响得一进一出，一声不倒一声的，总不得断气"一句看出来的。

老师：能用一个词语来形容一下此时的严监生吗？

学生：奄奄一息。

学生：病入膏肓。

学生：无药可救。

学生：我认为严监生此时生不如死。

老师：你们体会得真好，已经窥探到了严监生的心里了。

老师：此时的严监生已经是病入膏肓，生不如死了，就是这样他

却总不得断气，一定是有心愿未了。我们就不由得把目光关注到这样的一个细节上。（白板出示）

学生读"还把手从被单里拿出来，伸着两个手指头"。

（板书：两个手指头）

（2）体会诸亲六眷的猜测和严监生的反应

老师：面对他伸出的两个手指头，诸亲六眷都做了哪些猜测？严监生的反应如何？

学生：我找到的是"大侄子走上前来问道：'二叔，你莫不是还有两个亲人不曾见面？'他把头摇了两三摇。"

老师：面对这两个手指头，大侄子猜测的是……

学生：两个亲人。

学生：我找到的是"二侄子走上前来问道：'二叔，莫不是还有两笔银子在那里，不曾吩咐明白？'他把两眼睁得滴溜圆，把头又狠狠摇了几摇，越发指得紧了。"我可以看出他很忌讳别人提钱的事儿，因为他死后钱就是别人的了。

老师：孩子，听清楚老师的要求，咱们只汇报诸亲六眷的猜测和严监生的反应。在班级里你已经是一个很棒的孩子了，老师相信注意倾听之后，你的表现一定会更优秀。

老师：面对这两个手指头，二侄子猜测的是……

学生：两笔银子。

学生：我找到的是"奶妈抱着哥子插口道：'老爷想是因两位舅爷不在跟前，故此记念。'他听了这话，把眼闭着摇头，那手只是指着不动。"

老师：面对两个手指头，奶妈猜测的是……

学生：两个舅爷。

学生：我找到的是"赵氏慌忙揩揩眼泪，走近上前道：'爷，别人都说的不相干，只有我能知道你的意思！……你是为那灯盏里点的是两茎灯草，不放心，恐费了油。我如今挑掉一茎就是了。'众人看严监生时，点一点头，把手垂下，登时就没了气。"

老师：面对两个手指头，赵氏猜测的是……

学生：两茎灯草。

3. 合作读文，揣摩人物心理

老师：在诸亲六眷的猜测中写了严监生几次摇头？

学生：三次。

（1）生生合作

老师：那好，现在就同桌合作来读一读三次摇头的片段：一个同学读诸亲六眷说的话，另一个同学读严监生的反应。可以带上动作，让人从你的阅读中仿佛能看到当时的严监生。（白板出示）

学生读。

（2）师生合作

老师：看同学们读得那么认真，老师也想来读一读，可以吗？

学生：可以。

老师：那由我来读诸亲六眷的猜测，请三个同学来读严监生的反应。

老师：大侄子走上前来问道："二叔，你莫不是还有两个亲人不曾见面？"

学生：他把头摇了两三摇。

老师：透过严监生的动作——把头摇了两三摇，我们来猜测一下，此时的严监生到底在想什么？

学生：我猜他在想——大侄子，平时你很了解我的啊，今日怎么这样呢？

老师：你怎么这样呢？是因为他没猜中严监生的心思啊！接着猜测。

学生：我猜他在想——大侄子，你说的不对，我指的是那两茎灯草，不是两个亲人啊！

老师：从你的猜测中，老师仿佛感受到了严监生的着急，带着这种心情你来读一下。

学生：他把头摇了两三摇。

老师：二侄子走上前来问道："二叔，莫不是还有两笔银子在那里，不曾吩咐明白？"

学生：他把两眼睁得滴溜圆，把头又狠狠摇了几摇，越发指得紧了。

老师：奶妈抱着哥子插口道："老爷想是因两位舅爷不在跟前，故此记念。"

学生：他听了这话，把眼闭着摇头，那手只是指着不动。

老师：恩，同学们看这两个片段，请同学们任意选择一个片段，结合严监生的动作、神态想一想，如果此时他若能说话，他可能会想些什么？可能会说些什么？

学生：我选的是片段二，我想他此时可能在想：亏你还是我身边的人，这个时候你竟然不理解我。

老师：我身边的人都不理解我。

学生：我选择的是片段一，我觉得他在想：二侄子，我平时对你那么好，到关键时刻你怎么不明白我的意思呢？这时候还惦记着我的钱，若真有银子在哪里，我早吩咐好了！

老师：严监生已经有些生气了，带着你的体会来读一读。

学生：他把两眼睁得滴溜圆，把头又狠狠摇了几摇，越发指得紧了。

学生：我选择的是片段二，我想这时候严监生可能会说，你们怎么都猜不对，有谁知道我的意思啊？

老师：是啊，严监生此时已经有些绝望了。带着你的体会来读一读。

学生：他听了这话，把眼闭着摇头，那手只是指着不动。

学生：我选择的是片段一，你这不孝的二侄子，怎么能惦记我的钱呢？二叔平日里对你不薄啊，哎呀，不好，灯草越来越亮，这不是更费油了吗？

老师：灯草越燃越亮，费的油也越来越多，严监生此时也越来越着急。来，带着你的体会来读一下。（其他同学认真倾听，他读完了看谁有话说）

学生：他把两眼睁得滴溜圆，把头又狠狠摇了几摇，越发指得紧了。

老师：对于她的朗读，谁有话说？来给她评价一下。

学生：我觉得白可心同学不但读出了他的着急，还读出了他的生气……

老师：评得这么好，老师相信你能读得更好，你来试一下。

学生：他把两眼睁得滴溜圆，把头又狠狠摇了几摇，越发指得紧了。

老师：此时的严监生已经是病入膏肓、奄奄一息了，在这里他几乎是用尽了所有的力气，他是那么的着急，你再来读。

学生：……

老师：我发现孩子们都走入了严监生的心里，很了不起，那作者是通过什么方法把严监生的内心世界展现在我们面前的？

学生：我认为作者是通过对严监生的动作和神态描写展现的。

（3）小结读书方法

老师：可见，抓住人物的动作、神态揣摩人物的心理是一种很好的读书方法

（板书语言动作）

4.揭示谜底、引读感悟

老师：原来严监生总不得断气，既不是因为两个亲人也不是因为两笔银子，而是那并不费油的……

学生：两茎灯草。

板书：两茎灯草。

引读感悟：

老师：为了那两茎灯草，大侄子没猜对时，只见他……

学生齐：他把头摇了两三摇。

老师：又是为了两茎灯草，二侄子没有猜中，他是那么着急，只见他……

学生齐：他把两眼睁得滴溜圆，把头又狠狠摇了几摇，越发指得紧了。

老师：还是为了两茎灯草，奶妈没猜中，他已经有些绝望了，只见他……

学生齐：他听了这话，把眼闭着摇头，那手只是指着不动。

（白板出示：严监生三次摇头的句子）

老师：同学们看这三句话其实都在说一个动作，那就是……

学生：摇头。

老师：如果老师改成大侄子说完，他摇了摇头；二侄子说完，他……行吗？

学生：不行。

老师：请同学们把这三句话连起来读一读，看有什么发现。

学生：读了这三句话，通过动作、神态的变化，我感觉到严监生一次比一次着急，程度越来越深了。

老师：体会得真好，可见，动作神态的微妙变化足以反映出人物的内心世界的变化，同学们一齐来读出他的着急。

感悟吝啬：

老师：从同学们的朗读中，老师感受到：两茎灯草在滋滋地燃烧着灯油，其实也在烧着严监生的心。读到这里我们不禁要问了，难道严监生家里特别穷，以致于点不起两茎灯草？

学生：不是。

在《儒林外史》第五回中是这样介绍他的：

出示句子：

他家有十多万两银子，钱过百斗，米烂陈仓，僮仆成群，牛马成行，良田万亩，铺面二十多间，经营典当，每日收入少有几百两银子。

——摘自《儒林外史》

老师：倘若在今天，这就是一个亿万富翁啊！就是这样一个大富翁，却因两茎灯草而总不得断气，而又因两茎灯草而断了气，多么可笑、又多么可悲的严监生啊！此时你觉得严监生是一个什么样的人？

学生：守财奴。

学生：吝啬鬼……

（板书吝啬）

〔从设置目标到课堂一开始，老师引领学生抓住语言训练点：人物的动作、神情，反复研读逐层深入地体会人物形象，使人物形象逐渐清晰，体现了三维目标有机整合，达到了工具性与人文性的统一，为学生通过人物动作神情表现人物打下基础。更为值得赞赏的是顺机引出《儒林外史》，激起学生课外阅读的兴趣，语文素养浸在语文学习中。〕

（三）总结学法、学习运用

老师：多么高明的作家啊！短短 300 多字就让我们身临其境地感受了一个吝啬鬼的形象。严监生是世界四大吝啬鬼之一，现在我们再回头想一想，作者是用什么描写方法让这个吝啬鬼形象跃然于纸上的？

学生：作者是通过动作、神态描写来写严监生的吝啬的。

老师：作家吴敬梓通过动作、神态描写，为我们塑造了这样一个吝啬鬼形象。可见，抓住人物的动作、神态等描写就能生动形象地刻画人物性格，使人物鲜活生动起来，这是一种很好的写作方法。请同学们运用本节课学到的描写方法，用几句话描写一下你熟悉的人，表现出人物的性格特点。

学生：练写、汇报。

老师：谁来展示一下自己写的话？其他同学认真倾听，准备评价。

学生 1：我写的是妈妈爱美。

我的妈妈很爱美，每天总是不停地对着穿衣镜试衣服。你看，刚拿起一件天蓝色的长裙，皱了皱眉便放下了；又随手捡起一条裤子搭在腿上，摇了摇头还是不满意，这不，又风一样跑进衣帽间了。

老师：谁来给她的习作评价一下？

学生：王妍同学写得很好，抓住动作、神态写出了妈妈爱美的性格。

老师：具体地说一下，她是抓住妈妈的哪些动作、神态来写妈妈爱美的？

学生：神态是皱了皱眉，动作有拿起、放下、捡起、搭在等。

老师：评价得很好，可见你是个会倾听的孩子，老师相信你的习作一定会更棒的。

〖学以致用，学生当堂收益，这就是读写一体。〗

（四）设疑激趣、拓展阅读

老师：好了孩子们，我们就展示到这里，课下再和你的伙伴共享你写的话。这堂课的学习即将进入尾声。最后我们玩一个"猜一猜"的游戏。

猜一猜，严监生这么一个吝啬的人，他的大老婆得了重病了，他愿意花大钱为她治病吗？

猜一猜，大老婆病死了，他愿意花钱大办丧事吗？

猜一猜，他的哥哥犯了事，逃了，知县到家里抓人，他会花大钱消灾吗？

学生：不会。

老师：你们全都猜错了。我只透漏一点点秘密。你们看：

——白板出示：

为了治好妻子王氏的病，他每日四五个医生用药，都是人参附子。王氏去世，他自此修斋、理七、开丧、出殡，用了四五千两银子，闹了半年。他哥哥犯事逃了，差人来抓，"随即留差人吃了酒饭，拿两千钱打发去了。"

——节选自《儒林外史》

老师：了解事实真相后，谁有疑问？

学生：严监生是一个吝啬鬼，为什么他此时却这么慷慨呢？

老师：孩子们，想知道答案吗？让我们课下走进《儒林外史》这部名著去寻找答案吧！

【学生对严监生的印象刻骨铭心，一定会抓紧时间去读《儒林外史》，这就是语文的魅力所在，语文课就该上出语文味。】

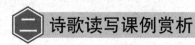

二 诗歌读写课例赏析

人教社课程标准实验教科书三年级下册

《太阳是大家的》读写课课堂教学实录

执教教师　于晓波

自治区小学语文学科带头人

一、复习导入、整体感知

老师：这节课，我们继续去感受太阳下的温暖，请大家齐读课题。

学生齐：太阳是大家的。

老师：通过第一课时的学习，我们会认、会写本课的生字词，能把诗歌读熟练，先来检查一下大家的识字情况，开火车领读，先读红字，再读词。（学生开火车认读词语）

老师：字正腔圆、声音洪亮，非常好！相信在接下来的学习中你们一定更出色。哪位同学愿意把这首诗歌读给大家听？

（教师找四名同学朗读诗歌）

老师：这几名同学能够把诗歌读正确、读流利，很好。不过，老师有个小小的建议，读诗歌和读课文略有不同，读诗歌时要在适当的地方做出停顿，读出诗歌的节奏美。

【教师引导学生读文注重基础知识的巩固，注重字正腔圆地读，关注诗歌朗读的特点，符合中段学生语文学习特点。】

二、学习第一小节

老师：我们以第一小节为例，请拿起课本，听老师来读，其他同学眼看耳听心想，你仿佛看到了怎样的画面，一会儿把你想象到的景象说给大家听。

（教师范读第一小节）

老师：谁能把自己想象到的画面说给大家听？

学生：我仿佛看到了早晨太阳从东方冉冉升起，到了晚上，太阳又从西边慢慢地落下。

老师：想象得很丰富，表达得也很完整。读出来吧。

学生：从东山上升起的太阳，到西山上就要落下。

老师：还有谁也把你想象到的画面分享给大家？

学生：听了老师的朗读，我仿佛看到了一朵朵白云在天空慢悠悠地飘荡，什么形状的都有。

我想要读一读，西边天上的朵朵白云。

老师：哪位同学看到的画面和他们的不一样？

学生：我仿佛看到了天上的云朵从白色变成了红彤彤的，特别的红，非常美丽。

老师：听了你的描述，老师都好像看到了这红彤彤的晚霞。通过朗读表达出来。

学生：西边天上的朵朵白云，变成了红彤彤的晚霞。

老师：想不想欣赏这美景？

学生：想。

老师：我们一起来看。（课件）

老师：诗中有画，画中有诗，让我们再把这美丽的图画变成诗句，读一读吧。（课件）

（学生齐读第一小节）

【学生通过听教师声情并茂的范读，一边看文，一边用心跟读，透过语言文字在教师的引导下又充分发挥想象，并用语言表达出来，是听、读、说、想几个方面的有效训练，学生经历了听、读、想、说的过程后再看到画面就增加了诗歌的感染力，先想象后看画面既不局限学生的想象，又能体会诗歌的意境美。】

三、学习第二小节

老师：太阳东升西落，一天中，她都做了哪些好事呢？请同学们默读学习提示自学第二小节。（学生默读学习提示自学）出示学习提示：读第二小节，看看太阳一天做了哪些事，是怎样做的？找出关键词进行标注。

老师：先来看，一天中太阳都做了哪些好事？

学生：太阳把金光往鲜花上洒，把小树往高处拔，陪着小朋友在海边戏水，看他们扬起欢乐的浪花。

老师：一下就读懂了这么多，请你把这一小节读给大家听。

（学生读第二小节）

老师：那太阳是怎样做的？你找出关键词了吗？

学生：洒、拔、陪着、看。

【三年级培养学生读文善于抓住关键词体会意思是十分必要的。】

学生读相关句子（课件出示：她把金光往鲜花上洒）。

老师：写诗要想象，读诗也要想象，读到"洒"字，你仿佛看到了什么，闻到了什么？

学生：我仿佛看到了鲜花开得特别鲜艳。她把金光往鲜花上洒。

学生：我仿佛看到了太阳光照射在鲜花上金灿灿的。

老师：通过朗读表达出来。

学生：她把金光往鲜花上洒。

老师：太阳仅仅是把金光洒在这一朵花或那一朵花上吗？

学生：不是，是每一朵。

老师：同学们，你们认为什么是"洒"？

学生：就是用手泼洒。

老师：泼洒得多不多？

学生：特别多。

老师：太阳把那么多的金光泼洒给鲜花，你感受到了什么？

学生：我感受到了太阳的无私。

学生：我感受到了太阳的慷慨。

老师：带着你们的体会都来读这句话。（学生齐读）

老师：诗人在写诗的时候，经常采用拟人的手法，这样使诗歌更亲切、生动、有灵性。第二小节中还有这样的句子吗？

学生：她把小树往高处拔。我从"拔"的动作中感受到了小树长得特别快。

老师：在阳光的沐浴下奋力生长。谁想来读一读？

学生：她把小树往高处拔。

老师：还有谁有不同的感受？

学生：我仿佛看到了小树从小树苗长成了参天大树。

老师：我们一起读一读，让大家看到这茂密的树林。

学生：她把小树往高处拔。

老师：继续汇报，你还对哪个句子有体会？

学生：她陪着小朋友在海边戏水，看他们扬起欢乐的浪花。我感受到了太阳很有爱心。

学生：我从"陪着"和"看"体会到了太阳像妈妈一样，很慈祥。

老师：我们一起来感受一下孩子们沐浴着阳光玩耍的快乐。

（齐读这句）

老师：阳光给我们带来了温暖与快乐，让我们带着体会合作读这一小节。（男女生分读）

【让学生寻找关键词"洒、拔、陪着、看"等，体会阳光的温暖，感受太阳的普照，一切尽在师生反复的诵读中。学生在读中感受关键词句的含义，在读中感受太阳的大爱无垠。】

老师：读着读着，你发现了什么呢？写太阳本应用物"它"，这里怎么用"她"呢？

学生：这是拟人的手法，把太阳当作妈妈。

学生：因为太阳像妈妈一样温暖着我们。

老师：是啊！太阳把温暖和光明送给我们，就像我们的妈妈一样，我们在习作的时候，比如说写祖国、家乡、学校等等，就可以用这个"她"。

老师：太阳只是对鲜花、小树、小朋友们做了这些好事吗？

学生：不是。

老师：你是从哪里知道的？

学生：从省略号看出来的。

老师：诗歌就是这样，有时不把话说完，留给同学们去想，去观察，我们想象越丰富越宽广，对诗歌的理解就越深刻。想象一下，太阳还会为谁做什么呢？

学生：她把葡萄涂成紫色。

学生：她让小溪解冻，丁丁冬冬地弹奏起春天的赞歌。

学生：她陪着小朋友一起在广场放风筝。

学生：她把小草往高处拔。

老师：看来你们都是一个个小诗人了，这样，我们也当一回小诗人，仿照第二小节作首小诗。

老师：同学们，你们看，刚才你一句，他一句，连起来就是一首小诗，老师这里有一些图片和词语提示，你可以借鉴，帮你开阔思路，我相信，在你们的笔下也能流泻出一首首优美的小诗。

屏幕出现画面和相应的词语"涂、染、抹、画、提、绣……"（练写）

老师：哪位小诗人来读读你的佳作？

学生：一天中，太阳做了多少好事：她把泡泡染得五彩缤纷；她把桃花涂成了粉红色；她把冰冻的小溪融化，丁丁冬冬地奏起了春天的赞歌。

学生：一天中，太阳做了多少好事：她把小朋友们的个子拔得更高了；她让小草从地下探出了头；她陪着小朋友们一起在教室里学习，在操场上奔跑。

学生：一天中，太阳做了多少好事：她温柔地看着小朋友们在草地上嬉戏；她把金光洒在葡萄上，玛瑙似的葡萄变得晶莹透亮；她把绿油油的田野变成了黄澄澄的，远处传来农民伯伯的欢声笑语。

老师：听了你们的小诗，老师都陶醉其中了。同桌之间互相欣赏一下对方的佳作吧。

【点拨"她"字理解并使用，一个省略号有效补白，又一次深化了对太阳是大家的、太阳博爱的理解，更重要的是学生当场练习了作诗，可谓一举多得。】

四、学习第三小节

老师：太阳在你们这些小诗人的笔下显得更可爱、无私与伟大了！可以说，没有太阳，就没有我们这个美丽的世界。可说着说着，太阳就要落山了。此时你的心情怎样？

学生：很难过。

学生：很不舍得。

老师：那就把你的依依不舍通过朗读表达出来吧。

学生：太阳就要从西山落啦！

老师：留心一下这个标点，是什么符号？谁再读。

老师：她要去哪？都去哪些国家呢？

学生：她要趁人们睡觉的时候，走向另外的国家。

学生：对，就是世界上所有的国家。

五、引读第四小节

老师：在别的国家里——

学生齐：也有快乐的小朋友，也有小树和鲜花。

老师：那里的鲜花在睡梦中盼着——

学生：把金光洒在自己的身上。

老师：那里的小树在等她——

学生：往高处拔。

六、回归引读提升

老师：是啊，太阳是我们国家的，也是别的国家的，因为……

学生齐：太阳是大家的。

老师：太阳是鲜花的、小树的、小朋友们的、万事万物的，因为……

学生齐：太阳是大家的。

老师：无论是健康还是疾病，无论是贫穷还是富有，太阳都无私地把每一份光洒向世界各地的每一个角落，因为……

学生齐：太阳是大家的。

老师：太阳马上就要去别的国家，陪外国小朋友，你有什么话想对外国小朋友说，赶快说出来，让太阳帮我们带去。

学生：小朋友们，我想和你们交朋友。

学生：欢迎你们来我们国家做客。

学生：我们每天都能享受到太阳的温暖，因为太阳是大家的。

老师：你们知道吗？世界上还有些小朋友，他们现在还被笼罩在黑暗中，他们饱受着战争、饥饿所带来的痛苦。看了刚才那些图片，你想对这些国家的小朋友说些什么，做些什么呢？

学生：我们要团结友爱，帮助你们，让你们不再饥饿痛苦。

学生：无论你来自哪里，太阳属于我们每一个人。

学生：希望不要再有战争。

学生：我会把我的零花钱都捐给你们，帮助你们。

老师：同学们说得真好，虽然我们来自不同的国家，有着不同的肤色，说着不同的语言，但是，我们同在一片蓝天下，共享同一个太阳，希望世界人民团结友好相处，希望世界永远和平。（板书和平友爱）

七、回读全文

老师：同学们，让我们带着美好的心愿，带着这份快乐的心情，一起朗读诗歌《太阳是大家的》。

八、拓展阅读

老师：老师又给大家带来一首诗歌《我是蓝天上飞翔的白鸽》，请大家结合自学提示开始自学。

学生自学

老师：谁愿意把你的学习收获说出来与大家交流。

学生：我积累了一些好词：绿波荡漾、无拘无束、风如刀、雨如剑、雾如山、云如墨。

学生：我想要读一段我喜欢的句子。

我是蓝天上飞翔的白鸽，雪花般的翅膀在金色的阳光下闪烁。

我是蓝天上飞翔的白鸽，飞过青山和那绿波荡漾的小河。

播下和平的种子，撒下友谊的花朵。

要让全世界的小朋友，像我一样快乐。

老师：由于时间的关系，我们先分享到这里。课下，大家可以和同学或家长继续分享，这节课就上到这儿，下课！

〖整堂课师生浸在琅琅的诵读声中，趣味无穷，学生体会了重点词句的用法，体会了标点的含义，作了小诗，又拓展读了一首诗。在学习语文的同时感受到太阳的温暖，太阳的大爱；用这首诗歌教给了孩子抓关键词体会句子含义，是用诗歌在教语文，课堂容量大，值得借鉴。〗

三 成组课文读写引领案例赏析

对于成组课文整合的教学，我们坚持"以生为本、高效整合"教学理念为指导，集阅读与习作为一体，力求打破以往的教学模式，以主题单元的形式，整合课程资源，进行全面考虑的单元整体备课，压缩课时，方法引领，整合训练，来完成过去需要十一到十三课时才能完成的一单元的教学，让学生省时高效地学完教材内容，从而节约出大量时间，在课堂上进行大量读写训练，有效提升学生的语文素养。

以人教社课程标准实验教科书六年级上册第五单元为例：

六年级上册第五单元的主题是"走进鲁迅"，在这一单元主要有《少年闰土》《我的伯父鲁迅先生》《一面》《有的人》。语言园地由围绕人物读写为线索组织的口语交际、一篇习作和一个回顾拓展组成。

四篇课文以不同文体、不同手法歌颂了鲁迅先生为人民无私奉献的可贵品质，是学生学习体会人物形象学写人物的极好教材。园地口语交际、习作建议、交流平台都在渗透读写方法，显然在把握描写人物的方法和体会含义深刻的句子中，感受人物形象是提炼语言训练点、能力培养点的极好契机。

找准了知识的训练点和能力的培养点之后，便开始了这样的尝试：先以《少年闰土》为依托，梳理出抓住人物的外貌、语言、动作描写，体会人物特点的方法和理解含义深刻的句子的方法，并体会"我"的思想感情的变化。然后以一课带多篇，对比阅读梳理方法，放手让学生自学后面三篇及拓展的文章，分散园地中的训练点到每一节课中之中，分散与集中相结合读写训练。

附：

人教社课程标准实验教科书六年级上册第五组成组课文读写课

实验教师　任芳民

翁牛特旗小学语文教学能手、骨干教师

教学目标：

1.运用描写人物的方法，侧重细节描写与肖像描写，激活人物的个性，写出人物特点。

2.通过记叙一两件典型事例表现人物性格品质。

教学重、难点：

学生能运用学过的描写方法来描写人物的形象，使人物形象栩栩如生。

教学过程：

一、导入新课，明确要求

（1）同学们，在生活中，我们会经常遇到新面孔，结识新朋友，并在后来的相处中不断加深了解，彼此成为老朋友。这一节课中，我们就从记忆的长河里搜索一下这些人留在我们心里的印象。

（2）请同学们阅读第95页的习作要求，说说本次习作的要求是什么。

（3）说一说自己的小伙伴。

二、紧扣例文，借鉴写法

1.下面我们就看看鲁迅先生是怎样写他的小伙伴少年闰土的。

（1）本课中是抓住了闰土怎样的特点来写的？

（聪明能干、活泼可爱、机智勇敢、知识丰富）

（2）作者通过哪几件事反映他的特点？

（板书：事件）（捕鸟、捡贝壳、瓜田刺猹、看跳鱼儿）

老师：这四件事中给鲁迅先生印象最深，最能反映闰土特点的又是什么事呢？

（捕鸟、瓜田刺猹）

老师：重点写捕鸟、瓜田刺猹，而捡贝壳、看跳鱼儿则是一带而过，这样写就做到了重点突出、详略得当。我们在写自己的小伙伴时，也应该选择印象最深的，反映小伙伴特点的事例来写，也要做到详略得当。那么，怎样写才算详略得当呢？详写又怎样写呢？

（3）还记得"雪地捕鸟"这件事吗？哪位同学给大家讲一讲闰土是怎样捕鸟的？

表演说，找动词，动词用法好在哪里？

（4）这个片段中一连串的动作可以分五步，这是按什么顺序写的？（捕鸟的顺序）我们一会儿在写事的时候要有一定的顺序。

这一串连贯的动作描写，准确地描述出了几个连续的动作，既具体地写出了他捕鸟的经过，又生动地表现出闰土聪明能干的特点。我们在写小伙伴时，如果运用到动作描写，要把人物的动作写细致，才能使人物更生动形象。

（5）捕鸟的结果怎样？捕鸟的时间、地点呢？（看来我们在写事时，既要按一定顺序写，还要把事情写完整。）

2.在刻画人物时，只抓住动作描写是不够的，作者在描写闰土时，还进行了哪些描写？

（板书：动作、语言）

（1）你从语言描写中能看出闰土是个怎样的孩子？

（2）从语言描写中，我们知道闰土心中有无穷无尽的稀奇的事，作者知道吗？（不知道）而闰土作为生长在海滨的农村孩子，这正是他所熟悉的事，因此，他说起来滔滔不绝。这些语言的描写是多么的恰如其分，多么符合闰土的身份啊！我们作文时也要注意，写人物的语言要恰当。

（板书：要恰当）

（3）还有外貌描写。作者是抓住什么来写闰土外貌的？

（鲁迅先生在写闰土外貌时，并不是眉毛胡子一把抓，而是抓住了闰土外貌的特点，把一个绍兴农村少年写出来了。我们在写小伙伴时就必须抓住小伙伴的外貌特点去写，这样才能给人留下深刻的印象。）

三、总结本课

我们要写自己的小伙伴，知道怎么写了吗？我们通过研究《少年闰土》这篇课文，知道《少年闰土》是通过外貌、行动、语言来进行描写的，描写时注意了这些方面，除了这些，还可以进行什么描写？

（神态、心理描写。）

（板书：神态、心理）

注意神态、心理描写必须真实。

（板书：要真实）

四、学生写作

经过以上结合《少年闰土》这一课写作方法的梳理之后，便让学生开始习作了。这才是真正地做到学以致用。在这里还是给同学们出示了必要的写法提示，让学生进行参照和比对，还可以进行修改，学生完成习作之后还可以对照一下，看看自己的习作中哪些地方还没有做到提示中的要求，哪些地方还欠缺一些描写人物特点的方法，等等。最后再进行展示、评价。当然这个提示也可以作为学生评价的依据。

附学生习作：

"巧克力豆"趣闻

刘博洋

巧克力豆非常好吃，提起巧克力豆，我们一定会想到一个颜色——黑。巧克力豆不仅在商店里可以看见，我们班也有一个。说到这，你一定会感到很奇怪，别急，听我细细道来……

"我果然很帅。"这说话的人就是"巧克力豆"。他极其自恋，总是照着镜子自吹自擂——"我多帅！"每每说到此，总是"情不自禁"地沉浸在自己的世界里。我们总是回敬他一个大大的白眼……

"巧克力豆"大名曲忠航，关于他的"绰号"很多，不必提"包公""非洲人"，只要看"巧克力豆"这个绰号，就可以想象他有多黑了。

"巧克力豆"虽然自恋，但也有很多优点。

有一次，他生病了，一张脸比原来变得更黑，还有一些微红。我说："去打电话吧，让你父母来看看你。"（他是学校的住宿生，十天才能放一次假。）而他却摇摇头，风趣地说："不碍事，黑人体质好，抗灾病！耽误了课就补不过来了！"他坚持把那节课艰难地上完了。

"我怎么这么帅！"哎，病刚好，就又开始自恋了。你们见过这么自恋的"巧克力豆"吗？

……

【这是一组课文，第一节读写引领课，以这节课为范例，教给学生如何品读人物、体会写法，又能运用写法练习写，为学生自主学习其他写人的课文打下了基础，为进一步对比读写其他文体写人的文章

做了铺垫。后续的对比读写训练、读写专项训练、综合性学习、单元复习能成体系进行。】

四 成组课文复习课课例赏析

人教社课程标准实验教科书六年级上册第五单元复习课

"温故"之旅——初识鲁迅

指教老师 佟丹

翁牛特旗骨干教师、旗级教学能手

出示孔子名言导入

1.学而时习之，不亦说乎？

解释：学了又时常温习和练习，不是很愉快吗？

2.温故而知新，可以为师矣。

解释：温习学过的知识时，能从中获得新知识的人，就可以做老师了。

师生共读

老师：这两句名言都说明了及时复习的重要性，这节课，老师将和大家一起踏上"温故"之旅，——回顾复习第五单元。为了让这次温故之旅能给大家留下难忘的记忆，老师在每一站都设置了关卡，要想顺利过关，不但需要勇气，更需要聪明智慧，你们准备好了吗？

（一）字词大回眸

1.开火车读词语（多媒体出示词语略）。

2.多音字注音并组词（略）。

3.听写并指正易错的词语（咳嗽、刺猬、深奥、囫囵吞枣、张冠李戴）。

【字词是基础的基础，基础不牢，地动山摇，教师善于把字词归类复习巩固十分必要。】

（二）慧眼独具

老师：同学们字词掌握得很扎实，恭喜过关！别骄傲呀！这一关不仅需要扎实的基础，更需要智慧。这一单元我们学习了四篇课文，《少年闰土》《我的伯父鲁迅先生》《一面》《有的人》，编者为什么把这四篇文章编在一单元呢？

学生：（快速翻阅）都是与鲁迅有关的文章。

老师：（板书：走近鲁迅）提问：从这几篇文章中，你们了解到鲁迅是怎样的一个人了吗？你们是怎样体会到的？

学生：鲁迅是一个幽默并关心下一代，为自己想得少，为别人想得多，献身革命的人。

学生：从文中鲁迅的语言描写、动作描写、外貌描写中知道的。

学生：从文中重点句子中感受到的。

老师：真好，看来你们真的用心读文了！抓文中的人物言行举止，体会人物的性格特点；抓文中含义深刻的句子，体会人物的崇高品质。这样我们就进一步了解了鲁迅先生，走近了这位大文豪。

（板书：抓人物言行举止，抓含义深刻的句子）

老师：不过老师对于为什么把这几篇文章编在一个单元有独特的想法。你们想不想知道？（多媒体出示鲁迅和闰土的相片）

老师：大家认为《少年闰土》这篇文章写的是谁呢？后三篇文章呢？都在写谁呢？也就是说这四篇文章都是写人物的文章，是不是？

老师：鲁迅是怎样写闰土的呢？文中写了有关闰土的事？从这几件事中你们感受到闰土是一个怎样的孩子？

老师：那小周晔又是怎样写自己的伯父鲁迅先生的呢？

学生汇报，老师板书，多媒体出示（谈水浒传、谈碰壁、救助车夫、关心女佣）

老师相信你们都有一双锐利的眼睛和一个智慧的大脑，你们一定发现了这两篇文章在写人物方面的共同点了，谁先来说？

学生：都写了四件事。

（老师板书：选典型事例）

学生：在叙事过程中都有人物语言、动作描写。

（老师板书：有人物描写）

老师：你们太有智慧了！其实写人物的文章一点儿也不难，只不过是在写人物时要想好写这个人物的哪一特点，然后围绕这一特点去选最能突出这一特点的事，在叙事时灵活地进行语言动作等描写，这样就能使所写的人物更丰满了。当然，写人物不一定只进行语言动作描写，还可以——

对，外貌描写也可以，如《一面》，对比手法也不错，如《有的人》。老师希望同学们在写作时能活学活用，相信你们是最棒的！

〖为什么把这四篇文章编在一单元呢？一个问句教给孩子们学会学习，学会贯通，发现共同点，师生互动中梳理出本单元四篇课文选材、写法的特点，学生进一步明确写人的文章如何抓特点、找典型实例，用上人物的动作语言来表达，复习阅读中有对比、有提炼，更有收获。〗

（三）捡拾智慧

老师：同学们，刚才老师和同学们各抒己见，谈了学习这一单元课文的独特见解，内容很多，很杂，咱们梳理一下好吗？我们究竟从这一单元的学习中学到了什么？

学生：阅读和仿写人物类文章的方法。

（老师板书：阅读方法、写作方法）

〖汇聚方法，呼出练写。〗

（四）试显身手

抓住人物语言、行动、神态表现人物，不仅能把人物写活了，而且能够把事情写清楚、写具体，写得打动人心。本单元习作也是这个内容，想不想试一试？

学生练笔写身边的人。

老师讲评（略）。

（五）结语

"文章千古事，得失寸心知"，无论是读文章还是写文章，都需要我们多用点儿心。读他人文章时，要先明其意——中心，再找其所"言"之物——事或物，后紧抓其序——写作顺序，然后细品其法——写作手法和修辞。一段时间之后，把它们放在一起，勤反思多总结，梳理成智慧。写文章时，先定主旨（中心），再搜集表现主旨的物——事物或景物，做到"言"之有物，再采用合适的顺序，使之"言"之有序，采用适当的方法，使之"言"而有雅。阅读与写作能力就是这样提高的。

【引导学生读书读什么，学生习作需要阅读做些什么？用课文教语文不是教课文。彻底改变了用课文教课文，语文教学回归了本色。】

我们的温故之旅即将结束，但我们的阅读写作的旅途其实才刚刚起步，仅仅这一单元的文章是远远不够的，还需我们课下多阅读，多积累，多写作。

拓展阅读：

同步阅读《倾听鸟语》、周海婴的《父亲对我的教育》等

板书

单元复习课

初识鲁迅

阅读方法

习作方法

五 成组课文单元综合课赏析

人教社课程标准实验教科书三年级语文实践活动课

祖国美如画

实验教师：马海华

活动背景：

在三年级上册第三组课文和二年级下册第三组课文的学习中，学生对祖国的大好河山已经有了一定的了解。学习本组课文，可以将新旧两方面的知识联系起来，使学生进一步了解祖国的山河壮美。学习古诗，要读懂词句，理解内容，体会作者表达的思想感情。学习其他三篇写景的课文，要引导学生学习作者观察和表达的方法，在充分的阅读中，领略美丽的自然风光，体会作者的思想感情。在学习过程中，

还要注意引导学生搜集有关资料，加深对祖国山河的了解。同时，指导学生掌握一些积累语言的方法，培养学生积累语言的习惯。

三年级下学期第六单元的课文都是描写中国的美景，结合这一单元的课文、单元目标，以及本学期要对学生进行养成课前收集资料的习惯的培养，设计语文综合实践活动课——祖国美如画。让学生通过不同的渠道收集相关的资料。如搜集有关祖国壮丽山河的图片、古诗、诗歌、精彩篇章等。

《义务教育语文课程标准2011年版》指出："语文教学要注重语言的积累、感悟和运用，注重基本技能的训练，给学生打下扎实的语文基础。"

活动目标：

1.体会他人是怎样通过具体生动的语言展现祖国壮丽河山的，同时丰富自己的语言积累。

2.通过活动培养学生收集整理信息、观察、语言表达、团结合作、解决问题等多方面的能力，培养学生热爱祖国壮美山河的思想感情。

活动准备：

搜集祖国风光图片和资料。

搜集有关赞美祖国河山的诗句。

活动过程：

第一阶段：确立主题阶段

（一）歌曲欣赏，感受祖国山河的美

中国是一个拥有5000年文化的文明古国，是亚洲东部的一颗灿烂的明珠。我们的祖国幅员辽阔，俯视大地，祖国就像一幅色彩丰富的水彩画。巍峨的高山、秀美的湖泊、蜿蜒的河流……千百年来，我们中华儿女就是在这片土地上生活、繁衍。他们用最美的歌声礼赞着自己的祖国。请欣赏：《我和我的祖国》。

（二）走进祖国的壮丽河山

我们的祖国是一个拥有5000年文化的文明古国，是亚洲东部的一颗灿烂的明珠。有奔腾不息的江河，澎湃汹涌的大海；有辽远广阔的草原，直插云霄的山峰；有偏僻宁静的山村，繁华热闹的都市……祖国的东西南北，处处都有迷人的景色。

今天我们走进祖国去了解她的美丽，你想从哪些方面用怎样的方法去了解呢？

学生各抒己见。

1.确立小主题、活动小组

（1）积累美（分为古人的赞美、现代人的赞美）

学生通过上网、查资料等方法搜集赞美祖国山河的古诗、诗句、谚语以及诗歌等，赞美祖国的词语、句段和篇章等等。

（2）歌词美

学生搜集赞美祖国的歌词，感受祖国山河的壮美。

（3）欣赏美

展示自己游玩的美景，做导游介绍自己眼中的美。

（4）家乡美

结合本单元的学习，运用学到的方法写一写，可写家乡、山村、田野、江河、高山等美景。

学生根据自己的爱好和兴趣选择小课题，自由结为一组。

第二阶段：整理阶段

（一）以小组为单位将集中搜集到的资料进行取舍，修改后，分工到人，进行活动的准备。

（二）学生整理资料的过程中，老师组织指导开展活动。

第三阶段：汇报阶段（即成果展示）

（一）积累美

1.古人的赞美

多少文人墨客在欣赏美景时，谱写了一首首赞美祖国的诗。展示积累的古诗、谚语。

大家都知道，我们的祖国幅员辽阔、物产丰富。我们的祖国有碧绿的草原，蓝蓝的大海。我们的祖国有巍峨的群山，弯弯的河流。这么多美丽的图画汇成了一幅彩色的中国地图。一片五颜六色，就像盛开的鲜艳花朵，面对这美丽的图画，许多文人写下了名篇。

2. 现代人的赞美

展示积累赞美祖国河山的词语、段、篇章以及诗歌。

（二）歌词美

朗诵歌词，赞美祖国的秀美。

（三）欣赏美（播放 PPT，展示图片）

站在祖国的地图前，就好像看见了妈妈的照片，祖国就是我们亲爱的妈妈，我们在祖国的怀抱里长大，多么幸福、多么温暖。接下来让我们来领略一下祖国的美丽风光。

学生扮演导游，介绍旅游时的照片，欣赏祖国的大好河山。

（四）家乡美

朗读自己的作品，从而赞美祖国。

活动总结：

我们都有一个家，名字叫中国！我们的大中国呀，好大的一个家！好壮丽的一个家！我们为自己的祖国而骄傲，我们为自己是中国人而自豪！就让祖国永远留在我们每一位同学心中！

（因篇幅有限，学生作品略）

【学生经历了这样的学习过程，语文能力得到了锻炼，学生汇报时精彩的演说、朗诵、演唱……无不在展示学习中的乐趣，体现了大语文、生活语文、语用语文。】

后 记

《小学语文"阅读与习作"整体教学的思考与构建》

那是 2012 年的秋季，我接到了一个来自赤峰的电话，是翁牛特旗教师进修学校的王学荣老师打来的，电话里王老师简短地介绍了他们旗里正在做着的研究，希望我去她们那里走走、看看，提提建议。可是天公不作美，冬季厚厚的大雪阻挡了我们的约定。我和王老师认识就是从那个电话开始的。在后来的偶尔相遇中，虽然是几句话的交流，直觉告诉我王老师的研究没有停步，我一直期待着、希望着她能有所收获。2016 年的秋季网络又一次给我们搭建了平台，王老师把她研究的内容、书稿发给了我，对王老师的研究，我有了更多的了解。我从心里感慨王老师认真严谨的研究态度，读着她的书稿我内心很是欣喜，我觉得我们内蒙古地区小学语文教学研究似乎又悄悄增添了一抹新绿。

读了书稿后，我赞同王老师对课程标准的理解以及落实中的思考和做法。她的发现来源于教学实践。的确如她所述：一线教师对于课程标准的理解和运用还存在一定的偏颇，认为"阅读"就是利用教科书上的课文指导读书、理解内容、体会思想；认为"口语交际"就是上口语交际课；认为"习作"就是单纯地教学生怎样写作文；认为"综合性学习"就是组织综合性学科实践活动等等。其实，这几个方面的实施在培养学生能力或是语文训练上还缺乏内在的、系统的联系，在"阅读与表达"的整合中还有些失衡，"教课文代替教语文"的现象依然存在，忽视对学生进行口语表达训练……把本来是一个完整的语文课程变成了在教师心中零零碎碎的语文知识，这样一来，根本谈不上学生综合学习能力的培养。于是王老师把语文课程标准中的识字与写字、阅读、口语交际、习作（写作）、综合性学习这五个方面进行整合。它感觉课程的改革者必须要站在高位通观全局，整体把握。

其实，我们平时在实践中也发现了这些现象，并一直在寻找着一条路径，让教师们尽快进入角色，走出瓶颈，我们也曾鼓励教师们进行"阅读系列课""表达系列课"的研究尝试，充分认识，"教什么比怎样教更重要，梳理语文要素，训练重点，撰写课程纲要，分解教学目标，希望老师们在教学中，以单篇为例，进行群文补充，整本书推进，由教到学，注重"得意、得法、得能"。研究过程中也取得了一定的成绩，但收获更多的是我们的思考。目前所谓的阅读课到底给学生带来了什么？所谓的习作课到底需要阅读课给予什么？两者如何整合？怎样使教师在这一系列的思考与实践中走向高位？……诸多问题我们究竟该怎么办？小学语文专家崔峦老师曾经提到："目前语文课程改革，想有质的变化，非克服语文课程的孤立、凝固、封闭、僵化等弊端，在大语文观的指导下，语文可以做更多的事，其他的课程、各种活动，都可以帮语文做事，语文不是无处不在，语文即生活。"显然，作为小学语文教师必须放开视野，进行学科内的整合，进而进行跨学科整合，集生活之所有为语文所用。

王老师的《小学语文"阅读与习作"整体教学的思考与构建》不是对理论家们高深理论的解读或翻版，而是深入实际为一线教师解决难题，把理论转化为实践，给一线教师们依托教材有效落实课程标准搭一个支架，也是给教师深入思考有效教学提供一种工具。

更可贵的是这本书详细地介绍了实践做法——"以生为本、高效整合"。也就是把语文课程的五大领域有机地整合在一起，进行了"整合单元、整合阅读、整合读写、整合训练"的实践探索。四项整合互相连接，互相包含，你中有我，我中有你，是一个超值的整合体。该书还通过案例阐明了在"整合单元"中如何确定单元目标，如何整合单元内容，怎样圈定语言训练点、能力培养点，如何设置单元课时为读写做基础；怎样通过"整合阅读"来实现儿童阅读课程化，怎样开发和利用课内外课程资源；怎样在大阅读中实现读写一体；怎样以"整合读写"贯穿整个教学的各个领域渗透各个细节之中，怎样通过"整合训练"形成语文教学体系，让一线教师拿来用得上……读了之后都能引起我们的思考。

思考之余，我觉得王老师建构的格局里还能延续增添很多一线教师需要的内容和案例，尤其她在实践中体现的课程观、教师观、学生观、教学观等都是"授之以渔"，有利于师生的共同成长，教师读了一定会很受启发的。当然，教学研究是复杂的系统工程，有些研究还需要在教学的实践中进一步去检验、去完善。我真的希望王老师带着她的团队一路收获着，走得更远。

杨 华

2017 年 5 月 15 日

杨华，全国教育学会小学语文教学专业委员会理事、内蒙古自治区教育教学研究中心小学语文教研员

参考文献

1. 特级教师李吉林，《情境教学实验与研究》。
2. 特级教师管建刚，《管建刚作文教学系列》。
3. 期刊《小学语文教与学》《小学语文教学》。
4. 台湾赵镜中，《语文统整教学》。
5. 崔峦，《语文课程标准及解读》。
6. 陈先云，《小学语文教学的突破与变革》。